Anne Vogd

Gegendert wird, was auf den Tisch kommt

ACHTUNG Spoileralarm ...

Eins vorweg: Ich könnte niemals ein Doppelleben führen – das jetzige ist schon Challenge genug. »Mal biste der Hund, mal biste der Baum« mag für andere gelten. Ich jedenfalls bin immer öfter der Baum. Würde ich gefragt: Was machen Sie beruflich? Die Antwort würde lauten: Es niemandem recht. Auch nicht meiner Familie, die aus einem lupenreinen Cis-Mann, einer woken Wutbürgerin und halt eben mir, einer stets bemühten Boomer-Mutter, besteht.

Wie dekliniert man sich heute? Die Antwort: Fragen Sie nicht. Folgen Sie mir lieber durch das Experiment Alltag. Ich weiß zwar auch nicht, wo es langgeht, aber Herz, Haltung und Humor sorgen dafür, dass es sich trotzdem lohnt, die eigene Komfortzone zu verlassen ... Versprochen – oder neudeutsch: Safe!

Anne Vogd, 1965 geboren in Aachen, studierte Wirtschaftswissenschaften und arbeitete in der Bekleidungsindustrie, bevor sie mit 51 Jahren einen Neustart wagte. 2016 gewann sie den SWR3 Comedy Förderpreis. Seitdem ist sie als Kabarettistin, Karnevalistin und Kolumnistin unterwegs. Auf SWR3 ist sie mit *Volle Kanne Anne* zu hören. Sie schreibt für Tageszeitungen und Magazine. Ihr erstes Buch erschien 2018. Mehr über Anne Vogd und was sie umtreibt, finden Sie auf www.anne-vogd.de

ANNE VOGD

GEGENDERT WIRD, WAS AUF DEN TISCH KOMMT

Mein Leben als Boomer-Mutter
mit woker Tochter

dtv

MIX
Papier aus verantwor-
tungsvollen Quellen
FSC® C019821
FSC
www.fsc.org

© 2023 dtv Verlagsgesellschaft mbH & Co. KG
Umschlaggestaltung: www.buerosued.de
Umschlagmotiv: plainpicture / Thordis Rüggeberg
Satz: Fotosatz Amann, Memmingen
Gesetzt aus der Skolar Latin
Druck und Bindung: Druckerei C.H.Beck, Nördlingen
Printed in Germany · ISBN 978-3-423-35221-5

Für Fee

Inhalt

Vorwort

Es ist wieder da – das Kind, das keins mehr ist. Was früher nur eine Magen-Darm-Grippe schaffte, macht Corona mit links: alle zu Hause. Auch unsere 20-jährige Biowissenschaftsstudentin, weil die Uni (kurz für alle Student*innen – das ist das Gebäude NEBEN der Mensa) öfter dicht ist als die Studis und der Professor seine Vorlesungen zum Thema Rotationsparaboloide immer noch digital abhält. Er hält dieses Thema für unverzichtbar, will man nicht später vor Galeria Kaufhof Gurkenhobel verkaufen.

Mein Mandat als Mutter läuft also wieder – allerdings in einem Modus, auf den mich keiner vorbereitet hat. Denn mit der Studentin zog ein weibliches Patriarchat mit Vorsitz des Dezernats *Political Correctness* ein, eine ambitionierte Dienstaufsichtsbehörde in Sachen *bewusster Konsum* und ein ehrgeiziger Untersuchungsausschuss für *gesunde Ernährung*. Und nicht nur das! Aber dazu später.

Es kam, wie es kommen musste: Die Spiele waren eröffnet, zwischen einem Cis-Mann, einer Boomer-Mutter und einer *woken* Wutbürgerin, einem Nörgel-Nachwuchs, der mir mit epochalen Empörungs-Eruptionen ständig das Gefühl gab, mein Haushalt sei ein heimtückischer Tatort und ich für die Rettung der Welt DIE ideale Fehlbesetzung.

Da denkst du, du bist ein aufgeweckter Zeitgenosse – und dann dübelt dir doch tagtäglich jemand hinter die Großhirnrinde, dass du buchstäblich alles falsch machst, du absolut nichts kapierst und es dein Weltbild an Komplexität und Klischee-Kisten-Denken locker mit dem von Pippi Langstrumpf aufnehmen könnte. Ab dem Punkt übernimmt dann der größte unserer Hirnlappen: der Jammerlappen. Du fühlst dich wie ein Universaldilettant, verspürst eine sich subtil ranwanzende Entmündigung, versuchst diese nach außen hin grenzdebil nickend wegzulächeln, aber innen drin erscheint dir dein Leben einsturzgefährdet ... Halb so wild, sage ich Ihnen, es geht vielen so. Mit so einem Gefühl fällt man mittlerweile auf wie ein Sauerstoffatom im Hochschwarzwald!

Gegendert wird, was auf den Tisch kommt setzt hier an: Es geht um den Kosmos unserer Zeitgeistphänomene, die Suche nach den perfekten Koordinaten im persönlichen Sonnensystem, um das tägliche Topfschlagen in vermintem Gelände, die Frage, ob man dabei Kopf oder Mittelfinger höher halten sollte, und zuallererst natürlich um eine Standortbestimmung: **Wie daneben bin ich?** Machen Sie den Selbsttest. Begleiten Sie mich in die Charts der beliebtesten Fettnäpfchen und Fritteusen unserer Zeit:

Seit letztem Jahr stehen auch wir unter Strom. Wir cruisten leichten Herzens mit einem E-Auto durchs Asphaltparadies, bis uns der atemberaubende »Funfact« erreichte, dass die Flatrate fürs ökologische Gewissen nicht E-Auto, sondern KEIN Auto lautet. Denn das Kobalt in den Batterien der E-Autos ist Gift für die Umwelt; sein Abbau fordert Menschenleben. Darüber kann auch nicht hinwegtäuschen, dass diese Stromspeicher ansonsten laktose- und glutenfrei sind, divers daherkommen, denn es gibt mehr als eine Variante, und für die Frauenquote unter den galvanischen Zellen stehen, denn es heißt ja immerhin DIE Batterie. Und was ist mit den Metallen, die für die Karosserie dieser Autos gebraucht werden? Fehlen die nicht beim Bau von Solaranlagen und Windrädern? Ja, tun sie, denn die Ressourcen-Triage ist auch hier längst angekommen. Wer das bei einem Neukauf nicht auf dem Schirm hat, ist weltfremd und hält »Nickelback« wahrscheinlich für eine Art Metallrecycling ...

Sojamilch als Alternative zur Kuhmilch mit ihrer nervigen Methangasproblematik? Echt jetzt? Stichwort Regenwald: Schon mal was von gentechnisch veränderten Monokulturen gehört? Also, wer so versucht, das Klima zu retten, der denkt bei Amazonas auch an weibliche Paketboten!
Saisonal und regional eingekauft und das als gutes Beispiel auf Instagram gepostet? What? Der CO_2-Verbrauch deutscher Rechenzentren toppt schon jetzt

den des gesamten Flugverkehrs. Nur, im Gegensatz zu Plastikmüll kann man digitalen Müll nicht sehen, aber es gibt ihn. Zuhauf. Mit der Gülle, die an einem einzigen Tag durch Instagram, das Mutterschiff der Selbstdarstellung, fließt, ließen sich inzwischen mehrere Wüsten urbar machen. Nun ist ein solcher Post ja nicht per se Müll, aber unter Umweltaspekten macht er dennoch so viel Sinn wie ein Brennholzverleih ... Das gilt im Übrigen auch für den Einkauf aus dem Unverpacktladen. Das CO_2 in Kauf zu nehmen, das solche Posts verursachen, ist ebenso wenig konsequent wie die Tatsache, dass die Angestellten im Unverpacktladen nicht nackt sind.

Aber ich will nicht immer nur auf andere zeigen, denn ich selbst bin der größte »Low Performer« überhaupt. Vor allem esskulturell: Nachdem mir meine »woke« Tochter Pizza Hawaii verboten hatte – wegen kultureller Aneignung – musste ich umsteigen: auf Pizza »Drei Jahreszeiten«, das Klimastatement aus dem Holzofen mit dem Holzhammer. Dabei schmeckt die mir gar nicht. Und anderes, was mir schmeckt, darf ich nur noch heimlich meinem Stoffwechsel zuführen. Nicht nur, weil ich sonst Gefahr laufe, später von ihr im Sankt-Elisabethen-Stift nicht besucht zu werden, sondern weil man dafür auch von anderen gemustert wird wie etwas, was die Katze reingeschleppt hat. Und das auch noch völlig zu Recht: Hotdogs zum Beispiel. Auch ich weiß, dass ein Hotdog kein Hund ist, der aus der Sauna kommt, und dass da oft Fleisch drin ist, für das selbst Clemens Tönnies den Tierschutz anrufen würde. Und trotzdem wird der Ausgang bei Ikea für mich jedes Mal zur »Problemzone«. Soll ich oder soll ich nicht? Der Wille ist da, aber der Alltag macht mich (oft) schwach ...

Als Hetero auf der Demo solidarisch die Regenbogenfahne geschwenkt? Pfui! Das dürfen nur Mitglieder der queeren Community. Weil: Wie will man sich als binäre Person in das Seelenleben im Regenbogenland einfühlen können? Man darf heute nicht mehr einfach überall mitmischen – nur zu dem, was aus der Filterblase kommt, der man selber angehört, darf man eine Meinung haben. Äußert man sich trotzdem, überschreitet man eine rote Linie. Warum der Papst über Sex spricht, verstehe ich allerdings selber nicht. Mal sehen, wann das ein Nachspiel vor dem Twitter-Tribunal hat ...

Die Frage »Wo kommen Sie her?« wird in lauten Teilen der Bevölkerung als ultradiskriminierend empfunden. »Sie sprechen aber gut Deutsch« – diese Feststellung, neulich von mir anerkennend an einen jungen afghanischen Verkaufsberater in einem Möbelhaus gerichtet, ist lupenreiner Rassismus! Im Sommer der simple Satz »Oh, schönes Wetter heute« – und zack bist du als Klimaleugner entlarvt. Im Winter ein Glühwein trotz 16 Grad? Welch unglaubliche Ignoranz. Nach Flug-, Fleisch- und Heizscham jetzt also Glühweinbudenscham. Aber woher soll ich denn wissen, wo Wetter auf- und Klima anfängt?! Die Landwirte, die wüssten das. Und apropos: Darf man überhaupt noch Bauernfrühstück sagen? Oder sollte man nicht lieber von Frühstück mit agrarwissenschaftlichem Hintergrund sprechen?

Tagsüber schreibe ich über Emanzipation und Feminismus und abends stehe ich mit den Hemden meines Mannes am Bügelbrett. Ist das nicht wie ein Katholik, der sich öffentlich zur Institution Ehe bekennt und gleichzeitig eine VIP-Karte für den örtlichen Swingerclub hat? Ja, und zwar auch dann, wenn ER im Gegenzug für mich ein Regal aufhängt. Das kann ICH nämlich nicht. Mein Angebot zu helfen wird regelmäßig mit dem Satz abgebügelt »Nee, nee, lass mal, wenn du festhältst, ist das so, als wenn zwei andere loslassen ...« Unsere Tochter ist angewidert von so viel tradiertem Rollenverständnis. »Wirklich krass! Geht's noch?« Nein, geht gar nicht mehr. Und weil ich das mittlerweile begriffen habe, bin auch ich jetzt handwerklich begabt – und zwar im Herunterschrauben meiner Erwartungen, was die Offenheit und Toleranz radikal feministischen Gedankengutes angeht. Von mir aus werde ich jetzt nur noch als Teilzeit-Feministin durchgewunken – Hauptsache, das Regal hängt!

Mein Leben fühlt sich oft wie eine Mathearbeit an, für die ich nicht vorbereitet bin. Dabei hatte ich immer gelernt. Trotzdem war am Ende meiner Textaufgaben der Enkel immer älter als der Opa. Die wahre Erkenntnis aber, die ich aus dem Matheunterricht mitnahm, war, dass man im Leben eben doch nicht alles schaffen kann, egal wie sehr man sich dafür ins Zeug legt.

Und ich lege mich ins Zeug. Dennoch blasen immer wieder viele um mich herum die Backen auf. So oft, wie ich in meinem Leben schon falsch abgebogen bin, grenzt es an ein Wunder, dass ich mich überhaupt noch auf diesem Planeten befinde. Für alles gibt es Bedienungsanleitungen, Gebrauchsinformationen und Packungsbeilagen. Warum nicht für das Leben? Richtig und falsch zu unterscheiden, ist so schwer geworden. Nicht zuletzt, weil es oft auch eine Frage der Perspektive ist. Man kennt das von Beipackzetteln: Wenn da steht: »Alkohol verstärkt den Effekt des Medikaments«, dann fragt man sich doch auch: Ist das jetzt ein Warnhinweis oder eine Empfehlung?

Was heute richtig ist, kann morgen schon falsch und übermorgen richtig (!) falsch sein, denn der *Common Sense* ändert sich ständig und mit ihm das *Framing*. Wer da Schritt halten will, darf nicht im Schritttempo denken. Dieser Anspruch ploppt auf den unterschiedlichsten Ebenen unseres Alltags immer wieder hoch. Er ist sozusagen der Herpes unter unseren Ansprüchen. Um dem gerecht zu werden, muss man seine Synapsen ständig neu verkabeln. Sagen zumindest Leute, die jeder braucht bzw. die den Satz »Du hast mir gerade noch gefehlt« so interpretieren. Aber die beliebteste Stellung der Deutschen ist und bleibt nun mal die Richtigstellung - heute auch notfalls ohne Argument und Pointe, dafür aber immer öfter mit einer robusten Portion Populismus - ungeachtet der Tatsache, dass durch

Dogmen, Polemik und *Cancel Culture* noch kein Problem gelöst wurde, egal wie laut sie rausgeorgelt werden.

Schlafschafe wie mich trifft es besonders hart: Wie oft werde ich Opfer psychologischer Kammerspiele, die dann mit dem K.-o.-Satz enden: »Denk mal drüber nach ...« Ich tue das dann, um nicht irgendwann abgehängt zu sein – und scheitere trotzdem. Ich bewege mich mittlerweile so vorsichtig durch den Alltag wie ein Astronaut durch die Schwerelosigkeit, um bloß bei nichts und niemandem anzuecken. Mein besonnenes Verhalten denkt mittlerweile die Interessen, Bedürfnisse und Gefühle meines Umfeldes immer und überall mit. Sogar meinem Kühlschrank nähere ich mich inzwischen nur noch auf Zehenspitzen, weil der O-Saft ja »konzentriert« ist ... Ich möchte einfach nirgends als Störfall wahrgenommen werden oder direkt eine Kernschmelze auslösen. Ich beleuchte grundsätzlich alles aus mehreren Perspektiven, hinterfrage alles, stehe mir dabei inzwischen in einer aufsehenerregend dämlichen Art und Weise selber im Weg, kenne Probleme für jede Lösung und falle letztendlich doch immer wieder auf die Nase. Viele fröhlich verzweifelte Versuche, daran etwas zu ändern, liegen hinter mir.

Aber ist Hinfallen nicht auch eine Vorwärtsbewegung? Ja, nämlich dann, wenn man aus seinen Fehlern lernt. Und das tue ich. Und zwar so viel, dass ich mich immer wieder dafür entscheide, noch mehr davon zu machen. Es heißt ja schließlich, wer immer versagt, ist auch zuverlässig. Na dann ... Also die Wahrscheinlichkeit, dass ich irgendwann einmal wie Lady Liberty würdevoll und wissend durch unsere wachsame Welt schreite, ist ungefähr so groß, wie dass ein Jorge Gonzales in Amphibien-Sandalen durch RTLs *Let's-Dance*-Fernsehstudio schlappt.

Ja, Sie haben es vermutlich längst bemerkt: Ich finde, die Zeiten sind zu ernst, um den Humor zu verlieren. Einen handelsüblichen Tag nach »DIN-Norm 08/15« kriege ich nur so gewuppt. Humor ist in meinen Augen ein probates Mittel, um in irrwitzigen Zeiten wie diesen klarzukommen. Und gleichzeitig ist er auch eine geeignete Methode, um auf alarmierende Zustände in dieser Welt hinzuweisen. Etwas »mit Humor« zu betrachten heißt ja nicht, sich über etwas lustig zu machen. Das wird leider oft verwechselt.

Zahlreichen Debatten würde eine Mütze Humor guttun. Dann kämen sie nicht so verbiestert rüber. Stattdessen wird überall »das Salz in der Suppe« gesucht, vieles durch den Spaßbefreiungsfilter gejagt und jeder, der zu laut lacht, muss zwei Euro in das Übermutsschwein werfen. Hier nicht! Hier soll Ihr Dopaminsystem vorglühen. Das Password fürs Leben heißt Humor. Er ist der perfekte Airbag für die Seele. Aber keine Sorge, ich werde nicht versuchen, Sie wahllos mit welken Witzen aus den Gag-Gräbern bekannter Fun-Friedhöfe zu fluten, denn ich kenne Sie ja gar nicht. Und wenn man heutzutage Leute neu kennenlernt, sollte man sich tunlichst mit seinem Humor immer sehr dosiert an das Empfindlichkeitsniveau herantasten.

Gegendert wird, was auf den Tisch kommt liefert einen launigen Blick auf eine Weltordnung, die sich ständig neu konfiguriert. Ansprüche, Widersprüche und Freisprüche – alle werden sie hier ins Visier genommen. Das Buch macht Lust auf andere Sichtweisen, regt zum Überdenken der eigenen Position an und legt auch mal nahe, diese zu wechseln wie eine Formation von Zugvögeln. Denn es lebt sich einfach besser, wenn zwischen Wunsch und Wirklichkeit nicht das komplette Saarland passt. »Nur noch kurz die Welt retten« werden Sie nach dieser Lektüre trotzdem nicht können. Mit der Luftpumpe die Windrichtung zu ändern, hat auch noch nie funktioniert.

Dieses Buch ist KEIN Lebensratgeber. Es ist vielmehr eine Allzweckwaffe in unserem überfrachteten Alltag – basierend auf fundiertem Halbwissen. Perfekt für Momente, in denen das Leben mal wieder zu wahr ist, um schön zu sein. Dafür sorgen kuriose Anekdoten, absurder Wortwitz und eine Portion überlebenswichtiger Selbstironie, die vor allem dann zum Tragen kommt, wenn die *woke* Tochter die Bühne betritt und mit erhobenem Zeigefinger und unter Androhung erzieherischer Maßnahmen, wie dem Aussetzen ihrer eh schon viel zu seltenen Gastspiele, ihre Boomer-Mutter auf Kurs bringen will.

Diversity schreibt man nicht mit ö!

2020 stieg in ganz Deutschland die Heimschläferrate sprunghaft an. Wegen Corona zog auch unsere Tochter Luise wieder ein. Mit der angenehm anspruchslosen Attitüde, mit der schlichte Gemüter wie ich durch ihr Allerweltsleben mäandern, war es somit schlagartig vorbei. Wie viele andere verwaiste Eltern standen auch wir plötzlich wieder mitten im Leben. Unsere Alltagskultur, die nach ihrem Auszug langsam, aber sicher so spannend wie eine Origami-Bastelanleitung geworden war, kam wieder so richtig auf Touren. Zunächst freute ich mich über etwas weniger substanzielle Leere und genoss die Tatsache, dass es in unserem Haus wieder menschelte. Aber der Brutpflegetrieb war gerade wieder erwacht, da musste ich erkennen, dass die Nestwärme wie wir sie aus Kindheitstagen kannten, jetzt ausschließlich dem physikalischen Gesetz folgte, nach dem Wärme durch Reibung entsteht. Folgende Situation:

Um 13 Uhr steht Luise im Schlafanzug im Türrahmen meines Büros und nuschelt dösig über den Rand ihrer Müslischale: »Hi, Mom, du kennst doch Flo,

oder?« Ich, aufgeweckt zurück: »Ja, hübscher Kerl ...«
Weiter kam ich nicht: Drei Wörter, zwei davon falsch.
Schlagartig war ihre »Wokeness« in Wallung. Ich
wurde gnadenlos eingetuppert: Hübsch? Krass! Jemanden auf sein Äußeres zu reduzieren ... Und wie
sexistisch, eine Person wie Flo mit einem pornös ge-
schwängerten Gedankengut wie diesem zu einem
Toyboy zu degradieren. Pfui! Jawohl, eine Person!
Weil mit »Kerl« hätte ich mal wieder gezeigt, wie
ewig gestrig ich sei. Ob mir entfallen sei, dass Florian
zu Florence geworden war? Ich erstarrte, stand da
mit offenem Mund – wie ein atlantischer Tiefausläu-
fer. Mein zaghafter Versuch, mich zu entschuldigen,
wurde mit einem Impulsreferat über TERFs (Trans-
Exclusionary Radical Feminism; auf Deutsch: Trans-
ausschließender Radikalfeminismus) geahndet.

Ich bin empört, fühle mich missverstanden und falsch
»etikettiert«. Ich bin keine »Cis-Frau« und erst recht
keine »TERF«. Mein Kommentar fußt nicht auf Homo-
phobie, sondern auf reiner Statistik, weil sich über
99,99 Prozent der Menschen hierzulande eben NICHT
einer Geschlechtsumwandlung unterziehen. Und für
die restlichen 0,01 Prozent gilt: Es ist mir egal, wann
wer wie oft und warum untenrum die Vorwahl wech-
selt. Wenn die Betroffenen dadurch inneren Frieden
finden, bitte schön ... Diese Menschen sind schließlich
lange genug drangsaliert worden. Sie zu schützen ge-
bietet das Grundgesetz; sie zu unterstützen das Prinzip
der Menschenwürde. Nein, wirklich, ich gehöre zu den

Leuten, die wissen, dass man *Diversity* nicht mit ö schreibt. Ich bin weltoffen und tolerant. Und zwar in jeder Hinsicht – schon immer! Was Esskultur anbetrifft, sexuelle Orientierungen oder religiöse Gruppen, einfach grundsätzlich allem und jedem gegenüber:

Ich kann auch überhaupt nicht nachvollziehen, warum es Leute gibt, die gegen den Bau einer Moschee protestieren. Man kann es gar nicht oft genug sagen: Toleranz ist eine geistige Haltung, die identitätsstiftend ist. Sie ist ein großer Wert innerhalb einer Gesellschaft – egal ob es dabei um Glauben oder körperliche Selbstbestimmung geht. Deshalb bin ich auch dafür, dass das Herzensprojekt der Schwulen, der geplante Club »Triebwerk« gegenüber der Moschee, genehmigt wird. Ebenso der Erotikshop für Lesben, »Dildo-Queen«, direkt daneben. Und dem Opening der Schnapsbrennerei »Schädelsprenger«, die um die Ecke einziehen will, sollte auch nichts im Wege stehen. Genauso wenig wie der Eröffnung der Metzgerei »Schwein gehabt!«, die etwas weiter Richtung Synagoge eröffnen will …

Alle sollten wir uns aufgeschlossen und vorurteilsfrei anderen gegenüber geben und dies auch in unserer Wortwahl tunlichst zum Ausdruck bringen. Was sich allerdings zunehmend als schwieriges Unterfangen entpuppt, denn die Goldwaage, auf die jedes Wort heute gelegt werden soll, wird ständig neu justiert.

Ich bemühe mich trotzdem. Ich würde zum Beispiel

nie, nie, nie von einem herrenlosen Damenfahrrad sprechen. Das kann man doch auch etwas weniger binär ausdrücken, oder? Ich baue auch keinen Schneemann mehr, sondern ein Schneewesen und selbstverständlich ohne Besen. Ich möchte ja keine Gewaltfantasien beflügeln. Nein, ich feiere die Schöpfung mit ihrer unendlichen Vielfalt und lehne Identitätspolitik, die Menschen auf bestimmte geschlechtliche oder ethnische Merkmale festlegt, um sie dann in einer vermeintlich homogenen Gruppe einzusperren, kategorisch ab. Das tun im Übrigen viele hierzulande. *Diversity* ist angekommen. Sogar in der Werbung: Von der »Lidl-to-go-Vielfalt« über »die Vielfalt von Merci« bis hin zur »bunten Vielfalt« mit der ein Kondomhersteller wirbt. *Diversity*, wo man hinschaut. Also, warum nicht auch bei den Geschlechtern. »Ja, wo soll das denn hinführen?«, nölen die Kritiker, »heute Mann, morgen Frau und übermorgen fühlt man sich vielleicht als Busch ...?« »Ja und?«, würde ich da gerne erwidern, »Kann Ihnen doch egal sein, Sie müssen ihn ja nicht gießen!«

Um die Geschlechterfrage tobt ein großer Teil unserer Kulturrevolution. Es gibt zwar nur zwei biologische Geschlechter, aber die Grenzen sind fließend. In einem freien Land muss man das Recht haben, diese Grenzen zu überschreiten oder zu ignorieren. Vor diesem Hintergrund habe ich noch nicht einmal etwas dagegen, dass im Anmeldeformular der sauerländischen Stadt Neuenrade Hundehalter in der Kategorie »Hundesteuer« bei der Geschlechtsangabe auch »divers« ankreuzen können. Vielleicht kann man auch »keine

Angabe« hinschreiben und abwarten, bis sich der Hund selber für ein Geschlecht entschieden hat ... Ich weiß es nicht. Es ist mir auch egal.

Wir leben in einer weltoffenen, pluralen Gesellschaft. Als Mehrheit muss man solidarisch sein, Minderheiten zuhören und sich dafür einsetzen, dass auch sie zu ihrem Recht kommen. Punkt. Auch wenn sich das in der Forderung nach eigenen Toilettenkabinen in öffentlichen Gebäuden niederschlägt, deren Anzahl proportional zur Buchstabenmenge im Akronym LGBTQIA+ ansteigen wird. Selbst dann, wenn diese in der Führerscheinstelle von Keppeshausen errichtet werden – einer Gemeinde mit insgesamt 18 Einwohnern – und zwar von Steuergeldern, die dann an anderer Stelle, zum Beispiel für die Sanierung von Schulen, die nur noch von Schmutz und Schimmel zusammengehalten werden, fehlen. Und letztendlich mit großer Wahrscheinlichkeit von den 18 Keppeshausenern nie benutzt werden würden. Ganz anders sieht es natürlich in Berlin aus. Da ist es nur noch eine Frage der Zeit, bis die Sanitärräume in Restaurants dreimal so groß sind wie der Speisesaal. Wie *backwards* kommt einem da Frankreich mit seinen Unisex Toiletten vor ... Aber gut, die haben ja noch nicht mal mit dem Gendern begonnen. Verrückt.

Dass ein Kind von zwei verheirateten Frauen in der Schule gefragt wird »Zwei Mamas ...? Wow! Aber wer macht mit Dir dann Mathe?«, finde ich genauso *weird* wie den Vorfall letztes Jahr, als mein guter Freund Hannes von einem Nicht-Kölner gefragt wurde, warum er als Hetero bei der Kölner *Christopher-Street-Day-*Demo mitgeht. Ich bin doch auch keine Fichte und kann mich trotzdem für den Wald engagieren. *Diversity* ist wichtig! Wir alle sind doch genau genommen nicht eindeutig irgendetwas, weder biologisch noch psychologisch. Jeder ist ein raffinierter Cocktail und die Wahrscheinlichkeit, dass die Zutaten bei zwei Menschen deckungsgleich sind, ist praktisch null.

Selbst M&M setzt seit Neuestem auf dieses Thema und will zukünftig ein paar adipöse Schokolinsen in jede Tüte packen, um auf Dragee-Ebene die tatsächliche Vielfalt von Körperformen abzubilden. Dafür fliegt allerdings die süße weibliche Linse in High Heels raus. Zu groß die Angst vor Sexismus-Vorwürfen. Und der Ernie aus der Sesamstraße, der hat jetzt Ji-Young, eine Asiatin, an seiner Seite, um kulturelle Vielfalt zu zeigen. So geht Identitätspolitik heute. Wobei, mussten diese Mandelaugen und die beige Gesichtsfarbe denn wirklich sein? Solche stereotypen Merkmale sind doch auch wieder irgendwie diskriminierend, oder? Der arme Ernie, erst diese Unkerei, ob er homo oder hetero ist, weil Ernie halt nur bis zur Tischkante existiert, und dann das. Wo bist du, liebe Identitätspolizei, wenn man dich mal wirklich braucht!

Und schon stehen wir vor der Frage, wie wir uns in einer pluralistischen Demokratie aufstellen wollen. Reden wir derzeit wirklich über wichtige Themen, die unser Zusammenleben weiter nach vorne bringen, oder reden wir um des Redens willen? Ich meine, *no offense*, jeder sollte so viel reden dürfen, wie er will und was er will. Auch Unsinn. Sonst hätte ich beruflich nie Fuß fassen können. Aber mich beschleicht immer öfter das Gefühl, dass sich viele Debatten heute nicht mehr um die Sache an sich drehen, sondern der Selbstprofilierung einiger lauter Wortführer dienen, die es sich zur Lebensaufgabe gemacht haben, in Talkshows publikumswirksam zu dozieren, wie »politisch korrekt« geht und andere, deren Mindset nicht zu ihren Gesellschaftsanalysen passt, aus dem Studio kärchern. Das stört mich. Ich möchte mich nicht einer solch dogmatischen Diktatur unterwerfen. Ich möchte weder, dass in meinem Namen Sprech- und Denkverbote gefordert werden, noch will ich ein schrilles Handwerk supporten, das Menschen mit Shitstorms überzieht, sie als ausländerfeindlich, antisemitisch, sexistisch, homophob oder irgendwie sonst als Menschenfeind von der Platte putzt, nur weil sie sich nicht oder noch schlimmer anders als die *woken* Räte positionieren.

Denn eine Demokratie lebt von Meinungsfreiheit. Individualität ist da eine Bereicherung – keine Bedrohung. Zugegeben, individuell wollen die *Woken* zwar auch sein, aber wehe dem, einer ist anders – so kommt es mir zumindest vor. Dann ist kein friedlicher Gedankenaustausch mehr möglich. Und ab dem Punkt sind Freiheitsgrade nicht mehr beglückend, sondern belastend. Denn die Denk-Zensur lauert überall. Wer den moralischen Konsens mit ihr verweigert, wird für vogelfrei erklärt. Die Netzjustiz arbeitet dann schnell und effizient: Hier wird jeder, der was Bedenkliches bedenkt, stigmatisiert, bevor er überhaupt etwas Bedenkliches gesagt hat. Es reicht schon, für sich zu hinterfragen, ob Athletinnen, die als Mann geboren wurden, gegen Frauen antreten dürfen oder ob das nicht irgendwie wettbewerbsverzerrend sein könnte. Was Ihnen dann »tunnelmäßig« von so manchem Sittenwächter vor den Latz geknallt wird, entbehrt oft das, was sie von anderen fordern: Offenheit, Respekt und Toleranz. Der Ruf als *TERF* wäre Ihnen in jedem Fall sicher. Man muss da so aufpassen. Alles muss ständig mitgedacht werden, weil man immer und überall beobachtet wird. Aus »Leben und leben lassen« ist längst »Schämen und beschämt werden« geworden.

Was war das früher einfach. Wenn es ein Problem gab, suchte man eine Lösung. Heute ist der Weg dahin oft so kompliziert, dass man die Lösung dabei schon mal aus den Augen verliert. Denn er muss politisch korrekt formuliert sein. Keiner darf empört sein, niemand soll sich diskriminiert fühlen. Er muss klimaneutral sein, Gendersternchen aufweisen, die Frauenquote berücksichtigen, Veganern nicht auf den Magen schlagen, für Singles ohne Einzelzimmerzuschlag daherkommen sowie für übergewichtige, pardon, gravitativ benachteiligte Menschen ohne versteckte Fette sein, er sollte keine tierfeindlichen Redewendungen enthalten, der DIN-Norm entsprechen, DSGVO-konform sein und darf nicht gegen das Landesimmissionsschutz-Gesetz verstoßen, muss also vor 22 Uhr beschritten werden. Und trotz alledem barrierefrei den Weg in unsere Köpfe finden. Tut er das nicht, dann ...

Ein Betroffenheitskult macht sich breit, Dauerbeleidigtsein ist zum Geschäftsmodell geworden, Provokation zur Berufung und Polemik zum wichtigsten Instrument kleiner radikaler Gruppierungen, um sich Gehör zu verschaffen. Als ob da gerade ein neues, autoritäres System an den Start geht – wenn auch in einem bunten Gewand ... Die Folge: Statt offener, kontroverser Diskurse, die eine Demokratie tragen, gibt es immer mehr ängstlichen Konformismus, der seltsame Blüten treibt:

Der Berliner Senat will das Wort »Schwarzfahren« und auch das Verb »anschwärzen« aus seiner Amtssprache streichen, weil die Assoziation People of Colour in ein negatives Licht rückt. Ist das jetzt Schwarzmalerei? Und was wird dann aus dem »Schwarzparken«, dessen ich mich oft schuldig mache? Auch die Schilder »Schwarzfahren kostet 60 Euro« sollen aus Bussen & Bahnen verschwinden. Darf man in zwei Jahren überhaupt noch »schwarz« sagen oder ist es dann »die Farbe, die nicht genannt werden darf«? Mal sehen, wann Arnold Schwarzenegger Probleme bekommt. Zumindest phonetisch schwingen in seinem Namen gleich zwei Unwörter mit: Schwarz und ... nun ja ... eben das »N-Wort«.

Nicht mein Problem. Anders, als ein halbes Jahr nach Einzug von Luise ein Brief der örtlichen Verkehrsbetriebe inklusive einer Zahlungsaufforderung von 60 Euro ins Haus flatterte. Ich war verärgert, musste es zur Sprache bringen, war aber fest entschlossen, dabei jegliche verbale Provokation zu vermeiden. Schlussendlich habe ich die Sache dann in einer Art und Weise vorgebracht, die vermuten ließ, ich hätte einen Politiker verschluckt: Ich habe von »Beförderungserschleichung im Sinne des Paragrafen 265a des Strafgesetzbuches« gesprochen. Das »Rebellier-O-Meter« schlug trotzdem heftig aus: »Jetzt chill mal, Mudda«, hieß es zum Einstieg; es folgten Attribute wie borniert und kleinkariert, eine Denke wie eine *Alman-Annette* hätte ich, das wäre ja so was von *sus*, ob mir mittlerweile jegliche *Awareness* abhandengekommen sei, zu erkennen, was es auf diesem Planeten wirklich wert sei, diskutiert zu werden? Das kapitalistische Gewinnstreben eines privaten Beförderungsunternehmens sei es jedenfalls nicht ... *safe*. Nun kenne ich meine Tochter ja und weiß, »was in ihr steckt«. Aber diese Impulsivität überraschte mich dennoch, zumal es ja hier, um es mit ihren Worten wiederzugeben, um nichts mehr als banale »fucking first world problems« ging ...

Was darf man überhaupt noch sagen? Für was sollte man einstehen? Bei manch einem Politiker ist die Angst vor Diskriminierungsvorwürfen und der Konformitätsdruck so groß, dass sich die Bürger bei der ein oder anderen Debatte fragen, ob sie gerade bei *Verstehen Sie Spaß* gelandet sind:

Da wird öffentlich darüber diskutiert, ob beim Verkehrsschild »Achtung Wildwechsel in drei Kilometern« nicht auch eine Hirschkuh neben dem Hirsch mit Geweih abgebildet sein sollte. Aus Gleichstellungsgründen. Haltung oder Hirnflatulenz? Fehlt nur noch der Vorwurf der Übergriffigkeit, weil man den Paarhufern vorschreiben will, wo sie die Autobahn zu überqueren haben: nämlich nicht in einem oder zwei, sondern in drei Kilometern. Mein Vater, selber jahrelang in der Kommunalpolitik in Aachen aktiv, meinte dazu einst trocken: »Ein Loch in der Schädeldecke und solche Köpfe könnten wenigstens noch als Nistkästen für Vögel benutzt werden.« So weit würde ich nicht gehen, aber der Gedanke, ob in deren Kindheit vielleicht die Schaukel etwas zu nah an der Hauswand stand, kam mir dann doch ... Also, spätestens wenn aus »Quer-Straßen« »Queer-Straßen« werden, werde ich versuchen, diesen Planeten zu verlassen. Ich werde dann eine Fahrgemeinschaft gründen – und es Sie auf Wunsch wissen lassen. Dann könnten wir gemeinsam der brennenden Frage nachgehen, ob wir nicht schon längst im restlichen Sonnensystem für eine Art Satiresender gehalten werden.

Aber ganz so einfach ist es dann doch nicht. Klar schießt man mit einer so fetten Wähler-Anbiederung weit übers Ziel hinaus. Aber wäre die Sorge vor wüsten Diskriminierungsvorwürfen aus der *woken* Ecke, nicht so omnipräsent und die Angst, von einem aufgebrachten, anonymen Mob über den virtuellen Marktplatz getrieben zu werden, nicht so begründet, wäre eine solch »offensive Eigenvermarktungsstrategie« doch gar nicht erst nötig. Offensichtlich haben wir Hyperindividuen den Zeitpunkt verpasst, mit Augenmaß und Verstand zu beurteilen, was uns wirklich existenziell bedroht.

Ständig fühlt sich jemand auf den Schlips getreten: Männer beim Anblick von Frauenparkplätzen, aber auch Frauen beim Anblick von Frauenparkplätzen ... Wobei Letztgenanntes durchaus legitim ist, denn diese Parkplätze sind in der Regel noch größer als ein Behindertenparkplatz. Was will man uns damit unterstellen? Wenn es sein muss, parke ich einen Bus auf einem Rabattmarkenheft ein! Auch, dass Frauen nicht in Shanty-Chören mitsingen dürfen, sorgt in feministischen Kreisen für Unmut. Veganer fühlen sich beim Anblick von Frankfurtern, Wienern und Nürnbergern beleidigt und meine Kollegin, eine lupenreine Feministin, ist empört, wenn ihr Partner ihr die Tür aufhält; in ihren Augen ein subtiler Versuch, die Errungenschaften hart erkämpfter Emanzipation rückgängig zu machen. Mein Mann darf mir alle Türen aufhalten. Vorzugsweise die Kühlschranktür. Vorausgesetzt Weißwein ist drin. Wenn nicht, halte ich IHM gerne die Tür zum Keller auf, um welchen hochzuholen.

Meine Cousine ist beleidigt, weil ihr der Radiologe gesagt hat, dass sie fett ist. Tatsächlich hat er aber nur gesagt, dass er ihre Leber aufgrund ihres »ausgeprägten Weichteilanteils« nicht beschallen kann, weil ab

einer »reichhaltigen Ummantelung« von 15 Zentimetern das Echosignal nicht mehr durchkäme. Nicht beleidigt war hingegen meine wunderbare Freundin Jutta,
alleinerziehend, vollzeitarbeitend und noch ehrenamt-
lich in der Nachbarschaftshilfe tätig, als sie im Advent
auf Insta ein Bild mit ihren Kindern postete, die sich
stolz um ein Backblech mit selbst gemachten Vanille-
kipferln geschart hatten. Darunter stand: »Für meine
Liebsten – Emoji mit Herzchen – kleiner Aufwand mit
großer Wirkung: etwas Mehl, Mandeln, eine Vanille-
schote und Backpulver ...« Prompt stichelte es aus
der *woken Sustainable-family-Bubble*: »Aus dem Supermarkt? Also wir stellen unsere Backtriebmittel in unserer Küche selber her, gluten-, laktose- und emissionsfrei. Gerne ein Beispiel nehmen ...« Da hast du doch
deinen Endgegner gefunden, oder?!

Immer und überall fühlt sich jemand unverstanden,
diskriminiert oder beleidigt. Habe ich mich letztes
Jahr im Europapark etwa als Opfer gesehen? Ich
hätte wahrlich allen Grund dazu gehabt. Es gab dort
Tarife für Schüler und Studenten, Senioren, Kinder
und Gruppen. Aber einen für »Leute, die grundsätzlich keine Fahrgeschäfte nutzen, weil ihnen schlecht
wird« oder für »Personen, die nur mitgenommen
wurden, um auf Jacken und Rucksäcke aufzupas-
sen« – so ein Tarif stand nicht auf der Tafel.

Mit einer Tüte Gummibärchen kann man heute jemandem unterstellen, religiöse Haltungen zu missachten,

nämlich dann, wenn sich Mitglieder dieser Gemeinschaft koscher ernähren. Was ist mit einer Flasche Jägermeister, auf deren Etikett sich ein Kreuz im Hirschgeweih befindet? Wie despektierlich mag das auf strenggläubige Christen wirken? Nicht doch, urteilte 2020 das Schweizer Bundesverwaltungsgericht sachlich. Das christliche Symbol würde in keiner verletzenden oder respektlosen Weise dargestellt, hieß es versöhnlich, worauf es sofort aus den konservativen katholischen Kreisen hieß: Dann waren die Kreuzzüge aber auch kein religiös motivierter Völkermord, sondern auch nur außer Rand und Band geratene Kegeltouren des Clubs Ostwestfalen-Lippe. Und wie irritierend mögen Muslime auf unseren Rotbäckchensaft reagieren? Auf der Flasche ist ein Mädchen mit Kopftuch abgebildet. Macht man sich da etwa über den Islam lustig? Oder ist es kulturelle Aneignung? Und was ist schlimmer?

Mit den Dreadlocks von Ronja Maltzahn wurde kulturelle Aneignung 2022 in Deutschland populär. Die Sängerin aus Bad Pyrmont wurde aufgrund ihrer Frisur von einer Klima-Demo ausgeladen. Denn Dreadlocks stehen für die Karibikinsel Jamaika und nicht für den Landkreis Hameln – wie auch der Reggae. Dürfen weiße Musiker überhaupt noch Reggae spielen? Eher nein und mit Dreadlocks schon mal gar nicht. Aber müsste man auf Jamaika dann nicht auch aufs Rechnen verzichten ...? Denn die Mathematik ist wiederum eindeutig ein Konstrukt alter weißer Männer.

Ich verstehe die ganze Aufregung nicht so ganz: Wenn ich Anleihen aus einer anderen Kultur benutze, dann tue ich das doch, weil ich sie feiere und sie im positiven Sinn sichtbar machen will. Was ist daran verwerflich? Wo stünden wir denn überhaupt ohne kulturelle Aneignung? Ist sie nicht sogar unverzichtbar für das friedliche Zusammenwachsen der Menschheit? War Kultur nicht schon immer ein Produkt aus Vermischung, Übernehmen und Neupositionierung im eigenen Kontext? Ist das Erlernen einer Fremdsprache nicht auch kulturelle Aneignung? Ein letzter Versuch:

Spaghetti kochen in Deutschland – kulturelle Aneignung? Ich denke NEIN, das wird die Italiener nicht stören. Als deutscher Koch ein Buch übers Spaghettikochen veröffentlichen? Hmm ... das vielleicht schon eher. Und richtig problematisch wird es, wenn Sie über Ihre gekochten Spaghetti alla Vongole Parmesan-Käse streuen. Dann klingelt aber auch nicht die Identitätspolizei – sondern direkt die Mafia.

Angel Blue sagte ihr Konzert in Verona ab, weil sich die Netrebko für die Rolle einer äthiopischen Prinzessin in *Aida* ihr Gesicht dunkel angemalt hatte. *Blackfacing*, hieß es. Dabei war es für die Rolle notwendig, denn in Äthiopien sind die Menschen nun mal dunkelhäutig. Es diente nicht ansatzweise dazu, People of Colour vorzuführen. Der Sohn meiner Nichte tat im Übrigen dasselbe, als er bei den Sternsingern mitlief. In Wirklichkeit ist er nämlich gar kein »Mohr«, sondern ein

Marvin und er kommt auch nicht aus dem Morgenland, sondern aus Mützenich. Sollte man ihm deswegen nicht öffnen? Eine *Blackfacing*-Debatte vom Zaun brechen und die Rassismus-Keule schwingen? Wo bitte bleibt die Verhältnismäßigkeit? Nichts ist heute so wichtig wie Herkunft und Hautfarbe. Nach jahrzehntelangen Befreiungskämpfen, mit dem Ziel, dass genau diese Kriterien nicht mehr im Vordergrund stehen, tun sie es heute mehr denn je.

Der woke Wahnsinn bringt auf diesem Weg die Kunstfreiheit in Gefahr. Das traditionsreiche *Berliner Ensemble*, 1949 von Bertolt Brecht gegründet, lässt mittlerweile sensible Skripte auf möglichen Sexismus, Klassismus, Rassismus und Antisemitismus gegenlesen. Ist also nur noch die Kunst es wert, gezeigt zu werden, deren Figuren den Ansprüchen unserer woken Wirklichkeit genügen? Und wenn man es schon so genau nimmt, müsste dann nicht auch in deutscher Belletristik geprüft werden, ob die Romanhelden alle kranken- und rentenversichert sind? Und wenn mehr als fünf Romanhelden vorkommen, braucht man da nicht einen Betriebsrat?

Helen Mirren im Film *Golda* als israelische Premierministerin? »Unvorstellbar«, hieß es, weil wie will sie sich als Nicht-Jüdin in den Stoff einfühlen. Krass! Hören Sie auch das Knirschen im woken Argumentationsgetriebe? Weil wenn das so wäre, dann stünde das nicht jüdische Publikum doch auch da wie Piksieben.

Heute sollen Rolle und Realität deckungsgleich sein, also nach dem Prinzip: »Leute spielen sich selbst«. Vor allem beim Film, dem *Big Player* im Ideologie-Kosmos. Schade eigentlich, denn ich fand Tom Hanks als schwulen, aidskranken Anwalt in *Philadelphia* grandios, Charlize Theron als schwergewichtige Serienmörderin in *Monster* umwerfend und auch damals John Travolta, der sich in *Hairspray* um seinen Verstand tanzte. Er hatte sich in dem Streifen mit einem Fatsuit in eine dicke Frau verwandelt, die hinreißend tanzen konnte. Wer kann das schon so wie er? Sind diese Filme nicht durch genau diese Besetzungen so gut geworden?

Nein, werte Woken, ich habe nichts dagegen, wenn sich Lars Eidinger ein Polster umschnallt, um den buckligen Richard III. zu spielen. Ich habe auch nichts dagegen, wenn ein Toter von einem Nicht-Toten gespielt wird. Oder reiche Stars arme Teufel mimen – Hauptsache, sie tun das glaubhaft.

Aber nicht, dass man mich jetzt als Inklusionsgegner an den Pranger stellt. Von mir aus spielen Dicke auch Dicke und behinderte Menschen auch Behinderte. Aber, dass nur noch Dicke Dicke spielen dürfen ... ist das nicht ein wenig an der Realität vorbei gedacht? Ja, ist es. An dieser Stelle sagen sich Verstand und Verstehen definitiv Gute Nacht. Denn die Rolle sollte dem gehören, der sie am besten beherrscht – egal ob er einen Fatsuit trägt wie Brendan Fraser in *The Whale* oder für die Rolle extrem zunimmt wie Robert De Niro in *Wie ein wilder Stier*?

Nein, sagen die Kritiker, denn das ist um keinen Deut besser als *Blackfacing*. Schade, sage ich, denn wenn es Schauspielern versagt bleibt, mithilfe dessen, was sie gelernt haben sowie einigen Props der oder die zu werden, den oder die sie spielen, ist der Einzige, der bei dieser Betrachtung gewinnt, der, der den gesuchten Eigenschaften von Natur aus entspricht – völlig unabhängig davon, ob er der Rolle gewachsen ist. Was das wohl mit den Zuschauerzahlen macht? »Get woke, go broke« hört man jetzt schon vereinzelt im Filmbusiness. »Man sollte nicht über eine politisch korrekte Rollenvergabe diskutieren, sondern darüber, was eine gute Rollenbesetzung ausmacht. Man will doch das Leben sehen, wie es wirklich ist, nicht wie es idealerweise sein sollte«, sagt Oliver Stone dazu, »das langweilt die Leute«. Und was meinen die Betroffenen?

Schauspielerin Tua-El-Fassal, die erste deutsche Schauspielerin mit Kopftuch und Gewinnerin des Deutschen Schauspielpreises, meinte: »Ich möchte wegen meiner schauspielerischen Leistung besetzt werden und nicht auf mein Kopftuch reduziert werden.« Farbige Schauspieler betonen, dass sie explizit nicht über ihre »Andersartigkeit« wahrgenommen werden möchten. Sie wollen nicht punkten, weil sie durch ihre Hautfarbe dem Film einen Mehrwert bieten. Und dann ist da noch der farbige Restaurantbesitzer Andrew E. Omegbu, der vor seinem Restaurant »Zum Mohrenkopf« posiert und sagt: »Ich brauche keine weißen Menschen, die mir sagen, wann meine Gefühle verletzt sind.«

Hinzu kommt noch, dass in einer Demokratie immer gleiches Recht für alle gelten sollte. Also, wenn nichts dagegen einzuwenden ist, dass Behinderte Nichtbehinderte spielen, dann kann es doch nicht umgekehrt als übergriffiges *Cripping up* bezeichnet werden, wenn Nichtbehinderte Behinderte spielen. Im neuesten Serien-Epos *Herr der Ringe* können jetzt bislang weiß besetzte Figuren mit People of Colour besetzt werden. Umgekehrt geht das aber nicht ...

Hollywood, das schon immer für seine Vorreiterrolle bekannt war, hat jetzt im Repräsentationsstreit um Ideologien eindeutige Signale gesendet. Auch der Oscar soll diverser werden. Ab 2024 gibt es neue *woke* Regeln. Um sich für 2025 als »Bester Film« zu qualifizieren, muss jeder Streifen eine Quote an farbigen, homosexuellen, ethnischen Minderheiten sowie einen gewissen Bestandteil an Mitwirkenden mit Einschränkungen aufweisen – egal ob bei Kinohelden oder Kabelträgern. Die Qualität macht Platz für die Identitätspolitik. Vermutlich will bald jeder Schauspielende Teil eines Opfer-Kollektivs sein, weil man sich davon eine Chance auf Sichtbarkeit verspricht.

In Casting-Agenturen lauten die Fragen dann nicht mehr »Haben Sie schon mal Actionthriller gedreht? Haben Sie Höhenangst? Und was glauben Sie, warum ausgerechnet Sie die perfekte Besetzung sind?« Sondern ab 2024 heißt es womöglich: »Haben Sie Elfenohren oder einen Keulendaumen, Schweißfüße oder wenigstens einen sechsten Zeh ... Na, irgendwas halt, was wir den Damen aus der PR-Abteilung geben können?« Ein scheinliberaler Cast, bei dem der Rechenschieber entscheidet. Als ob man heute nichts mehr können müsste, um etwas zu erreichen, weil darüber eine, sich gegen alles absichernde Quotenrechnerei entscheidet. Wenn wir hier in Deutschland auch irgendwann mal so weit sind, dann werde ich vielleicht noch Finanzminister. Nicht weil ich es kann, sondern weil ein Gericht es so anordnet – und zwar trotz meiner Rechenschwäche oder vielleicht gerade wegen ihr ...

Ich fände es schade, wenn Filme und Fernsehshows nur noch nach Proporz besetzt würden. Weil wer einmal mit solchen Parametern anfängt, kann eigentlich nie wieder damit aufhören. Mann – Frau, homo – hetero, hellhäutig – dunkelhäutig, alt – jung, klug – »kognitiv-suboptimiert«, dünn –»gravitativ benachteiligt« usw. Bin ich froh, dass ich keinen Cast zu besetzen habe. Denn spätestens bei der *GNTM*-Staffel 2022 wäre ich grandios gescheitert.

Nicht nur hauptberuflich dünne, dramatisch junge und Meeedchen mit einer Sozialkompetenz, die im Keller noch Höhenangst bekommen, liefen 2022 mit, sondern auch kluge Frauen, junge mit »viel Bauchgefühl« und welche, die »Lemon Tree« vom ersten bis zum letzten Wort mitsingen können. An alles war gedacht worden. Nur nicht an mich. Ganz ehrlich: Ist das noch mein GNTM? Warum kann es nicht einfach das bleiben, was es schon immer war und was ich so liebte: ein fulminantes Fegefeuer von Eitelkeiten,

Streit, Stress und Intrigen ...? Ich fremdelte schon nach zehn Minuten. Nach dem Finale stand für mich dann fest: Wenn die in der nächsten Staffel jetzt auch noch auf Werte wie Respekt, Ehrlichkeit & Empathie setzen, dann bin ich endgültig raus.

Alles muss heute angepasst sein. Arielle, die Meerjungfrau – nicht mehr rothaarig? Cinderella nicht mehr blond? Ist das jetzt zeitgemäße Diversität oder einfach nur albern? Nur bei James Bond zeigen sich die alten weißen Film-Dinos beratungsresistent. Eine weibliche Besetzung stand noch nie zur Diskussion. Begründung: Man will nicht schon beim Einparken Action ... Aber ich bin überzeugt, dass dafür der Geheimagent seiner Majestät zumindest in deutschen Kinos bald eine »Lizenz zum Gendern« erhalten wird. Außerdem wird er sich nur noch mit einem Lastenfahrrad fortbewegen dürfen, sein Martini wird alkoholfrei sein und seine Maßanzüge aus Schurwolle von frei laufenden Schafen, die durch Streicheln überzeugt wurden, ihre Haare zu spenden.

Selbst Märchen scheinen nicht mehr ohne Feminismus, LGBTQ und *Political Correctness* auszukommen. Schneewittchen wurde von Disney jüngst mit einer Latina besetzt. Alles andere wäre »f*** backwards« gewesen, ließ man das Publikum und die Kritiker wissen. Zum Dank gab's trotzdem nur Ärger, denn die Denke der woken Filmemacher passte so gar nicht zur Realität an der Aldi Kasse. What's next, hieß es: vegane, mülltrennende, gendernde Zwerge, die klimaneutral in ihr

Start-up einfahren? Die Filmindustrie hat es aber auch wirklich nicht leicht. Da wird wie beim Curling jede Holprigkeit von der Bahn geschrubbt. Jedes Filmskript wird auf Auffälligkeiten abgeklopft und junge Regisseure verwenden einen Großteil ihrer Zeit dafür, gewissenhaft alles zu umschiffen, von dem sich irgendwer angegriffen fühlen könnte. Und trotzdem wird immer irgendwo garantiert wieder eine Tüte Empörung aufgerissen - mit einer leckeren Extraportion »Gehtjagarnicht«.

Würde heute »Titanic« neu verfilmt, müsste die Untergangsszene so vertont werden: »Achtung, hier spricht ihr Kapitän, alle in die Rettungsboote - Frauen und Kinder zuerst!« Dann würde einer der Protagonisten empört rufen: »Hallo? Was ist das denn für eine sexistische Scheiße! Ich fühle mich von Ihrer geschlechtsbetonten Sprache nicht angesprochen ... Was ist mit Transfrauen, Transmännern, Ifabs und allem dazwischen? Und die Rettungsboote: Ich glaube, das ist hier alles nur eine Lobbyveranstaltung der Rettungsbootindustrie. Wenn ich da mitmache, dann will ich erst mal wissen, ob beim Anstrich gesundheitsschädliche Formaldehyde verwendet wurden - weil dann lasse ich meine Kinder lieber nicht retten ...«

Also, wenn es nach mir ginge, sollten zumindest die Märchen aus meiner Kindheit unter Denkmalschutz gestellt werden und auf übereifrige penible, politische

Korrektheit verzichten dürfen. Zeitgeist und Realitäts-
bezug funktioniert ja auch auf anderem Weg: Man
könnte zum Beispiel die Figuren im Slang reden lassen
oder die Story in Richtung »kritische Sozialstudie«
drehen. Ein völlig neuer Twist, der das Zeug zum echten *Game Changer* hätte, weil er für hohes Identifika-
tionspotenzial steht. *Nicer Move*, finden Sie nicht?

Rapunzel beispielsweise könnte in einer Dachge-
schosswohnung in einer Trabantenvorstadt wohnen, wo sie sich unter ihren Extensions im Sommer
einen Wolf schwitzt. Als Justin-Gonzales ruft: »Ey,
Cheyenne Sunshine, lass dein Haar herunter«, gibt
sie zurück: »Abu ... ich mach grad TikTok wallah.
Alter, komm später wieder – und geh Treppe! Yallah,
yallah!« Rotkäppchen wäre Einzelkind, oder besser
Alleinerbin. Hört sich besser an. Die alleinerzie-
hende Mutter arbeitet Vollzeit, um der Tochter das
neueste iPhone mit 48-Megapixelkamera kaufen zu
können, damit diese als »Famebitch« auf Insta Karriere machen kann. Sie unterbricht die Göre beim
Binge Watching mit der Aufforderung, salzredu-
zierte Kost und natriumarmes Wasser zur Großmut-
ter zu bringen, und ermahnt sie noch beim Raus-
gehen: »Geh direkt nach Omma, kein Abhängen mit
der Sisterhood, keine Drogen, keine Anmache.«
Hänsel und Gretel: Der Vater ist Inhaber des florie-
renden Bauunternehmens »Bau-Watch«. Speziali-
siert auf große »Vorbauten« – egal wo und an wem –
weswegen die Mutter sich scheiden ließ. Beide ge-

hen auf eine Eliteschule. Was Hänschen dort nicht lernt, bringt Gretel ihm bei. Beide rappen gern, feiern Capital Bra, sind Tilidin-süchtig, aber privatversichert. Die Hexe lebte lange von der Mindestrente bis sie den Ökobaupreis für ihre Hütte aus essbaren Rohstoffen erhielt. Seit der Legalisierung betreibt sie zusätzlich eine Hanfplantage im Dachgeschoss. Die drei machen gemeinsame Sache. Mit der Geschäftsidee, Haschplätzchen vorm St. Elisabethenstift zu vertickern, gelingt ihnen der Durchbruch. Rumpelstilzchen müsste umgedichtet werden: »Heute back ich, morgen brau ich und übermorgen seh ich aus, als bekäme ich ein Kind.« Natürlich als Leihmutter.

So könnte es gehen. Zeitgemäß und unterhaltsam. Dagegen wirkt der 2021 auf Prime erschienene *Cinderella*-Film, in dem Aschenputtel lieber beruflich durchstartet, als sich zu verlieben, doch absolut *lame*. Vor allem jetzt, wo man nicht mehr von Work-Life-Balance spricht, sondern von Life-Work-Balance. Aber ich bin mir sicher, meine sorgsam entwickelten Figuren würden von den Drehbuchautoren auch wieder aus Angst vor dem Twitter-Tribunal so lange geknechtet, bis sie auch mit einem Drehbuchdefibrillator nicht mehr zu retten wären. Es wäre nicht das erste Mal. Was passiert, wenn mystische Geschichten, exotische Anleihen, Witze und Klischees gestrichen werden? Was bleibt, wenn alles, was auch nur ansatzweise das Zeug hat, in die politisch unkorrekte Ecke fabuliert werden zu können, der *Cancel Culture* zugeführt wird? Dann ist das, was übrig bleibt, zwar ideologisch einwandfrei, pädagogisch wertvoll, aber so spannend wie eine Tüte Erdnusslocken, in die man 'ne Taschenlampe hält.

Es ist ja auch nicht alles sofort ausländerfeindlich und rassistisch, nur weil es ein Klischee bedient. Den armen Winnetou hatte es 2020 erwischt. Man will ihn jetzt nach heftigen Protesten deutschstämmiger Delawaren in die ewigen Jagdgründe eingehen lassen. Begründung: eine zu verharmlosende Darstellung des Leids indigener Völker und eine zu stereotype Darstellung. Ich habe nicht alle Karl-May-Bände gelesen, aber an der ehrenhaften und charakterstarken Darstellung der Indianer, die mir bei den gelesenen Exemplaren unterkam, konnte ich nie etwas Verwerfliches finden. Indianerehrenwort ...

Gut, heute weiß ich, dass diese Sichtweise für übelsten Rassismus steht. Und auch Kindergartenkinder, die sich im Karneval als Westernhelden oder Indianer verkleiden, weil sie gerne einmal so aussehen möchten wie ihre großen Idole, müssen künftig damit rechnen, eine Rassismus-Debatte angehängt zu bekommen – zumindest aber, sich kulturelle Aneignung unterstellen lassen. Denn so, wie »Oppa« der Meinung war, dass über den Krieg nur die reden dürfen, die an der Ostfront gedient haben, ist es auch allen »Nicht-Betroffenen« untersagt, kulturelle Anleihen indigener Völker zu nutzen, denn die Annahme, dass dies gedankenlos geschieht, dass Westernhelden und die Nachkommen Winnetous dabei wie klischeehafte Abziehbilder benutzt werden, ist offenbar weiter verbreitet als der Gedanke, dass Kinder in diesen Kostümen auf kindliche Art und ohne den kleinsten Funken an Despektierlichkeit, ihre Helden einfach nur feiern wollen.

Schade. Andererseits: Sollten wir uns mittlerweile nicht dran gewöhnt haben, in einer humorbefreiten Zone zu leben? Nein, daran will ich mich nicht gewöhnen. Wer das aber will, dem rate ich, in einer woken Welt wie dieser, konsequent vor Inbetriebnahme des Mundwerks das Gehirn einzuschalten. Denn sonst enden Sie, wie ich, als *Low Performer*. Mit dem, was ich raushaue, bringe ich regelmäßig das Kontrolllämpchen woker Wächter zum Blinken. Vielleicht bin ich kaputt geliefert worden, ich weiß es nicht. Ich habe einfach noch nie so funktioniert, wie man es von mir erwartet, wenn mir eine alternative Route zielführender erscheint. Kontroverse Gespräche werden dann auch schon mal gegenseitig mit dem respektvollen Abschiedsgruß beendet: »Es war mir eine *Lehre*, Sie kennenzulernen ...«

Ist die Lage nicht viel zu ernst, um den Humor zu verlieren, liebe Leserinnen und Leser? Ja, ist sie. Wie gut, dass wir ihn haben: Humor baut Brücken, er ist sozialer Kitt und selbst in Deutschland noch nicht steuerpflichtig. Er schafft es, ein Miteinander aufzubauen, auch wenn die Standpunkte unterschiedlicher nicht sein könnten. Er kann Kompromisse, macht uns situationselastisch und anpassungsfähig. »Auf clever« heißt das Ganze Resilienz und die kann trainiert werden – über das Zwerchfell. *Lessons of Laugh* – probieren Sie es ruhig mal aus.

Abschließend sei nochmals betont: Wokeness ist per se nichts Schlechtes. Der neue Moralismus steht für ein Bewusstsein in Bezug auf kritische Zustände und berührt damit sehr arriviert einen wichtigen Punkt in unserer Gesellschaft. Umso verwunderlicher ist es da, dass sie bei so viel Relevanz und trotz so viel Popularität es schafft, so wenig Sympathien zu generieren. Werden Teile der Debatten vielleicht zu unversöhnlich geführt? Zu oft stößt man noch auf diesen ominösen Absolutheitsanspruch, der besagt, dass, wenn einer eine Meinung super findet, alle anderen Meinungen verboten werden sollten.

»Richtige Töne« statt »falscher Wörter«, etwas weniger Doktrin, Verständnis für Andersdenkende und ein souveräner Umgang damit, dass nicht für alle Impulse Mehrheiten zu finden sind, würde das Wokeness-Movement sicherlich ein Stück weit aus der Tugendterror-Ecke herausholen. Und dann noch eine Prise Humor – natürlich kein schwarzer; es soll sich ja keiner »schwarz-ärgern«. Humor hat ja viele Gesichter ...

Luise und ich kriegen unsere Wechselbäder zwischen Wortwahl, Wahrnehmung und Wirklichkeit jetzt immer besser gewuppt. Dem Himmel sei Dank, denn es gibt für mich kein größeres Glück auf Erden, als wenn sie uns besucht, ich sie vom Bahnhof abhole und ihr sofort im Auto euphorisch aus Texten zitiere, für die sie, wenn auch unbewusst, die ein oder andere Steilvorlage geliefert hat. Meist nimmt sie dann Haltung an, verschränkt die Arme vor der Brust, holt tief Luft und erklärt mir dann in einer Art, die ansonsten nur bei

pädagogischen Fachkräften für Schwererziehbare Anwendung findet, dass sie nicht Teil meiner Senioren-
witze sein möchte. Ich erkläre ihr dann wiederum, dass
es keinesfalls meine Absicht ist, mich über sie lustig zu
machen, sondern dass ich lediglich auf diesem Wege
versuche, ein progressives Gedankengut wie das ihrige
mit Humor zu betrachten, um mir persönlich so die
Adaption zu erleichtern. Meist sind wir dann schon
wieder mittendrin – in einer dieser waghalsigen Woke-
ness-Debatten, die sich um die zentrale Frage dreht:
Wo hört das »Wachen über etwas« auf und wo fängt
das »Überwachen« an. Meist erreichen wir dann, kurz
bevor mir die versöhnlichen Gesichtsausdrücke ausgehen, die Haustür. Da wacht dann ein Masterplan darüber, dass Protestkultur, Empörungs-Ventilation und
Boomer-Beratungsresistenz zugunsten eines unbe-
schwerten, geselligen Familienabends außen vor bleiben. Es ist ein Messingschild, auf dem steht:

Please leave your political opinions at the door.

Ich hatte es gravieren lassen, nachdem sie beim
Schwarzfah... äh ... nachdem sie bei der »Beförderungserschleichung nach Paragraf 265a des Strafgesetzbuches« erwischt worden war.

Ich, die Dschungelkönigin –
im Dschungel der Nachhaltigkeitssünden

Unser Weihnachtsbaum wird dieses Jahr kein pestizid-versuchtes Exemplar aus einer trostlosen Massen-baumbatterie sein. Denn an den familiären Spannun-gen, die zu Weihnachten immer auftreten, wenn alle tagelang aufeinander hocken, ist bestimmt einzig und allein so ein fröhlich vor sich hin »ausdünstender« Baum schuld! Nein, noch besser, es wird ein Besenstiel sein: Unten dran liegen die Geschenke und oben dran hängt ein Zettel mit den Emissionsrechten, die uns durch den Verzicht auf einen echten Baum zustehen. Denn die brauche ich, um auch nächstes Jahr mit mei-nem Auto die anderthalb Kilometer ins Fitnessstudio »dieseln« zu können – um da dann Fahrrad zu fahren. Und auf meine Erdbeeren im Dezember will ich auch nicht verzichten. Dafür benutze ich aber jede Frisch-haltefolie zweimal und denke, allmählich könnte sich so ein Blauwal dafür auch mal persönlich bei mir bedanken. Ich finde es auch toll, dass McDonald's Pappstrohhalme eingeführt hat, auch wenn meine Cola daraus wie aus einem alten Diktatheft schmeckt. Wie? Sie finden McDonald's nicht okay? Dann ist Ihnen wohl entgangen, dass es dort jetzt auch den Veggie Club-house und den McVeggie TS Burger mit Quinoa gibt, diesem eiweiß- und ballaststoffreichen Inka-Getreide. Viel gesünder geht doch gar nicht! Zwar haben diese Körner aufgrund ihrer langen Anreise eine schlechtere Ökobilanz als ein vierachsiger Sattelschlepper aus Rumänien mitsamt seinem kettenrauchenden Fahrer und dessen Schwäche für üppige Schlachtplatten, dafür aber kommen die Dinger ohne Fleisch aus.

Sie finden das alles paradox? Aber ist nicht das ganze Leben irgendwie widersprüchlich? Und werden gerade ökologische Fragen nicht oft zu einer Art Mischkalkulation? Die Frage ist doch: Was KANN ich beitragen und was WILL ich beitragen? Konkret: Wie viel Ignoranz will ich mir gönnen, damit es am Ende ein Weg wird, der für mich alltagstauglich ist? Denn nur dann kann ich ihn langfristig gehen. So denken sehr viele. Man möchte den Klimaschutz zwar als eines der dringlichsten gesellschaftlichen Themen behandelt sehen, bleibt aber selber mit seinem persönlichen Beitrag deutlich hinter diesem Anspruch zurück. Von einem maximal minimierten CO_2-Fußabdruck ist man dann noch sehr lange, sehr weit entfernt.

Aber sind die von uns Menschen verursachten Treibhausgase nicht gerade schuld am Klimawandel und damit an immer intensiver auftretenden Wetterextremen, wie der Gluthitze im Sommer 2022, die uns alle so fertig machte? Ich schwitzte nicht, ich karamellisierte!

Ich wünschte mir überall textilfreie Zonen, nicht nur in meinem Bad, denn es ließ sich nur noch *barfuß bis an die Ohrläppchen* aushalten. Die ersten Bauern überlegten schon umzusteigen – von Kühen auf Kamele. Bei anderen wurde die komplette Maisernte auf dem Weg zur Scheune zu Popcorn. Mein Käse-Schinken-Sandwich mutierte zwischen Küche und Wohnzimmer zu einem Toast Hawaii. Es waren Temperaturen, bei denen mir klar wurde, dass ich nun endlich ein guter Mensch werden musste, weil ich es in der Hölle nicht aushalten würde. Es war keine Hitzewelle, es war ein permanenter Zu-Warmi. Die ARD sendete bei 30 Grad und mehr einen *Brennpunkt* – also täglich. Meine Kollegin schrieb: »Falls mich jemand sucht, ich bin im Kühlschrank.« Da passte ich aber leider nicht rein. Für mich hätte es eine Gefriertruhe aus der Space-Max-Serie eines führenden Herstellers für Großküchen sein müssen oder im Sinne einer artgerechten Haltung gleich Luigis Eiswagen ... Sie merken, bei mir schmorte auch die eine oder andere Sicherung durch.

Wasserknappheit war eine der unübersehbaren Folgen. Niedrigwasser im Rhein bei Kaub, eine der wichtigsten Schnittstellen für die Schifffahrt. Die Pegelstände waren ähnlich negativ wie die Zinsen. Und schuld daran war nicht etwa der Biber, der weiter rheinaufwärts seinen Damm gebaut hatte. Die ersten Reedereien überlegten, ihre Flusskreuzfahrtschiffe mit Kettenlaufwerken ausrangierter Bundeswehrpanzer auszustatten. Die Städte entschieden sich in ihren Freibädern nur noch Bahn drei und vier zu befüllen. Und was macht mein Nachbar? Wässert seinen Rasen, als wolle er Reis anbauen. Und der örtliche Golfclub? Jagt 35 Millionen Liter pro Jahr durch seine Rasensprenger auf die Greens. Ist das noch Mischkalkulation oder schon gefährliche Ignoranz? Eine Gradwanderung. Täglich schmilzt tonnenweise Grönlandeis, was zu steigenden Meeresspiegeln führt. Vielleicht könnte man ja da etwas Wasser abschöpfen und im Rhein auskippen? Plastikgefäße schwimmen in unseren Ozeanen ja mehr als genug herum.

»Der Lorenz knallt«, sagt man an Rhein und Ruhr. Und die Luft steht. Wie wäre es, die Sonnenenergie zu nutzen, um Windräder acht Mal so schnell laufen zu lassen? Das könnte die Bevölkerung doch erfrischen, oder? Vergessen Sie es, es hätte sich auch nur angefühlt, als ob man den Backofen von Ober- und Unterhitze auf Umluft stellt. Im Herbst kam er dann, der Wind. Nach all der heißen Luft im Sommer jetzt eine frische Brise – mit brisanten Fragen: in einem windigen Land mit windigen Politikern, die von Energiewende reden, aber, um die zu schaffen, nicht genügend Windenergieanlagen bauen. Mir wurde auf dem Weg ins Büro diverse Male von Mülltonnen die Vorfahrt genommen, der Pudel meiner Nachbarin hatte nach dem Gassigehen keine Locken mehr und Frauchen sah aus wie Marge Simpson nach dem Besuch einer Sado-Maso-Messe. Ein Wetterexperte im Fernsehen sprach versehentlich zehn Minuten in einen Terrier, weil er ihn für ein

Puschelmikrofon gehalten hatte. Die Bahn überlegte, bei Sturm & Orkan allen Fahrgästen Regenschirme zum Selbstfliegen zur Verfügung zu stellen. Der Wetterdienst riet Menschen mit Segelohren, zu Hause zu bleiben. Beziehungscoaches ergänzten: Nur wer im Sturm erobert werden will, sollte vor die Tür gehen. Fliegt dann ein Single vorbei, sollte man schnell rufen: »Ich orkanshippe jetzt!« Vom Winde verweht? Yep. Vom Winde versorgt? Nope! Warum baut man nicht einfach mehr Windräder? Wegen Lärmbelästigung, Vogelschlag oder Verschandelung der Landschaft? Hallo? Das lasse ich nicht gelten. Wo ein Wille, da ein Weg. Man könnte doch mal über ein Pilotprojekt »Unterirdischer Windpark« nachdenken, oder?

Selbst in wettertechnisch gemäßigten Ländern wie Deutschland weht seit der Klimakrise ein anderer Wind, der Wind of Change. Und auch der Winter spielt verrückt. Schnee ist im Dezember schon lange kein abendländisches *Asset* mehr. Die Ampel will jetzt den Gefrierpunkt auf 15 Grad anheben, damit es Weihnachten endlich mal wieder schneit. Sind die da jetzt komplett durchgelötet? Bei der Wärme auch noch Schneeschippen? Ich fass es nicht! Aber Fakt ist, Schnee konnte man im letzten Winter wieder mit der Lupe suchen – genauso wie den Fortschritt beim Klimaschutzgipfel im November 2022: 200 Länder und nur ein gemeinsames Statement am Ende einer tagelangen Konferenz. Shame! Was draußen zu viel war, war drinnen zu wenig. Ich überwinterte seinerzeit am heimischen Schreibtisch, im Energiesparmodus, bei 19 Grad – und daher

auch mit gedeckelten Hirnressourcen. Winfried Kretsch-
mann hatte als Erster dazu geraten, die Heizung herun-
terzudrehen und ging mit gutem Beispiel voran. Ein
Mann der Thermos-Tat.

Ich tat es ihm gleich und frühstückte lieber zwei Flaschen Bommerlunder, um es warm zu haben. Denn hätte
ich das nicht getan, hätte meine Gänsehaut als Blinden-
schrift getaugt. Ich hätte mich am liebsten alle drei
Tage impfen lassen, um an leichtes Fieber zu kommen,
was bekanntlich oft dann eintritt, wenn der Körper
eine Immunreaktion zeigt. Meine Hütte war unange-
nehm unterwarm. Auf einen dieser äußerst begehrten
Heizlüfter habe ich dennoch verzichtet – aus Kostengründen bzw. aus der Angst heraus, dass aus meiner
Strom-Rechnung ein Elektro-Schock wird. Mein Nachbar hatte natürlich als Erster so ein Ding und konnte
schon an Halloween als Nebenkostenabrechnung gehen … Top-Gruselfaktor sag ich Ihnen.

Es war ein einziger Stresstest: Überall herrschte »Heizscham« und verbissenes Wettfrieren. In den dunkels-
ten Stunden, wenn ich sonntags nach dem Aufbacken
der Brötchen vor dem Backofen kauerte, um die Rest-
wärme abzugreifen, habe ich sogar für einen kurzen
Moment wieder mit der Atomkraft geliebäugelt. Dann
wäre man endlich vom Gas unabhängig. Die EU hatte
sie im Sommer 2022 schließlich als nachhaltig eingestuft, weil sie ja freilaufend ist und aus biologischem
Anbau stammt. Frankreich wollte daraufhin in Brüssel

für alle 56 AKW-Standorte die Einstufung als Kurort beantragen. Aber die Angst vor der Nosferatu-Spinne, die dann womöglich im Dunkeln auch noch leuchtet, ließ mich den Gedanken schnell wieder verwerfen. Strahlender Müll gehört ins Privatfernsehen. Nirgendwo sonst hin. Und jetzt bitte kein energieintensives lautes Lachen! Es genügt ein einfaches *LOL*.

Zwei Jahre zuvor, im Dezember 2020, erreichten die Temperaturen kurz vor Weihnachten in manchen Teilen Deutschlands noch knapp 20 Grad plus. Im Januar 2021 kam dann die CO_2-Steuer, um die Erderwärmung aufzuhalten, und im Februar hatten wir dann auf einmal knapp 20 Grad minus. Mein Nachbar konstatierte: »Oh, da haben wir wohl zu viel bezahlt.« Ich sah mich sofort in der Pflicht, ihn auf Kurs zu bringen: »Für die Rettung des Klimas kann man doch gar nicht genug Geld investieren. Wenn die Gletscher weiter schmelzen und der Meeresspiegel weiter steigt, dann werden irgendwann Länder wie Holland geflutet. Das kann doch keiner wollen!« Seine Antwort: »Wobei? Dann wäre uns bei allen zukünftigen Fußballturnieren schon mal ein Platz im Halbfinale sicher.« Danach fuhr er fort, seinen 40 Jahre alten Kühlschrank in der Garage mit Bier und Grillfleisch zu bestücken – und zwar mit solchem, bei dem du an der Discounterkasse das Recht abgibst, dich über Massentierhaltung aufzuregen. Da fasst man sich doch an den Kopf, aber Leute wie er greifen da wohl ins Leere.

Steigende Temperaturen führen zu einem CO_2-Anstieg in der Atmosphäre und CO_2 führt zu einer weiteren Erderwärmung. Es ist ein Teufelskreis. Und solange Elon Musk noch keinen zweiten Planeten Erde aus seinem 3D-Drucker lässt, müssen wir retten, was noch zu retten ist. Das Problembewusstsein hierzulande ist flächendeckend groß, der Gestaltungswille aber unterschiedlich stark ausgeprägt. Auch bei uns – in unserem Mikrokosmos Familie. Luise zum Beispiel lässt kaum eine *Fridays-for-Future*-Veranstaltung aus und bezeichnet mich als *selfish* und *lame*, weil ich dort nicht mitmarschiere. Dabei habe ich gar nichts gegen das Ansinnen der Demonstranten. Ich finde sogar, die Jugend hat das Recht zu sagen, dass der Kohleausstieg 2038 zu spät kommt. Und der oft aggressive Unterton ihrer Forderungen unterstreicht einfach nur die Dringlichkeit der Sache. Ich persönlich mag es nur einfach nicht, »auf die Straße zu gehen« – es sei denn, es handelt sich um eine Veranstaltung, für die ich, als gebürtige Rheinländerin, mir vorher im Karnevalsshop ein Kostüm kaufen kann.

Sie nimmt diese Kundgebungen sehr ernst. Und nicht nur ich werde *gebrainwashed*, wenn meine *Attitude* nicht mit ihrem *Mindset* kompatibel ist. Auch ihre Freundin Juna. Eine junge Frau von kleiner Statur mit großem Ego. Sie besitzt ein außergewöhnliches rhetorisches Talent und eine nahezu missionarische Überzeugungskraft, wenn es denn der Sache dient. Ich bin mir sicher, würden bei der mal zwei dieser Herren im grauen Flanellanzug klingeln, die gingen als Zeugen Jehovas rein und kämen 20 Minuten später als Trappistenmönche wieder raus – und das Altpapier hätten sie auch noch mit runtergenommen.

Aber auch sie musste sich neulich von meiner Luise »eindosen« lassen. Sie trug eine Jeans, die offensichtlich nicht aus der *Slow-Fashion*-Fraktion stammte und somit ihre legendäre probiotische Protestkultur ad absurdum führte: Darling Denim in der 08/15-Variante gilt nämlich als die schmutzigste Klamotte der Welt. Bis eine solche Jeans im Laden hängt, hat sie im Schnitt 50 000 Kilometer auf dem Buckel und die Menschen, die für das *Used-look-Finish* sorgen, eine Staublunge. Die Flüsse in den Produktionsländern sind durch die Abwässer der unzähligen Waschgänge derart mit Chemie angereichert, dass man darin seine Urlaubsfotos entwickeln könnte. Ist also so eine Jeans für eine *Fridays-for-Future*-Demo wirklich das politisch korrekte Kleidungsstück? Arme Juna. Wie *lost* sie wirkte, zusammengefaltet wie ein Origami-Kranich, von meiner lärmenden Luise. Und sie fror, was mein mütterliches Mitleid noch mehr triggerte. Es war Herbst geworden. Ich gab ihr eine von Luises Jacken. Sie nahm sie dankbar an. Der Satz, den sie dabei *droppte*, war so typisch für diese kleine, kämpferische Jeanne d'Arc. Ein famoser Versuch von »Milieurückgewinnung«: »Sie haben recht«, dozierte sie mir zugewandt, »es wird kühler, die Sonne geht jetzt Tag für Tag früher unter, weil der Meeresspiegel aufgrund der Gletscherschmelze ja immer weiter steigt ...« Ich mag sie trotzdem. Aber vielleicht sollte sie nur noch die *Fridays-for-Future-*Demos besuchen, die nicht parallel zum Erdkundeunterricht stattfinden.

In Luises Jacke, die ich Juna gab, war hinten ein Etikett eingenäht, auf dem stand: »Diese Jacke ist Müll.« Sie hat sozusagen ein Vorleben. In ihr stecken möglicherweise Plastikflaschen oder Kaffeesatz. Mit anderen Worten: Sie entstammt einem Upcycling-Kreislauf. Mit so einer Jacke haben Sie den Olymp des textilen Nachhaltigkeitsstrebens erklommen, denn hier gilt: »Müll ist mehr als Abfall!« Sie gehören dann zu der Gruppe der »Besser-Dresser«, denn das ist eindeutig *Up*-cyclen, während das *Re*-cyclen von Kleidung bedeutet, dass aus einem alten T-Shirt nur noch Putzlappen oder Dämmmaterial gemacht werden. Und by the way: Upcyclen fängt beim Reparieren an. Als ich Juna neulich aus Luises Zimmer rufen hörte: »Shit, die Naht meines ›Save-the-planet-T-Shirts‹ ist bei der Wäsche kaputtgegangen. Jetzt muss ich mir doch schon wieder ein neues kaufen!«, war das auch wieder irgendwie *weird*.

Leider sind nur 14 Prozent der Deutschen bereit, für nachhaltige Kleidung mehr Geld auszugeben. Viele sind ambivalent und zu viele treiben sich noch in Geschäften wie *Primark* rum, in denen es schon riecht wie in einem Container von *China Shipping*, der seit drei Wochen im Rotterdamer Hafen darauf wartet, gelöscht zu werden. Deren Sortimente beinhalten alles, von Fast-

Fashion bis hin zu Trash-Fashion. Man erkennt das daran, dass es juckt und kratzt, und zwar gleichzeitig. Die Programme wechseln inflationär, was bedeutet, dass, wenn deine Lieblingshose, die du im Februar 2022 gekauft hast, in die Binsen geht, du sie im März des gleichen Jahres nirgendwo mehr kaufen kannst. Die Preise dort sind nicht zum Angeben gedacht; denn die Zielgruppe denkt beim Wort »Rabat(t)« nicht als Erstes an eine Stadt in Marokko. Angenommen, in einer solchen Filiale würde ein Kabel durchschmoren, sich mit den hochexplosiven Gasgemischen, die über den Rundständern wabern, verbinden und dann zu einem Großbrand führen – am nächsten Tag stünde wahrscheinlich in der Zeitung: »Großbrand bei XY, Gesamtschaden 19,90 Euro.« Aber bitte KEINE Probe aufs Exempel machen ...

Es gibt bessere Möglichkeiten, Gutes zu tun. Auch ich will im Alltag Zeichen setzen, die über Kommas in einem Worddokument hinausgehen. Denn die »Ökokalypse«, die droht, wenn alles so weiterläuft wie bisher, ist dann doch noch wesentlich schlimmer als der *krasseste Diss* meiner Tochter. Das müssen Sie mir jetzt einfach glauben: Wenn Luise in die Luft geht, geht jeder Pyrotechniker in Deckung. Stellt sich nun also ganz konkret die Frage: Welche Aktionen sind ökologisch sinnvoll? Blinder Aktionismus nach dem Motto »Hauptsache vorwärts, die Richtung ist egal«, ist es jedenfalls nicht. Also, welche Maßnahmen haben eine Wirkung, die über die eines Duftbäumchens am Lenker eines E-Scooter hinausgeht? Informationen hierzu gibt es viele. Ich nutze dieses Angebot – sehr gewissenhaft – und lausche täglich glaubwürdigen Experten, die sich oft auch sehr glaubwürdig widersprechen:

Das E-Auto ist unsere Zukunft. Es gilt als Wunder der E-volution. Es könnten hier in Deutschland bestimmt auch noch viel mehr verkauft werden, wenn es an ihren Tankstellen Bockwurst & Bier gäbe. Auch für mich sollte es höchste Zeit werden, umzusteigen und meinen alten Diesel zu verkaufen, der uns hier die Innenstädte verpestet. Aber was ist, wenn der dann, wie viele andere alte Autos auch, in den Kongo vertickert wird? Ist das Klima dort denn resistenter als bei uns? Außerdem läuft er doch noch. Wenn etwas funktioniert, warum dann wegwerfen? Und wenn etwas nicht funktioniert? In meinem Keller befindet sich ein ganzes Museum von alten Elektrogeräten – mit Sonderfläche für Stabmixer und Milchaufschäumer. Wenn ich etwas mehr Zeit habe, werde ich all diese Geräte wieder gesund pflegen. Reparieren muss wieder hoffähig werden. Und was ist, wenn ich so ein E-Auto dann viel mehr nutze als meinen Diesel, weil dieser blöde Gewissens-Tinnitus wegfällt? Gibt das in Summe nicht dann doch wieder einen schlechteren ökologischen Fußabdruck? Und solange wir die Größe dieser Autos nicht thematisieren und uns fragen, ob es opportun ist, 70 Kilo Mensch mit einem 2,3 Tonnen schweren SUV durch die Gegend zu schaukeln, selbst wenn der emissionsfrei ist, gibt's doch auch noch Redebedarf, oder? Also, wenn überhaupt, dann bitte nur ein kleines E-Auto mit kleiner Batterie. Wobei, dann hat man wieder diese blöde Reichweitenangst. Andererseits ließe sich die ja durch die Sicherheit schönreden, dass, wenn das Auto geklaut wird, es nicht weit weg sein kann.

Also, wie sieht eine Mobilität mit möglichst wenig Nebenwirkungen aus? Auf jeden Fall ohne Diesel, würde ich sagen, denn schon jetzt darf ich in manchen Städten wenige hundert Meter lange Straßenabschnitte mit einem Diesel nicht mehr befahren. Ich muss dann mit dem gleichen Diesel fünf Kilometer Umweg fahren – an acht Ampeln, zwei Zebrastreifen und einem Bahnübergang anhalten und (spritfressend) wieder anfahren. Behördenlogik, die vermutlich nur fair sein will, wenn sie vorsieht, dass die Rußpartikel gerecht auf alle Stadtviertel verteilt werden sollen. *Carsharing*, im Prinzip eine gute Idee, die sich aber leider in Ländern wie Deutschland immer noch schwertut. »My car is my castle«, das Auto ist uns Deutschen einfach heilig. Das überlässt man nicht einfach anderen. Da gilt halt immer noch dieses gleichermaßen typisch deutsche wie ewig gestrige besitzorientierte Denken. Da sind andere Länder schon weiter. Ein Auto teilen, es also mehreren Besitzern zugänglich machen, das ist zum Beispiel in Polen seit Langem gang und gäbe. Meine Eltern haben diese Mentalität ausgerechnet im Wallfahrtsort Tschenstochau kennen, aber nicht schätzen gelernt ...

Das Badezimmer ist zum politischen Raum geworden, und zwar lange bevor Robert Habeck angeboten hatte, uns fünf Minuten Duschzeit gutzuschreiben, wenn wir Wäsche nur noch bei 30 Grad waschen und am besten gleich selber mitfahren, um Energie zu sparen. Wohlbemerkt, er spricht vom Duschen, nicht vom Baden! Nennen wir es vielleicht »vertikales Baden«, dann fallen mir, einem echten Badefreak, die nächsten Zeilen leichter. Denn für mich gibt es nichts Schöneres, als nach einem nasskalten Herbstspaziergang auf meine Wanne zu hören, die da ruft: »Ich lass mich heute volllaufen«, und dann ein Kräuterbad zu nehmen oder wie man das nennt, wenn man bei so einem Wetter in der Wanne erst mal ein, zwei Jägermeister ext. Aber, um auch in den Genuss zu kommen, für besondere Dienste am Vaterland einen Preis zu erhalten, entere ich halt jetzt gottergeben die Dusche, stehe auf meinen durchgefrorenen, schmerzenden Knochen, anstatt zu liegen, und wünsche mir einmal mehr Voltaren ins Grundwasser. Aber wenn schon Städte wie Baden-Baden in »Duschen-Duschen« umbenannt werden sollen, dann scheint die Lage ja wirklich ernst zu sein!

»Immer schön sauber bleiben« – dieses Mantra bezieht sich aber nicht nur auf den Reinigungsprozess, sondern auch auf die Reinigungskräfte. Mindestens fünf Flaschen Haarpflegeprodukte sind bei mir, dem Prototyp eines Feinhaarträgers, immer parallel im Einsatz, um das Beste aus meinen Haaren herauszuholen, während meinem Mann eine einzige zur Aufrechterhaltung der Fassade genügt: »100 in 1« steht drauf: für Kopf & Körper, Bohrmaschinen, Rasenmäher und Alufelgen, mit Benzinaromen ... an der Kasse im Baumarkt erhältlich. Bin mal gespannt, wann er zum ersten Mal sein Steak damit anbrät. Irgendeine der 100 Funktionen wird schon noch Bratöl sein. Und alle, sowohl die für Frauen als auch die für Männer, sind, glaubt man der Werbung, immer Super-Marken aus Super-Märkten. Glaubt man aber den Medien, beinhalten sie nicht selten mehr Kunststoffe als die dazugehörige Verpackung. Die Meere sind voll von Mikroplastik, das von Fischen aufgenommen wird. Bofrost wird bald seine Palette um den »Pracht-Barsch in Pantene Pro-V« erweitern, denn laut Ökotest beinhaltet dieses beliebte Haarpflegeprodukt - wie viele andere auch – potente Polymere (*Öko-Test* v. 21.02.2020). Und die Plastifizierung der Meere hat auch für die Menschheit nachhaltige Konsequenzen: Wir essen Fische und anderes Meeresgetier und nehmen so die in vielen Kunststoffen enthaltene Verbindung Bisphenol A auf, die sich nachweislich negativ auf die Zeugungsfähigkeit von Männern auswirkt. Herrschaftszeiten, Deutschlands »Hodenschätze« sind in Gefahr! Es ist nur noch eine Frage der Zeit, dass Frauen auf die Pille verzichten können. Dann sagt der Mann im entscheidenden Moment einfach: »Komm, ich schmeiß schnell 'ne Krabbe ein ...« Aber vielleicht ist so ein Mann ja auch bald Geschichte. Zumindest, wenn es um die schönste Nebensache der Welt geht, greifen immer mehr Frauen auf autoerotisches Spielzeug wie Vibratoren zurück. Alles auch aus

Plastik und mit vielen Weichmachern. Warum nicht ein Stück upgecycelter Kautschuk-Fahrradschlauch mit 'ner wilden Hummel drin, meine Damen? Das sinnlich summende Ding bräuchte noch nicht mal Strom. Das wäre nachhaltig. Bis es so was gibt, ist ein Mann aber tatsächlich noch die nachhaltigste Alternative ...

Und ausgerechnet vor diesen Karren habe ich mich spannen lassen, wo ich doch schon Angst habe, den Meeresspiegel kaputt zu machen, wenn ich einmal im Jahr in der Jolle meiner Freundin Hendrikje auf dem Ijsselmeer »in See steche«: Für einen nachhaltigen *Feel-Good*-Effekt kaufte ich ein Duschgel, das vom Hersteller mit dem Hinweis »natürlich« beworben wird. Ökologisch korrekt? Nein, denn zwei Tage später lese ich in einem Artikel, dass dieses Produkt Polyquaternium-7 enthält. Es hätte aber auch Siloxan, Acrylat oder Copolymer draufstehen können. Bei flüssigen Kunststoffen hat man es mit einer Bandenkriminalität im großen Stil zu tun. Sie haben den Körperpflegemarkt weitgehend unter sich aufgeteilt und nehmen ständig neue Identitäten an, um den gutgläubigen Konsumenten hinter die Fichte zu führen.

Luise quittierte meinen Einkauf lakonisch mit: »Ach, Mom, *nicer* Versuch, aber leider auch wieder nur *pretending*. Schon mal was von *Greenwashing* gehört?« Wer gutgläubig meint, mit Aufdrucken wie »natürlich« oder »vegan« die Plastifizierung unseres Planeten aufhalten zu können, der hält Latschenkiefer auch für den

Rohstoff, aus dem Holzschuhe gemacht werden. »Das sind doch alles nur Marketingtricks von Unternehmen, um möglichst ›grün‹ dazustehen«, skandiert sie. Sie selber benutzt jetzt nur noch ein Produkt, das in einer schlichten, archaisch anmutenden, nachfüllbaren, recycelten Flasche mit Pumpspender daherkommt und sich so mit einer ehrlichen, authentischen Aura umgibt. Ein handwerkliches Produkt, ein echtes *Statement Piece* fürs Bad und für Instagram, mit wortreichen Erklärungen auf der Rückseite und vorne drauf ein Sticker aus Graspapier: »Veganes Duschgel«. Als mein Mann es zum ersten Mal auf der Ablage stehen sah, schaute er mich irritiert an und meinte fragend: »Veganes Duschgel? Ja, wie? Haben wir uns denn vorher mit Bratensoße eingeseift?«

Ich finde es beschämend, mit welcher (Schein-)Heiligkeit sich manch ein Unternehmen rühmt, Gutes zu tun. »Dieses Produkt ist FCKW-frei«, las ich neulich auf einem Deospray. Dabei ist dieses Treibhausgas in Deutschland seit 1991 (!!) eh verboten und eine Erwähnung dessen nicht nur völlig überflüssig, sondern auch unmoralisch wie ein Simulant im Strafraum, weil sie oft über etwas anderes, viel Fieseres hinwegtäuschen soll. Nachhaltig ist oft nur ein bloßes Etikett, welches dem Konsumenten bescheinigen soll, dass keine Tabus seiner Glaubensgemeinschaft verletzt wurden. Das lässt sich aber vom Otto Normalverbraucher kaum überprüfen, denn nicht jeder hat, wie ich, eine Tochter an seiner Seite, deren Pedanterie beim Checken von Inhaltsangaben jeden Staatsanwalt beim Sichten von Cum-Ex-Ermittlungsakten in den Schatten stellt.

Wenn das Bad ein politischer Raum ist, in dem noch diskutiert wird, dann ist die Küche der Altar, auf dem ich meine Klimaziele endgültig opfere. Eine »Herdprämie« kann ICH schon lange nicht mehr erwarten; Krisenherd, das Wort würde besser zu unserer Küche passen – und nicht nur, wenn Luise uns besucht: Mein tägliches Einräumen der Spülmaschine zum Beispiel plane ich nicht jedes Mal wie einen Hindukusch-Einsatz. Ich entscheide mich immer für ein flüchtiges, oberflächiges Ergebnis. Mal geht es husch, husch, mal larifari. Werde ich dabei von meinem Mann ertappt, gibt's Stress und er räumt demonstrativ um – nach dem »Fluch-der-Akribik«-Prinzip, dem diese typisch deutsche Ingenieurhaftigkeit zugrunde liegt, mit der er noch drei Tassen, vier Teller, zwei Radkappen, eine Schrankwand und die eurasische Kontinentalplatte hineinschachtelt. Es neerrrvvt! Und das geht nicht nur mir so. Es soll ja schon bald Scheidungsanwälte mit Fachrichtung Spülmaschine geben ...

Und bei Lebensmitteln scheint man auch nichts mehr richtig machen zu können. Ein Liter Kuhmilch im Kühlschrank? Ein *epic fail*! Ob mir entgangen sei, dass die Viehzucht der größte Methanemittent schlechthin sei? Die meisten Kühe hätten ihr nationales Methangasemissionsrecht bereits am 2. Januar »verfurzt«. Und diese Gülleproblematik: »Jeder, der seinen Cappuccino«, so wie ich, »mit Kuhmilch trinkt, sollte danach wie ein Gülletank riechen. Safe!«, sprach »La Luise« und rauschte mit einem Gesichtsausdruck aus moralischer Übermacht und Weltekel in Richtung ihrer Gemächer. Ich bin mal gespannt, wann sich die erste Kuh für diese Art von flächendeckender Stigmatisierung rächt und aus Trotz noch mehr Methan in die Luft pupst. In meiner Kindheit waren Kühe noch hoch angesehen, weil sie so etwas Kostbares wie Milch lieferten. Ich lernte noch, dass Kühe nur deshalb so langsam gehen, damit sie nichts von der Milch verschütten. Und heute? Spricht man nur noch von der »Problem-Kuh« und tüftelt an Futtermitteln, die den »Heck-Husten« eindämmen sollen.

Wenn Luise zwei Biosteaks, wohlbemerkt BIO, in meinem Einkaufskorb entdeckt, guckt sie wie eine Kobra, die in ihrem dunklen Nest von der tief stehenden Morgensonne geblendet wird. Solche Darknet-verdächtigen Einkäufe lassen mich augenblicklich in den Dunstkreis von Despoten, Großwildjägern, Cum-Ex-Beteiligten und CSU-Politikern rücken, die sich 2021 am Maskendeal bereicherten.

Sie selber isst nur noch Produkte aus der Baureihe »kopierte Kuh«, also Fake-Frikadellen, Döner-Doubles u. Ä. Aber ist das tatsächlich alles so viel besser? Einerseits Ja, denn Fleisch ist eine höchst ineffiziente Form der Kalorien- und Proteinbereitstellung für den Menschen. Derzeit werden weltweit ein Drittel aller Ackerflächen genutzt, um Futtermittel für Tiere zu produzieren, die wir dann essen. Es wäre deutlich effizienter und für unser Ökosystem besser, wenn wir das Angebaute selbst essen würden.

Andererseits wackelt auch ein Vegetarier manchmal oder ist bereits zum Flexitarier übergelaufen. Die Industrie reagiert darauf und lässt Fleischersatzprodukte aussehen und schmecken wie Fleisch. In Wahrheit enthalten sie aber oft viel Zucker, Fett, Salz und bedenkliche Zusatzstoffe. Haben Sie schon mal auf einer Packung veganes Rahmschnitzel für 2,99 Euro vom Discounter nachgelesen, was da alles an Zusatzstoffen und Chemie drin ist? Also, wenn Sie mit der Soße Ihren Carport streichen, bringt der Borkenkäfer aber freiwillig die Balken vom letzten Jahr zurück! Also, no offense, aber zur schadstoffärmsten Leiche auf dem Friedhof werden Sie so nicht. Dann doch lieber eine echte Frikadelle; die tut wenigstens nicht so, als wäre sie gesund. Und da ist ja auch alles drin, weil »das Auge isst man ja mit ...«, heißt es nicht so?

Nein, ich bin kein schlechter Mensch. Auch ich will, dass man sich später mal an mich als Entlastungspaket auf zwei Beinen erinnert. Und das möchte ich schon ziemlich lange: Ich habe schon in Bioläden eingekauft, als man sich dafür noch einen Nebenjob suchen musste, so teuer war das damals. Von »Einkaufserlebnis« konnte allein deswegen auch keine Rede sein, weil man in dieser Zeit noch Angst haben musste, im Bioladen nicht bedient zu werden, wenn man geschminkt und mit blondierten Strähnchen auftauchte, anstatt mit Hennagefärbten Haaren und einem selig entrückten Gesichtsausdruck, als hätte das Abführmittel gerade seine Wirkung gezeigt, in Birkenstock-Latschen achtsam über die hölzerne Türschwelle zu federn. Man fürchtete sich vor Fragen, ob man sich nicht von Kraftorten wie dem Klangschalen-Seminar kennen würde, und vor Einladungen zu schamanischen Stuhlkreisen zur Chakrenreinigung, die von Menschen ausgesprochen wurden, deren Körper von Arnika und Globuli gezeichnet waren.

»Regional & saisonal« soll man Obst und Gemüse kaufen, heißt es. Als ich Luise im Juni mit heimischen Erdbeeren überraschte und betonte, dass es mir einfach wichtig wäre, Mutter Erde nicht für mein Obst auszubeuten, meinte sie anklagend: »Aber die Ausbeutung der vielen osteuropäischen Erntehelfer, die ist dir wohl egal?« Wie ich's mache, ich mache es verkehrt. Denn es ist tatsächlich nicht immer sinnvoll, aus der Region zu kaufen. Wer nicht zur Erntezeit, sondern im Sommer, also kurz vor der neuen Ernte, Äpfel kauft, hat zwar ein regionales Produkt erworben, aber eins, das energieintensiv in Kühlhäusern monatelang gelagert wurde. »Geschwommene« Äpfel aus Übersee wären da tatsächlich die bessere Alternative. Genauso wie die geflogene grüne Papaya. Sie wäre klimatechnisch in jedem Fall der vorzuziehen, die im Tropenhaus im oberfränkischen Tettau energieintensiv gezüchtet wird, um später mal auf dem Präsentierteller eines benachbarten Gourmettempels zu landen, der mit regionaler Küche wirbt. Und überhaupt: Wie ist dieses »regional« eigentlich definiert? Sind es 2 oder 20 Kilometer oder wie im Outback Australiens 200, die den regionalen Radius abstecken?

Luise erzählte mir neulich von einem total hippen Foodtrend, der derzeit in den sozialen Netzwerken gefeiert wird. Nennt sich *Meal Prepping*. Man kocht dabei mehr, als man essen möchte, und friert den Rest ein. Also, ob Sie es glauben oder nicht, meine Oma und ihre Tiefkühltruhe wären 1985 damit eine ganz große Nummer auf Instagram gewesen. Für Leute, die das *liken*, wären ihre *Lifehacks* Gold wert gewesen. Legendär ihr Satz: »Kind, solange es nicht mehr atmet, kannst du alles einfrieren. Aber auch nur dann!«

Wenn man nicht selber kochen will, kann man natürlich auch essen gehen. Besonders nachhaltig wird es dann, wenn man den Kellner nach etwas Gebrauchtem fragt. Oder man lässt sich sein Essen liefern. Dann bekommt man gar nicht mit, ob in der Großküche mit Deckel auf dem Kochtopf oder ohne (*shame!!*) gekocht wird. Das ist dann, wie den Kamin mit Holz aus irgendeiner Baumarktkette zu befeuern – da bleibt einem auch erspart mitanzusehen, was mit dem Wald vor der Haustür passiert. Keinen Wok oder Bock auf Kochen haben ja immer mehr Menschen. Und Lieferdienste wie die *Flotte Karotte* liefern exakt portioniert und zügig. Manche sogar binnen zehn Minuten. Damit liegt man sogar eine Minute unter dem Schnitt einer Anbahnungsplattform, auf der alle 11 Minuten ein Single ge- oder beliefert wird. Ein Lieferdienst für Paarungswillige, wenn man so will. Also, Liefern ist in.

Lässt du liefern oder bist du geliefert? Lieferdienstmitarbeiter haben es im heutigen Verkehr nicht immer leicht. Rotkäppchen, wenn man so will, Deutschlands erster Lieferdienst, hatte damit noch keine Probleme. Dafür hakte es woanders. Es hatte dem instinktiven Verhalten des Wolfes nichts entgegenzusetzen. Und Wölfe dürfen das, denn sie sind in Deutschland geschützt, vorausgesetzt sie trennen ihren Müll. Ob der Wolf wohl die leere Flasche vom natriumarmen Wasser zum Glascontainer gebracht und die Frischhaltefolie von der zucker-, salz- und fettreduzierten Kost dem gelben Sack zugeführt hat, ist fraglich. Man hat nie wieder etwas von ihm gehört. Daher ist davon auszugehen, dass ihm bei der Mülltrennung Fehler unterlaufen sind und er deshalb knallhart ausgewiesen wurde, was aber bei seinem alpenländischen Migrationshintergrund nicht weiter schlimm gewesen wäre, denn Italien und Österreich galten schon damals als sichere Drittländer. So ist es doch überliefert, oder? Rotkäppchen *reloaded*.

Zurück zur Realität: Wohin »Überliefern« oder besser *Overdelivern* heute führt, merkt man, wenn das Essen vor der Wohnungstür und man selber im Stau steht, der durch die vielen Lieferautos verursacht wird. Muss ein Blitzbote wirklich für eine Tomate ausrücken? Selbst wenn er mit dem E-Bike kommt – auch der Akku braucht Strom. Mitdenken ist gefragt. Auch bei meinem Nachbarn, der sich kürzlich bitter beschwerte: »Warum liefert der Rewe nicht an meinen Standort?

Wie faul sind die da eigentlich? Es sind doch nur 100 Meter!«

Nein, ich bin kein Ignorant, aber auch kein Hysteriker. Noch müssen wir uns keinen Logenplatz für den Untergang der Welt buchen. Es ist nicht der erste Klimawandel in der Geschichte. Aber etwas mehr, als bei Tim Benzkos *Nur noch kurz die Welt retten* mitzuwippen, bedarf es schon, um das Leben auf diesem Planeten lebenswert zu erhalten. Wollen ist gut, machen ist krasser, damit Nachhaltigkeit es über das Niveau einer Zentralvokabel zeitgemäßer, politischer Sinngebungsprosa hinausschafft. Erst wenn sie allem, was wir tun, eine Richtung gibt, dann ist sie identitätsstiftend. Es sollte zu einer Lebenseinstellung werden, die gleichen Sachen wiederzuverwenden, anstatt ständig auf Neues zu setzen: Ich habe schon damals die Hosen meiner älteren Schwester aufgetragen und heute nutze ich die ausrangierten Handys meiner Tochter weiter. Ich käme nie auf die Idee, nach einem To-go-Becher zu fragen. Ich packe morgens immer eine Porzellantasse ein, wenn ich den ganzen Tag unterwegs bin. Und so stieß ich letzte Woche in den unendlichen Weiten meiner Handtasche doch tatsächlich auf ein 16-teiliges Porzellan-Set aus der Milka-Osterbecher-Sammler-Edition. Was für eine Wiedersehensfreude! Bei Flaschen achte ich peinlich genau darauf, dass es Pfandflaschen sind. Selbst bei meiner Corona-Impfung im Sommer 2021 habe ich als Erstes gefragt, ob es sich auch um Mehrweg-Ampullen handelt. Und ob Sie es glauben oder nicht: In meinem Liebesleben benutze ich auch seit Jahren ein und denselben Mann. Macht auch nicht jede(r). Meine Nachbarin *tindert* ganz schön rum ... Ich hingegen sage mir: »Warum? Der alte tut's doch noch!« Und vermutlich bleibt das auch noch so, bis er zu Bio-mulch zerfällt ... Auch Witze recycle ich gerne. Dem einen oder anderen dürfte so manche upcycelte Pointe vielleicht schon aufgefallen sein. Warum auch nicht? Es ist heutzutage einfacher, nachhaltigen Humor zu produzieren als politisch korrekten. *Safe.* Und ganz abgesehen davon: Lachen ist immer gut fürs Klima – zumindest fürs soziale.

Ein verantwortungsvoller Umgang mit unseren Res-sourcen ist das Gebot der Stunde und moderne Verwer-tungsprozesse, dazu zähle ich auch das Upcyclen von Witzen, sind das A und O. 632 Kilogramm Müll produ-ziert jeder von uns pro Jahr. Auch Sie. Und ich auch – und das sogar vor Publikum. Und soll ich Ihnen was sagen? Ich denke, für heute habe ich genug produziert, denn bei allem Hin und Her und Für und Wider in der Debatte um den ökologischen Transformationsprozess heißt die Marschrichtung bei Müll schlicht und er-greifend »Weniger ist mehr«. Das macht dann wirklich *rest-los* glücklich.

Wohin mit mir?
Sackgassen der täglichen Mobilität

Ich bin ja so deutsch. Meine Autos waren für mich schon immer mehr als nur fahrbare Untersetzer. Keine Statussymbole, dafür waren sie oft zu alt und zu klein, aber sie dienten mir auf dem Weg zur Arbeit zum Beispiel als schalldichte Kabine für Karaoke-Sessions oder ich nutzte sie für Standardpöbeleien, wenn sich andere Verkehrsteilnehmer mal wieder zu blöd fürs Reißverschlussverfahren erwiesen und stattdessen einen Klettverschluss provozierten. Fakt ist, ich habe, wie viele Deutsche, meine Autos immer geliebt:

Bis dass der TÜV uns scheidet – hatte ich »Black Beauty« versprochen. Seit der »Wann-sind-wir-endlich-da«- oder der »Ich-muss-mal«-Phase hat uns dieses Auto herumkutschiert. Ein Mix aus fahrendem Kiosk und mobilem Wertstoffhof. Ein Familienmitglied. Jahre später, als ich als Rednerin im Karneval unterwegs war, wurde es zu meiner Umkleidekabine mit angegliedertem Bordbistro und nach meinen Auftritten lebte ich in ihm Erfolge und Misserfolge aus. Wenn man so eine emotionale Bindung zu irgendwas hat, dann gibt man ihm doch einen Namen, oder? 25 Millionen Deutsche tun das. Ein Auto ist für viele irgendwas zwischen Nutzgegenstand und Sehnsuchtsobjekt. Irgendein Verhältnis zum Auto hat doch wohl jeder. »Bald hast du es geschafft« – mein Satz zu ihr auf langen Fahrten. Für jede einzelne Beule habe ich mich bei ihr entschuldigt. Und wenn das Frühjahr kam, habe ich nicht nur die Reifen gewechselt, sondern auch die Luft darin – von Winter- auf Sommerluft.

So fürsorglich war ich nicht immer. Bei der »Roten Ratte«, meinem allerersten Auto, habe ich die Reifen mal bis auf den Leinenmantel runtergefahren. Ich wusste es nicht besser. Der TÜV Rheinland meinte damals: »Also, junge Frau, dat Sie anner Ampel noch kein Lasso werfen müssen ...« Dabei liebte ich dieses Auto doch so. Es war meine erste sturmfreie Bude, die auch im Sommer immer gut geheizt wurde – weil die Motorhitze ja irgendwohin musste. Wenn's gar nicht mehr zum Aushalten war, suchte ich mir Bahngleise und bretterte drüber. Dann sprang die Motorhaube von selber auf. Dann rechts ran und einen auf Haubenducker gemacht – als ob ich ... Nein, von Motoren habe ich so viel Ahnung wie eine Kuh von der Kernspaltung. Die einzigen zwei Defekte, die ich unter einer Motorhaube erkennen könnte, wären »Motor verloren« oder »Motor in Flammen«. Den Porsche Carrera, den ich mal in einem Preisausschreiben gewonnen hatte, habe ich zurückgegeben, weil ich beim Öffnen der Motorhaube keinen Motor vorfand. Als ich erfuhr, dass bei diesen Autos der Motor hinten ist, war es zu spät. Egal, Fakt war: Ich lernte in jener Zeit viele hübsche Männer kennen.

Danach kam die »Kleine Nonne«. Ein Fiat. Schwarz wie Oliven, mit einem weißen Dach wie Mozzarella und schon damals so alt, ich glaube, Giovanni Agnelli hat sie noch persönlich vom Band rollen lassen. Zwölf Jahre war sie, als sie in mein Leben trat – ein schwieriges Alter, sowohl beim Menschen als auch beim Auto. Warnleuchten gab es bei diesem Auto noch nicht. Es blieb immer direkt liegen. Das Gute daran: Einen teuren Mechatroniker musste ich nie bezahlen. Ein Klempner reichte völlig aus. Und dann waren da noch die Männer vom ADAC, die mit zunehmendem Alter zu ihrem persönlichen Escortservice wurden. Welche Nonne hat das schon?

Danach kam »Bernadette«, eine hübsche, kleine Französin, und ab sofort war die Primärfunktion des Rückspiegels: Schminken. Oh, là, là … So brachte sie mich oft in die Bredouille, bis wir einen Wildunfall hatten. Bernadette war völlig ramponiert. Der kleine Marder blieb aber unverletzt. Ich ließ sie von einem guten Freund mit viel Fingerspitzengefühl ausbeulen. Aus Kostengründen übernahm ich die Endreinigung aber wieder selber. Aufgrund ihrer Größe hielt ich Bernadette für spülmaschinengeeignet.

Und danach dann »Black Beauty«. 20 Jahre fuhren wir durch dick und dünn, bis dass der TÜV … Letzte Woche kam er dann: der Autoverwerter. Ich konnte meinem Auto nicht mehr ins Gesicht schauen: Die

Scheinwerfer-Augen, die Logo-Nase und die Stoß-
stange, diese sinnliche Lippe – alles hatte traurige
Züge angenommen. Ich glaube, sie wusste, was kam.
Bevor der Mann zur Tat schritt, meinte er: »Sie gehen jetzt wohl besser wieder rein.« Das war er dann,
der Moment des Abschiednehmens. In der Horizon-
talen tat sie ihren letzten Röchler, als sie auf die
Ladefläche des Abschleppautos bugsiert wurde. Aber
was hätte ich denn tun sollen? Mein Garten ist einfach zu klein für ein Mausoleum.

Nein, ich musste nie alte Autos fahren. Ich wollte es so.
Sie waren immer Teil meiner *Bio*. Das kann ein ÖPNV-
Jahresticket nicht liefern, denn es hat keine Aura, es hat
kein Gesicht und macht auch keine Geräusche. Wie soll
man da wissen, ob es ihm gut geht? Nein, eine Beziehung wie zu meinen Autos habe ich zu Fahrkarten nie
aufbauen können. Obwohl mir mein ökologisches Gewissen dies immer wieder nahelegt, denn die *Öffis* schaffen es, wie kein anderes Transportmittel, viele Menschen effizient und umweltfreundlich von hier nach
dort zu bringen.

Und genau darin liegt mein Problem: Viele Menschen müssen auf engstem Raum miteinander zurechtkommen und das täglich und oft unter Zeitdruck: Man
möge sich nur mal vorstellen, wenn man auf dem Weg
zur Arbeit auf einen Kollegen trifft und dann früh morgens schon Smalltalk machen muss – womöglich noch
vor dem ersten Kaffee. Ein Stresstest, der seinesglei-
chen sucht ... und definitiv darin findet, wenn der

Nebenmann so frei ist, am Handy die Ergebnisse seiner letzten Darmspiegelung mit seinem Proktologen vor kleinem Publikum zu diskutieren. Ach, es reicht eigentlich auch schon, Zeuge geschäftlicher Telefonate mittelständisch tätiger Sitznachbarn mit ausgeprägtem Hang zum *Office Talk* zu sein. Was mich das schon genervt hat, zumal ich vieles aus den Gesprächen nicht verstand. Aber wenn ich höflich nachfragte und erklärte, dass mir etwas unklar geblieben ist, erntete ich nur Fassungslosigkeit. Es gibt aber auch Lebewesen, die kommunizieren nicht verbal miteinander, sondern über Körpertemperatur und Gerüche. Das lässt sich spüren, wenn man in einer prallvollen Bahn einen soeben frei gewordenen Sitz kapert und in die Abwärme und Dunstglocke des Vorgängers eintaucht? Auch nicht schön. Oder wenn jemand in einer pressvollen Bahn eine Tupperdose mit hart gekochten Eiern öffnet – und der muss noch nicht einmal direkt neben Ihnen sitzen … Ich würde lieber barfuß durch die Hölle laufen, als diese wabernde Wolke durchsitzen zu müssen. Oder wenn sich jemand mit Erkältung minütlich explosionsartig in die Armbeuge hustet, dabei aber der Ansicht ist, es müsse nicht die eigene sein – während Sie reflexartig auf Ihr Revers schauen, um sicherzustellen, dass das, was Sie aus den Augenwinkeln wahrnehmen, wirklich nur der *Pride Pin* ist und nichts anderes … Alles schon erlebt. Ich finde es unerhört, dass die Freiheit von manchen darin zu bestehen scheint, eine Zumutung für andere zu sein. Manche Zeitgenossen haben die Volljährigkeit zwar lange hinter sich gelassen, benehmen sich aber so, als ob der erste Kita-Tag unmittelbar bevorstünde. Viele haben keine Manieren, aber alle wollen sie Respekt. Respekt setzt aber ein gewisses Maß an Intelligenz voraus – und da haben wir schon das nächste Problem.

Der öffentliche Nahverkehr ist eine Art Labor, um das Sozialverhalten der Menschheit abzubilden. Ich habe einen Pilotversuch unter realen Bedingungen in einer Großstadt gestartet, habe wenig erwartet und wurde nicht enttäuscht: Da wurde gerempelt, gedrängelt und geschubst. Da wurde geschmatzt, ergiebig gegähnt und auch mal ein sonores Bäuerchen aus den Untiefen der Magengrube geräuschvoll hochbugsiert, das aufgrund seiner Länge den Gedanken nahelegte »Uiuiui, da zieht sich wohl gerade jemand auf links!« Aber man selber ist ja zu höflich, um den »Soundcheck« des Sitznachbarn zu unterbrechen. Heutzutage sind nicht nur Tier- und Pflanzenarten vom Aussterben bedroht. Anstand und Respekt sind es auch. Wie bringt man solche Leute auf Kurs?

Ein intellektueller Totalausfall hatte sich letztes Jahr in einem Kölner Bus direkt neben mich gepflanzt, obwohl noch genügend andere Doppelbänke frei waren. Ein Mann, wie Gott ihn schuf und Kölsch & Kabänes ihn formten. Er röchelte schon beim Einsteigen, mäanderte keuchend durch den Gang und blies mir schlussendlich die ihm verbliebene Puste voller Erleichterung ins Gesicht, als er auf dem Sitz neben mir detonierte. Ich war fassungslos. Macht man das? Und was macht man da? Da wird einem klar, warum Noah nur Tiere mit auf die Arche genommen hat. Ich saß da, kerzengerade, Blick geradeaus, regungslos wie in einer Art Schockstarre. Und dann habe ich ihn, ohne ihn dabei anzusehen, mit einer an Tonlosigkeit grenzenden Stimme konspirativ gefragt, »Haben Sie das Geld dabei ...?« Danach hatte ich die Zweierbank wieder für mich.

Nein, bitte verstehen Sie mich nicht falsch. Ich würde niemals einen Menschen wegen seiner Körperfülle, seiner Hautfarbe, Herkunft oder Religion verurteilen. Schlechtes Benehmen reicht mir vollkommen aus. Ich vertrage Histamine, Gluten und Laktose gut. Da sei mir diese Intoleranz doch einfach mal gegönnt, oder? Sie entsteht ja auch nicht unüberlegt im Affekt, sondern sie wuchs organisch, über viele Jahre. In Aachen, Düsseldorf und München stieß ich immer wieder auf Leute, bei denen die Kühlkette offensichtlich gleich mehrfach unterbrochen worden war. So etwas tut was mit einem. Man macht sich dann unweigerlich Gedanken, wie es weitergehen soll.

2050 werden schließlich zwei Drittel aller Menschen Großstädter sein und die öffentlichen Verkehrsmittel stoßen mit ihrer Kapazität doch schon jetzt an ihre Grenzen! Wie oft müssen Busfahrer ihre Fahrgäste heute schon auffordern, das Wort »Lichtschranke« auf ihren Handys zu googeln und werden dafür auch noch angepöbelt? Ich bewundere diese Leute und kann es überhaupt nicht nachvollziehen, warum die breit gefächerte Ehrungsbranche bis heute einen Bogen um diese Leute macht. Ich werde sie, wenn das nächste Mal wieder *Menschen des Jahres* geehrt werden sollen, vorschlagen – und auch Kontrolleur*innen und Zugbegleiter*innen – ach, im Prinzip alle, die in Deutschland im Dienstleistungssektor arbeiten. Dem Busfahrer, der mich und gefühlte 1000 weitere Fahrgäste neulich durch Aachen geschaukelt hat, würde ich gerne zusätzlich noch einen Preis überreichen. Unvergessen, seine Durchsage am Kaiserplatz: »Ob Ihr wirklich richtig steht, seht Ihr, wenn die Tür aufgeht!« Und dann hat er nur eine von drei Türen geöffnet.

Nein, was für ein befreiendes Gefühl ist es doch da, im Auto, diesem persönlichen, rollenden Hoheitsgebiet, dieser privaten Bubble im öffentlichen Raum, unterwegs zu sein. Bitte nicht falsch verstehen: Dass auch die Mobilität diverser wird, ist gut, aber das Auto muss relevant bleiben dürfen, vor allem abseits der Städte.

Ich weiß, wovon ich rede, denn ich habe mich schon vor Jahren »aus dem Feinstaub gemacht«, wie viele andere Städter auch, die immer weiter rausziehen, auch wenn sie dadurch immer weiter rein müssen – zur Arbeit zum Beispiel. Aber sich nicht mehr entscheiden zu müssen, ob man im Sommer bei geschlossener Balkontür wegen der Hitze nicht schlafen kann oder bei offener Balkontür wegen der lärmenden Nachtschwärmer, waren in meinem Fall schlagende Argumente. Was Letztgenanntes anbetraf, lernte ich schnell: In der Stadt lebt man zu seiner eigenen Unterhaltung; auf dem Lande zur Unterhaltung der anderen. Anlass war mitunter, dass ich beim Abbiegen immer pflichtbewusst blinkte, während mein neues Umfeld dies für überschätzt hielt. Schließlich kennt hier jeder jeden – da weiß man doch eh, wo der andere hin will.

Aber ich lernte auch noch etwas anderes. Nämlich, dass das Auto auf dem Land nicht, wie ich es gewohnt war, Freiheit bedeutet, sondern pure Notwendigkeit ist. Dies wurde mir in dem Moment klar, als ich merkte, dass die nächste S-Bahn-Station ohne Auto nur mit göttlicher Fügung zu erreichen war, denn Busfahrpläne auf dem Land sind ungefähr so verlässlich wie der Wahrheitsgehalt der Gerüchte im Dorf. Und der ist nicht immer besonders groß: Als bei Caro mal ein anderes Auto als das von Klaus in der Auffahrt stand, hieß es sofort, die beiden hätten sich scheiden lassen. Die Information schien absolut verlässlich, weil sie »von der Cousine der Bäckersfrau ihrer Tante deren Tochter« stammte, die Caro erst kürzlich mit einem anderen Mann in der Kreissparkasse gesehen hatte.

Meine Nachbarin zum Beispiel, eine junge Frau Anfang 20, hatte für sich schon mit 16 Jahren entschieden »Joghurt ist mir Landliebe genug«, und wollte von zu Hause ausziehen. Aber weil sie ja warten musste, bis der verdammte Bus kam, der *random* nur mittwochs, bei Neumond, einer bestimmten Wolkenformation und einer magisch kosmischen Strahlung fuhr – und dann auch noch in die verkehrte Richtung, zog sich ihr Vorhaben. Sie ist kein Einzelfall.

Viele Eltern verschulden sich massiv, um ein Haus auf dem Land zu bauen und dort ruhig leben zu können, während ihre Kinder die ganze Pubertät darüber nachdenken, wie sie da am besten wieder wegkommen. Die »Heimsuchung« war schon immer tückisch. Stadt, Land, Fluch? Irgendwann stellt sich bei jedem die Frage: Asphaltparadies oder jwd? Da muss man dann genau überlegen: Auf dem Land gibt es nämlich nicht nur weniger Verkehr und Lärm, sondern auch weniger coole *Locations* wie *Craft-Beer*-Clubs zum Beispiel, weil ein verlockendes Sortiment an diesen hipsterbärtigen Manufaktur-Bieren dort nicht so wichtig ist wie vergleichsweise die fachkundige Lagerung von Gülle und Mist. Was aber nicht bedeutet, dass auf dem Land weniger gefeiert wird. Wenn es zur jährlichen Kuhprämierung »Land unter« heißt, ist eine Unterhopfung völlig ausgeschlossen, denn das Motto »Kein Bier vor vier« meint hier nicht die Uhrzeit, sondern das Alter. Ein weiterer wesentlicher Unterschied ist die Interpretation des Wortes »Durststrecke«, was in ländlichen Regionen auch mal die Entfernung zwischen zwei Dorfkneipen meint oder die Wahrnehmung von Leuten mit viel »Wissensdurst« in Bezug auf das deutsche Reinheitsgebot: Denn wenn du in der Stadt fünf Bier trinkst, giltst du als Alkoholiker; auf dem Land hingegen bist du damit der Fahrer. Warum? Weil nach Hause *ubern* – das funktioniert wiederum nur in der Stadt. Verzeihen Sie, ich schweife ab, das passiert schon mal, wenn ich etwas richtig toll finde ...

Zurück zum Thema Mobilität: Luise hat dazu eine rigorose Meinung: »Autofahren sollte komplett abgeschafft werden – sowohl in der Stadt als auch auf dem

Land«, empörte sie sich neulich im Rahmen eines ihrer scharfzüngigen Referate über die Verkehrsplanung von morgen. Und auch *Öffis* sollten auf das absolute Minimum runtergefahren werden, »solange sie nicht klimaneutral sind«. Ach, eigentlich sollten ihrer Meinung nach alle Verkehrsmittel eingestellt werden, die es der Menschheit ermöglichen, schnell von A nach B zu gelangen. Denn kräftezehrende Tagesmärsche bis zur nächsten Siedlung böten optimale Bedingungen, um mal darüber nachzudenken, was dieser »Verkehrsinfarkt« mit unserem Planeten macht ... Sie ist nicht die Einzige, die so denkt. Nahezu alle wollen zurück zur Natur; die wenigsten davon allerdings zu Fuß. Das spaltet unsere Gesellschaft: Die einen hängen an der Straße – die anderen kleben an der Straße. Ein Konsens nach dem Motto ›Leben und kleben lassen‹ ist nicht in Sicht ...

Aber in gewisser Weise hat Luise ja recht. Als *Homo urbanus* lebt sie in einer Großstadt, die aus allen Nähten platzt. Zur *Rushhour* ist es dort auf den Straßen voller als im Puff zur *Happy Hour*. Und zwar auf allen Straßen, in allen Vierteln. Es herrscht Full House. Wir reden hier nicht über einen Brennpunkt. Es ist eher ein Flächenbrand, der sich in unseren Großstädten auftut. Autofahrer hinterlassen inzwischen Bissspuren im Lenkrad, weil sie gestresster sind als ein Eurofighter-Pilot im Einsatz. In München, der deutschen Stauhauptstadt, steckt jeder Autofahrer im Schnitt 59 Stunden pro Jahr im Stau. Die drei Fahrspuren auf dem Mittleren Ring sind täglich gegen 17 Uhr voll wie ein russischer Elternabend. Wenn Sie da die Spur wechseln wollen, müssen

Sie das Auto vom Nebenmann kaufen. Da hatte ich es in Aachen besser. Ich musste jahrelang morgens nach Köln fahren und wenn ich montags gegen 7 Uhr am Aachener Kreuz auf die A4 fuhr, war ich schwuppdiwupp mittwochs um 12 in Köln Zentrum.

Nein, ein Stau ist nicht schön und er wird auch nicht besser, wenn man ihn Autokorso nennt. Ein Stau ist eine Geduldsprobe, die nicht jeder beherrscht. Ich weiß nicht, wie es Ihnen geht, aber wenn ich im Stau so einen Drängler hinter mir habe, der am Steuer rumhampelt und wild gestikuliert, stelle ich mir einfach immer erst mal vor, der rappt. Wenn das nicht mehr funktioniert, was just der Fall ist, wenn die Bleisocke zu dicht auffährt, aufblendet und anfängt zu hupen, dann verlässt mich im rechten Fuß immer die Kraft, um das Gaspedal auch nur anzutippen. Ja, ich verstehe es selbst nicht ... Es ist verrückt, ich weiß, aber was willste machen? Ich habe auch schon mal völlig entspannt mein Fenster heruntergelassen, das hupend durchdrehende Rumpelstilzchen auf der linken Spur neben mir niedergelächelt und mit einer schier unerträglich entspannten, an Meditation grenzenden Stimme langsam gefragt: »Naaaa...? Stehen Sie auch im Stau?« Ja, ist doch wahr. Hupen im Stau! Was soll das? Von daher, liebe Autoindustrie, was haltet Ihr eigentlich von einer echten Innovation in Form einer Hupe mit Vibrationsmodus? Damit würde man auch keinen stören, der im Stau versucht, seine Zeit sinnvoll zu nutzen – zum Beispiel um einen Roman zu schreiben oder um seine Steuererklärung für die letzten zehn Jahre zu machen.

Aber vermutlich steht Ihr für solche Gedankenspiele gerade einfach zu sehr unter Strom. Denn die Automobilität wird gerade neu gedacht. Bei elf Millionen Pendlern kann man nämlich nicht, wie es meiner Tochter vorschwebt, von jetzt auf gleich das Auto abschaffen. Aber man kann sich sehr wohl über den Anspruch an Ökologie und Ökonomie Gedanken machen. Tut man auch. 15 Millionen E-Autos soll es 2030 in Deutschland geben! Die Zukunft des Autos ist elektrisch. Sonst hat es keine. Das EU-Parlament stimmte bereits dafür, dass ab 2035 keine Neuwagen mit Verbrennermotor mehr hergestellt werden dürfen. Und bevor man in den Marketingabteilungen von Mercedes, BMW und Audi auf die Idee kommen konnte, über die Produktion von Gebrauchtwagen mit Verbrennermotoren nachzudenken, hatten sich die Ingenieure in der F&E doch tatsächlich diesem Urteil gefügt und kompromisslos auf innovative Antriebstechnologien gesetzt.

Die Abstände, in denen ich von Luise investigativ gefragt werde »Tankst du noch oder lädst du schon?«, werden immer kürzer. Ihr Tonfall von Mal zu Mal schriller. Noch bin ich nicht elektrisiert, aber bald. Auch ohne Umweltprämie, die ja bei Plug-in-Autos mittlerweile komplett wegfällt, was auch völlig in Ordnung ist, weil es nicht ökologisch sein kann, permanent eine tonnenschwere Batterie für einen E-Motor mit sich herumzufahren. Zumal Hybridmotoren oftmals ausgerechnet den Fahrzeugen eine grüne Aura verpassen sollen, die sie am wenigsten verdient haben. Den SUVs.

Auch bei E-Autos sollen die staatlichen Fördersummen gedeckelt werden. Warum? Drei Milliarden hat die Regierung seit 2009 für Elektromobilität ausgegeben, also umgerechnet zehn Spielertransfers in der Champions League. Und jetzt soll damit plötzlich Schluss sein? Obwohl man *as green as possible* doch gar nicht energisch genug pushen kann – was sich bei unseren Strompreisen sowieso schon schwer genug gestaltet. Wir haben nämlich mit die höchsten der Welt. Warum auch immer. Vielleicht weil unsere Stromanbaugüter nur sortenreinen Prädikatsstrom oder hochwertige Cuvées aus polnischen und norwegischen Hanglagen produzieren? Oder weil eh gerade alles teurer wird: Gas, Benzin, Lebensmittel? Ich habe das Gefühl, das Einzige, was immer billiger wird, sind die Ausreden, die zulasten des dringenden Ausbaus der Infrastruktur rausgeorgelt werden. Der Verkauf von E-Autos hat sich in den letzten fünf Jahren in der EU verzehnfacht! Vielleicht habe ich neben einer Zapfsäule mal zu tief eingeatmet, aber es erschließt sich mir einfach nicht, warum die Zahl der Ladestationen nur um das 2,5-Fache stieg.

Also: »Willste ›Watt‹, musste suchen!« Und wenn du nach 45 Minuten endlich eine gefunden hast, ist das Erste, was dann geladen ist, der Fahrer selber. Denn das E-Auto braucht länger. Also die meisten. Leider. Nicht ohne Grund findet man an Ladestationen immer häufiger dem Zeitbedarf angepasste Zusatzangebote wie Day Spas, Sprachschulen, Golfplätze. Vermutlich damit der ungehaltene Fahrer nicht auf die Idee kommt, sein Fahrzeug an der nächstbesten Oberleitung zu laden.

Das wäre, liebe E-Autobauer-Tüftler, doch noch mal

eine Idee: kürzere Ladezeiten! Eine echte E-volution wäre das. Denn darüber e-chauffieren sich 100 Prozent aller E-Autofahrer. Auch bei den Reichweiten ist noch Luft nach oben. Das E darf nicht für »eventuell« stehen. Tut es aber leider immer noch: »Ohne Scheibenwischer schafft er 240«, stand neulich in einem Reisebericht im *Stern*, und gemeint waren nicht km/h, sondern nur die reinen Kilometer. »Wenn es regnet, sind's weniger«, schrieb der Autor. Auch bei Licht. Also Blinken tagsüber – schwierig. Radio, Klimaanlage oder die Sitzheizung auf Fritteuse stellen, um den veganen Falafelburger auf dem Beifahrersitz bis zum Energiesparhaus im politisch korrekten Neubaugebiet warm zu halten? Und zack ist sie wieder da: die Reichweitenangst. Viele E-Autos halten sich einfach nicht an die Angaben ihrer Hersteller. Eine kriminelle Energie, die diese Autos da durchblicken lassen ...

Fazit: E-Autos sind ein wichtiger Baustein zur Energiewende. Sie stehen für mehr Klimaschutz und weniger Abhängigkeit von fossilen Energieträgern. In Zeiten der Energiekrise ein wichtiger Aspekt. Sie erinnern sich? Es ist noch gar nicht so lange her:

Im März 2022 war die billigste Spritsorte ein Schnaps vom Lidl. In Online-Dating-Portalen hieß es schon »Suche Frau, max. fünf Kilometer entfernt; alles andere ist auf Dauer nicht finanzierbar«. Manch einer fuhr in den Wochen fünf Kilometer Umweg, um die Benzinpreise von zwei Tankstellen zu vergleichen, um dann doch nicht zu tanken. Ein Autohersteller versah seine 3er-Modelle mit einem Sticker auf dem Tankdeckel: »Immer volltanken! Einen Dreier zu schieben, ist schwerer als man denkt.« Ich tankte einmal für 50 Euro und wurde vom Tankwart gefragt: »Ja, wo wollen Sie denn hin mit der Tankfüllung? Das reicht ja gerade mal, um von Zapfsäule 8 bis an die 2 vorzufahren!« Auch wenn ich mich in einen handelsüblichen Parkplatz manövrieren wollte, war mein hehrer Anspruch, Sprit zu sparen: Mehr als zweimal rangierte ich nicht mehr, auch wenn mein Mann dann immer demonstrativ die Beifahrertür öffnete, nach unten schaute und feststellte »Joaa ... für den Rest bis zum Bordstein können wir uns ja ein Taxi nehmen.«

Ich glaube, noch zweimal die Frage meiner Tochter, ob ich noch tanke oder schon lade gehört zu haben, und ich werde ihr mitteilen können, dass auch ich von der aussterbenden Spezies Dieselfahrer zur Gattung der Stromer mutiert bin. Ich liebäugele nämlich mit einem Fiat 500 La Prima by Bocelli. Er sieht aus wie Hannes, mein Rasenmähroboter. Und sind beide erstmal in Fahrt, hört sich das an wie das Summen eines Treppenlifts. Nach fünf Knie-OPs kann ich mich gar nicht früh genug an solche Geräusche gewöhnen. Aber warum noch *zweimal* die Frage? Ganz einfach: Noch läuft mein alter Diesel ja. Warum dann schon ein neues Auto? Diese *Take-make-waste*-Mentalität ist nicht meins. Rohstoffe abgreifen, Dinge herstellen und sie später wegschmeißen, ist nicht nachhaltig. Ich habe mich ja auch noch nie gefragt: »Wohnst du noch oder lebst du schon?« Und vor allem jetzt, wo die Umweltprämie für E-Autos gekippt wird, hat man doch eh keinen Druck mehr, oder etwa doch? Also, ein verantwortungsvoller Umgang mit unserem Planeten legt diese Denke nahe.

Aber das reicht vielen nicht als Argument für ein E-Auto – zumal sie in der Anschaffung vergleichsweise immer noch teurer sind als ein Verbrenner, der Chip- und Rohstoffmangel für lange Wartezeiten sorgt und auch die Strompreise vermutlich weiter steigen werden. Vielleicht müsste man andere Anreize schaffen, um den Wunsch nach E-Autos in Deutschland flächendeckend zu triggern: Man könnte zum Beispiel überlegen, für E-Auto-Fahrer die Promillegrenze abzuschaffen oder das Böllerverbot, dann wären wir mit den Verbrennern garantiert bis Weihnachten durch, und Unternehmen wie die Volvo-Tochter *Polestar*, die 2030 das erste wirklich klimaneutrale Auto präsentieren will, wären vielleicht noch motivierter und würden noch »mehr Gas« bei diesem bahnbrechenden Projekt geben. Aber bis dahin gilt: Das einzige Auto, das keine Emissionen verursacht – ist kein Auto.

Apropos »bahnbrechend«: Im Gegensatz zum öffentlichen Nahverkehr nutze ich die Bahn gerne und wann immer es geht. Dieser Mix aus unfassbar erholsam und unendlich stressig ist einfach einzigartig. Das finden viele. Sie wird auch zukünftig eine tragende Säule unserer Mobilität bleiben. Auf langen Strecken erzeugt so ein Zug pro Person und Kilometer nur 32 Gramm CO_2. Bei vergleichbaren Inlandsflügen werden 230 Gramm

fällig. Das Siebenfache! Ein absoluter Klimakiller. Kurzstreckenflüge sollten verboten werden – außer für
Bienen oder Hummeln. Die dürfen das. Letztgenannte
sogar mit Pelzmantel.

Ich kann auch das hierzulande ach so beliebte Bahn-
Bashing nicht nachvollziehen. Sehen wir es doch einfach mal so: Die Deutsche Bahn ist eines der letzten
großen Abenteuer unserer Zeit. Bahnfahren versteht
es, unserem ansonsten so durchchoreografierten und
optimierten Leben einen erfrischenden Kontrapunkt
entgegenzusetzen. Nicht umsonst heißt es: »Läuft dein
Alltag immer nach Plan, nutzt du garantiert nicht die
Deutsche Bahn.« Sie bewahrt uns davor, behäbig und
träge zu werden. Und lässt sich das auch so einiges kosten. Einen morgendlichen Grübelplausch in der Netz-
leitzentrale stelle ich mir so vor:

>»Frau Meyer, was nehmen wir heute? Signalstö-
rung?« – »Nee, Chef, das hatten wir erst gestern!« –
»Gut, dann vielleicht eine Stellwerkstörung?« –
»Aber Chef, die steht doch schon für morgen auf
dem Plan.« – »Okay, wie sieht's denn aus mit Schaden an der Oberleitung?« – »Also Chef, ich weiß
nicht, laut meinem Mann lebe ich seit 30 Jahren mit
einem Schaden an meiner Oberleitung und ich funk-
tioniere ja auch!«

Hinzu kommen Sturmtiefs, Pilzesammler auf den
Schienen, der Lokführer hat selber die Bahn genutzt,
um zur Arbeit zu kommen, oder es wird gestreikt. Ich

glaube, die GDL hat in den letzten Jahren mehr für die Fernbuslinie *Flixbus* getan als das komplette Management in der elfjährigen Unternehmensgeschichte. Und im Winter gibt es auch immer wieder große Überraschungen, wenn die Bahn noch Sommergleise drauf hat. Und weil das jeden Winter so ist, müsste sie eigentlich für ihren Winterfahrplan schon längst eine Glücksspiellizenz beantragt haben.

Verspätungen sind bei der Bahn die Regel und manchmal auch so groß, dass man damit jede Lücke in seinem Lebenslauf begründen könnte. Mir kam letztes Jahr mal ein Mann aus dem *ICE Landshut* entgegen und fragte, wo hier denn wohl die nächste Telefonzelle sei. Da weiß man erst mal, wie groß Verspätungen sein können. Die meisten aber sind von geringerem Ausmaß und sind es nicht wert, deshalb in verbalen »Entgleisungen« zu eskalieren. Man könnte sich stattdessen doch auch einfach mal freuen, wenn man um 8 Uhr das Haus verlässt und den Zug von 7.34 Uhr bekommt. Eine Zeitreise sozusagen. Also für mich wäre es geradezu eine Horrorvorstellung, wenn Unbekannte das System Deutsche Bahn hacken würden und alle Züge plötzlich pünktlich führen!

Ich habe es in den letzten Wochen tatsächlich nur einmal erlebt, dass es so aussah, als ob der Zug, mit dem ich nach Köln fuhr, pünktlich ankäme. Schon bei der pünktlichen Abfahrt in Mannheim HBF schaute ich ungläubig aus dem Fenster und nuschelte vor mich hin, »Ja, nee, fahren wir etwa schon?« Worauf der junge Mann neben mir belustigt antwortete: »Nein, ich glaube nicht; ich denke das bemühte Personal aus dem Service Center trägt gerade die Gegend vorbei.« Die gesamte Fahrt verlief planmäßig – auf die Minute genau trafen wir in den Bahnhöfen von Frankfurt und Bonn ein und verließen sie auch wieder pünktlich. Aber dann, kurz vor der Einfahrt in den Kölner HBF auf der Hohenzollernbrücke, erreichte uns doch noch die fidele Durchsage des Lokführers: »Liebe Fahrgäste, leider verzögert sich unsere Einfahrt in den Kölner HBF um wenige Minuten. Offenbar hat hier noch niemand mit uns gerechnet.« Da war sie wieder, diese vertraute Magie ...

Harry Potter wäre mit der Deutschen Bahn bestimmt nicht nach Hogwarts gekommen: Der ICE wäre gestrichen worden oder umgeleitet, das Gleis wäre ohne Information gewechselt worden, Eulenmitnahme nur mit Sondergenehmigung von PETA und für die vermeintlich selbsterklärenden Fahrkartenautomaten hätte er sich, wie auch ich, einen halben Tag Urlaub nehmen müssen. Ach ja, fast hätte ich es vergessen: Oder der Zug wäre überfüllt gewesen, wie in Zeiten des 9-Euro-Tickets, das dem ohnehin schon anfälligen System Deutsche Bahn eine weitere Challenge abverlangte. Aber das Ziel zählte. Man wollte den vielen als »Bahnsinn« vertrauten Zustand im Sommer 2022 endgültig allen Menschen zugänglich machen. Jetzt durfte jeder Einzelne seinen Beitrag leisten, um das Abenteuer im verrückten Schienenverkehr nochmals zu vergrößern. Und siehe da, das Angebot übertraf alle Erwartungen.

Und während man sich in der Ampel-Regierung noch die Augen rieb und sich fragte, warum ausgerechnet DIESES Ticket der Renner ist und eigens zur Klärung dieses ominösen Zustandes einen Untersuchungsausschuss einberaumte, »entgleiste« eine ganze Nation. Glück für meine Freundin Jule, die gerade von ihrem Sabbatical in Delhi zurückgekehrt war. Sie kam mit dem Ticket und seinen Konsequenzen gut zurecht. Andere, vor allem Pendler, wurden komplett *aus der Bahn geworfen*. Auch deshalb, weil die Kombination aus 9-Euro-Ticket und dem zeitgleichen Aufruf von Robert Habeck, weniger zu duschen, etwas unglücklich war ... Da hätte man sich im Vorfeld besser absprechen müssen.

Spätestens da verging auch Leuten wie mir die Lust am Bahnfahren. Ab dann hatte ich nichts mehr dagegen, den Fahrkartenpreis wieder etwas anzuheben, um wenigstens ein Stück weit Normalität und Planbarkeit zurückzuerlangen. Und all denen, die mich deswegen jetzt unter einem Shitstorm begraben sehen wollen, sei gesagt: Jetzt chillt mal, bei den derzeitigen Energiekosten holt Ihr mit einmal Handyladen im Zug den Ticketpreis doch locker wieder rein, oder?

Fakt ist und bleibt, wer sich nachweislich mit minimalem CO_2-Fußabdruck fortbewegen will, der sollte die Bahn nutzen, denn sie fährt zunehmend mit regenerativem Strom, was aber nicht heißt, dass sie so grün ist, wie sie in der Werbung behauptet. Wer glaubt, er reise mit der Bahn nahezu klimaneutral, der hält *Supertramp* auch für den Namen des neuen Deutschland-Tickets. Klimafreundlich ja, klimaneutral nein, denn von den zehn Terawattstunden Strom, die sie im Jahr verbraucht (das entspricht in etwa dem Verbrauch von ganz Hamburg) stammen nur etwa 62 Prozent aus erneuerbaren Energien.

Aber die Bahn ist trotzdem auf dem richtigen Weg. Denn der neue ICE 4 wird langsamer als seine Vorgänger fahren. Ein zeitgemäßer *Move*, denn die hohen Geschwindigkeiten sind nur an wenigen Stellen im Netz möglich und Züge brauchen dafür unverhältnismäßig mehr Energie. Daher entschied man sich bei den neuesten Generationen der Bahn für weniger Tempo. Das finde ich toll. Wenn jetzt noch peinliche Wartungsversäumnisse im Schienennetz aufgearbeitet werden, die Wagenreihung sich nicht ständig ändert, die Klimaanlagen funktionieren und vor allem das Speiseangebot im Bordbistro nicht permanent eingeschränkt ist, dann wärt Ihr wirklich »bahnbrechend«. Etwas weniger Abenteuer tut's nämlich auch.

Kommen wir abschließend zur Mikromobilität, die den ersten und letzten Kilometer zum Ziel beschreibt. Fußgänger, Radfahrer und Autofahrer haben hier eine große Gemeinsamkeit: Sie mögen die »rasenden Roller« nicht, die Fußgänger vom Bürgersteig semmeln und Radfahrer vom Radweg rammen, während sie mit einer schwindelerregenden Geschwindigkeit von 20 km/h auf Kreuzungen zutuckern. Von der Regierung wurden sie schon bei Einführung als Einladung zum »*Worstcase*-Unfall« eingestuft, weil die Innenstädte auf dieses zusätzliche Verkehrsmittel nicht ausgelegt waren. Die *German Angst* hatte mal wieder voll zugeschlagen. Allerdings tatsächlich nicht ganz zu Unrecht, denn schon nach kürzester Zeit reihten sich die E-Scooter verlässlich in die Schlange der Fortbewegungsmittel ein, mit denen die Menschheit nicht umgehen kann:

> In Köln lag die Zahl der Verletzten eine Woche nach der offiziellen Zulassung schon im zweistelligen Bereich. 20 Prozent der Fahrer waren allerdings blau. Vielleicht hätte man das mit dem Getränkehalter am Lenker lieber bleiben lassen sollen ... 1157 Führerscheine wurden 2019 in München einkassiert, 254 davon während des Oktoberfestes. Was man sich mit dem Auto verkneift, wird auf diesem »Kinderding« gern ausprobiert. Nicht auszudenken, was passiert wäre, wenn man mit der Einführung dieses hippen Lifestyleproduktes nicht gewartet hätte, bis die Pokémon-Go-Welle vorüber war ... Das Duo Kölsch-Koma & Spiel-Session hätte mit Sicherheit eine große Fanbase gefunden.

Der Deutsche Städtetag hingegen feierte die Dinger von Anfang an. Sie schließen eine Mobilitätslücke, hieß es, und sind ökologisch sinnvolle Fortbewegungsmittel, weil sie mit Strom fahren – ungeachtet der Tatsache, dass in Berlin jeden Abend knapp 1600 E-Scooter zum Aufladen von 48 Diesel-Kleinbussen weggeschafft werden (Stand 2021). Also, was jetzt? Nachhaltig oder nicht? Eher nicht. Wurden sie damals von den Verleihfirmen damit beworben, die Mobilitätswende zu pushen, steht jetzt fest, dass in Berlin und Dresden nur mit 5,5 Prozent der Scooter-Touren Autofahrten ersetzt wurden. Knapp 30 Prozent der E-Roller-Fahrer erklärten, dass sie ohne das hippe Gerät ihren Trip gar nicht gemacht hätten (*Stern* v. 16.3.2023). Egal, sie sind praktisch und praktisch überall verfügbar. Tausende durchpflügen mittlerweile unsere Ballungsräume – und landen auch regelmäßig in der Spree oder im Hamburger Hafenbecken, wo sie dann derart die Schifffahrt behindern, dass sie mit Kränen ressourcenfressend geborgen werden müssen. Unter den Rheinbrücken sah es nicht anders aus. Der Sommer 2022 bot aufgrund des Niedrigwassers an einigen Stellen die perfekte Gelegenheit, gratis an ein solches Ding zu kommen. Erwähnenswert ist aber auch, dass für jeden ertränkten Roller drei neue das Licht der Welt erblicken. Ob sie sich über Befruchtung oder Bestäubung vermehren, ist noch nicht geklärt. Aber es gibt mittlerweile so viele Exemplare dieser Art, dass man sich um das Überleben ihrer Population keine Sorgen mehr machen muss. Sorgen machen sollte man sich hingegen um die Gesundheit der Nutzer von Rollern & Rädern, denn unsere Straßen sind ein Spiegelbild der Gesellschaft. Es herrschen darwinistische Zustände:

Früher führte mich meine morgendliche Radtour zum Büro über einen ein Meter breiten Weg durch die Blumenrabatte im Park. Drei Kreisregner bewässerten im Uhrzeigersinn, zwei gegen den Uhrzeigersinn. Alle waren unterschiedlich getaktet. Aber für mich kein Problem, denn unzählige Mario-Kart-Sessions mit meiner kleinen Luise hatten mich drauf vorbereitet. Ich kam dennoch entspannt an.

Heute bin ich mental durchgenudelt, wenn ich das Büro entere, weil ich bereits drei Nahtoderfahrungen hinter mir habe. Toleranz fängt bei Laktose an und hört im Straßenverkehr auf. Und damit meine ich ausnahmsweise mal nicht die Autofahrer – konkret: Mancher Radfahrer hat in meinen Augen ein Rad ab! Der »Homo Pedalicus« meint ja per se, moralisch fest im Sattel zu sitzen, weil er weder für Klimaerwärmung noch für Feinstaub verantwortlich ist. Von »veganem Reiten« ist sogar schon die Rede. Aber: ein Taktstock im Arsch macht noch keinen Swing!

Da sind diese Kampfradler, die Pitbulls der Straße. Überholen wie Kanonenkugeln von rechts und touchieren wie Säbel von links. Klingeln? Quatsch! »Ey, ich kick dich da gleich runter, du Dullie!«, tut's doch auch. Ich atme ein und raste aus. Da wird über den Gehweg abgekürzt, in Einbahnstraßen entgegen der Fahrtrichtung gefahren, … Wenn falsch, dann richtig. Dabei hat der Mensch doch keine Knautschzone! Und es werden immer mehr, die sich wie biologische Massenvernichtungswaffen mit Mission aufführen.

Das Gegenteil sind die in sich ruhenden, hyggeligen Muttis, die mit ihrem Hybrid aus Sattelschlepper und XL-Wanne anarchisch und achtsam einen kilometerlangen Autokorso anführen. Eine Stimmung wie zur WM: Es wird gehupt und gepöbelt. Im Bottich aus Bambus und Algen sitzen – exakt auf Auspuffhöhe – Ben Luca, Leopoldina und Mia-Magenta, was diesen Lastenfahrräder im Volksmund auch den Namen »Brutkasten« eingebracht hat. Die Kids werden auch dieses Mal wieder völlig benebelt die Kita erreichen. Vielleicht sollte man mal darüber nachdenken, Lastenfahrräder auf die Schiene zu verlagern. Das hätte für alle nur Vorteile.

In der Mitte der Spur cruist dann noch dank fetter Beats ungestört in seiner eigenen Filterblase der Hipster und demonstriert, wie Spaß am Unterwegssein während der Rushhour geht. Er oder sie ist auf dem Weg zur Denkschaukel in einem hippen Co-Working-Space – natürlich freihändig, weil links das iPhone und rechts der Soja-Bio-Sugarfree-Chai-Latte im klimaneutralen Pappbecher.

Natürliche Selektion ist zwar wichtig auf dieser Welt. Aber doch nicht so ... Und auch nicht, wie es diese Liegefahrräder provozieren, mit denen »Mann« auf Augenhöhe mit einer LKW-Achse, mit Perspektive wie von einem OP-Tisch, dösig durch Berlin eumelt und mit etwas Glück in Bulgarien wieder aufwacht – mit etwas weniger in der Notaufnahme.

Und erst recht nicht, wie es diese männlichen Boomer-Brigaden in Telekom-Trikots praktizieren, die bei Dämmerung, mit mehr Lycra am 90 Kilo schweren Leib als Batman und Cat Woman zusammen, mit 200 Gramm leichten Carbon-Rennrädern die Straße entern und beim Bremsen jedes Mal abwägen, ob es sich lohnt, die Felge dafür dreckig zu machen. Das

Ganze dann noch ohne Dynamo-Lampen oder LEDs, weil diese ja wichtige Nanosekunden kosten können. Mein Tipp an dieser Stelle: Es gibt jetzt reflektierende Organspendeausweise. Die können sogar im Windschatten vom Sattel angebracht werden.

Sehr eilig haben es auch diese beängstigend fitten, sehnigen Schwarm-Rentner auf E-Bikes, die schneller eine Straße hinaufsausen als ein dickes Kind auf der Rutsche herunter. Warum diese Hast? Flüchten Sie etwa gerade vor einem Fahrzeug der Dopingkontrolle? »Pe-de-leck mich doch«, dachte ich neulich, als mich so ein männlicher Rad-Raser jenseits der 80 vom Radweg klingelte. Im Blindflug fahren, aber im Schritttempo denken. Man sollte doch nicht schneller fahren, als sein Schutzengel fliegen kann, oder? Aber Männer halten sich ja oft für unzerstörbar, was bei Junggesellen oft der Inhalt des Einkaufswagens widerspiegelt. Bei älteren Zeitgenossen scheint für diese Annahme zu reichen, Stalingrad überlebt zu haben.

Also, wohin jetzt mit mir? Straße oder Schiene? Bike oder Bus? Es hat alles sein Pro und Contra. Hauptsache elektrisch, wäre meine erste Reaktion auf die Frage. Denn alles, was mit Strom fährt, hat Zukunft. Und da der Mensch seine Mobilität liebt, werden wir auch zukünftig viel Strom brauchen. Sehr viel! Mehr als unsere Windräder und Solaranlagen derzeit liefern können. Also, woher soll der kommen? Mein Tipp: Man könnte ja mal an der Nordsee nach Strom bohren; da soll es ganz viel Watt geben ...

Wer sich bewegt, kann was erleben

Vorneweg ein »packendes Geständnis«: Im Urlaub entferne ich mich nicht nur geografisch; ich will mich überdies von meinem Alltags-Ich distanzieren und erfinde mich daher auch modisch immer wieder neu. Im Urlaub führe ich quasi ein Doppelleben. Eine spannende Sache, die manchmal gut geht, aber auch oft voll daneben. Die Bandbreite reicht von *dress to impress* bis hin zu Outfits, die es mühelos in die »Bloß-nicht«-Rubrik der Marco-Polo-Reiseführer schaffen würden. Ich packe wirklich alles ein, spiele dabei notgedrungen Klamotten-Tetris, habe am Flughafen Übergepäck und im Urlaub trotzdem nix anzuziehen, während der Krempel von meinem Mann notfalls auch in seine Hosentasche passen würde. Sogar mein Koffer schämt sich manchmal für seinen Inhalt. Ostern wartete ich in Palma stundenlang am Gepäckband auf ihn:

»Da isser! Nee, doch nicht ... aber jetzt ...? Mist, wieder nix.« Erst nachdem alle anderen Koffer rausgekommen waren, traute sich meiner – mit gebührendem Abstand tuckerte er verschämt über Belt 11. Danach kreiste nur noch eine Kiste Kölsch. Vermutlich von einem Mann. Manche nehmen ja wirklich nur das Allernötigste mit.

Glauben Sie mir, es ist jedes Mal dasselbe. Und »jedes Mal« ist häufig, denn ich verreise oft und gern. Die allgemeine Urlaubsreife habe ich, konservativ gerechnet, fünf Mal im Jahr. Man erkennt sie daran, dass man anfängt, seinem Passfoto zu ähneln. Wobei, wenn ich das als Maßstab nehme, könnte ich noch viel öfter Tapetenwechsel gebrauchen. Ja, ich wage zu behaupten, Urlaub könnte ich echt beruflich machen. Aber nicht überall. Heute hier und morgen dort? Ich bin ja am liebsten heute dort und morgen immer noch dort – auch wenn man sich, dem Klimawandel sei Dank, auch hierzulande über »Untersommerung« nicht mehr beklagen kann. Außerdem ist Deutschland ein schönes Reiseziel. Und am allerschönsten ist es, wenn alle Deutschen im Ausland sind.

Das wissen ja viele nun, nachdem sie während Corona zwei Jahre in Deutschland Urlaub machen mussten und gezwungenermaßen auf Landsleute trafen – in Hotels an der Nordsee zum Beispiel, deren spontan neu geschaffene Wohn-Waben so klein waren, dass man nicht mal mehr quer in sein Backfisch-Baguette beißen konnte, und deren Wellpappe-Wände so dünn waren, dass man von nebenan ... Ach, lassen wir das. Auch gab es an Nord- und Ostsee zu wenig Platz für alle und keiner machte Anstalten, neuen Strand zu erschließen. Handtuch werfen? Pah! Da wurde über Nacht auch schon mal die Sandburg des Nachbarn gekapert. Und im Rewe ständig dieses Gerangel um die »Pole Position« vorm Gewürzregal, weil jeder mal an den Kräutern der Provence schnuppern wollte. Der Deutsche war für den Deutschen ein echter Kulturschock. Auch für mich, denn auch ich war zwei Jahre lang hiergeblieben.

2020 war das erste Mal, dass ich wegen Corona nicht in die Karibik konnte. Die Jahre davor war es immer wegen des Geldes. Während mein Nachbar, die Knallcharge, auch in dem Jahr nicht auf seinen Malle-Trip verzichten wollte und im Herbst praktisch als Letzter in der Schinkenstraße das Licht ausknipste, um dann hier, »frisch gebräunt wieder eingezäunt«, die dritte Welle zu *pushen*. Unser Land wird einfach dafür geschätzt, es hinter sich zu lassen, und mittlerweile darf man es ja auch wieder. Nein, man muss es sogar. Verschiedene Gründe sprechen dafür. Der populärste lautet: »Reise vor dem Sterben, sonst reisen deine Erben.«

Sobald die Urlaubszeit naht, habe auch ich sofort das Gefühl, dass sich irgendwo auf der Welt ein Strand fragt, warum ich noch nicht auf ihm liege. Ja, Sie ahnen es: Mein favorisiertes Urlaubskonzept ist die E-Reise. Aber es ist nicht, was das Wort vermuten lässt: Ich stehe dabei nicht unter Strom. Im Gegenteil. Das E steht für eine noch nie dagewesene – Ereignislosigkeit. Während sich andere beim E-Biken verletzen, besteht bei mir immer die Gefahr des Wundliegens. Für mich ist ein Urlaub immer erst dann richtig okay, wenn ich die Urlaubsbilder vor allen verstecken muss. Ich stehe dazu. Urlaub sollte nicht die Fortsetzung des Alltags bei besserem Wetter sein. Nicht alle Reisen müssen dem humanistischen Bildungsideal dienen und zu einem kulturellen Austausch in Form von Vokabeltrainings oder Kochkursen bei Gastfamilien führen. Statt in die Innere Mongolei kann man auch mal ins innere Ich reisen. Das ist in meinem Fall *Challenge* genug.

Für andere steht das E aber nicht für Ereignislosigkeit, sondern für Event-Reisen. Ohne sie wären sie urlaubsunfähig. Wer sich bewegt, kann was erleben, Abenteuer & Adrenalin inklusive, Tamtam für die *Prime Time* des Jahres – egal ob am Nordpol, Südpol, Ostpol oder Westpol. Und genau an dieser Stelle wird's kritisch mit der »Migration auf Zeit« ...

Ich bin kein Moral- oder Ökoapostel, der Reisen in Bausch und Bogen verpönt. Nein, ich finde diese Sichtweise sogar von Grund auf falsch. Reisen bildet, selbst die Reisen, die ich favorisiere. Man kriegt auch da viel mit und lernt fremde Rituale kennen und schätzen, wie zum Beispiel die in Südeuropa weitverbreitete Siesta, dieses blutdrucksenkende Intermezzo, diese horizontale Lebenspause, ein Zustand ohne Denkhintergrund, ein Waschgang fürs Gehirn, ein kleiner Puffer mit großer Wirkung, durch den man vom Gehirnbesitzer wieder zum Gehirnbenutzer wird. Ist das etwa nichts? Ich sage Ihnen was: Es ist das beste Souvenir, das ich jemals von einer Reise mitgebracht habe. Zurück daheim führte ich es auch bei uns ein. Die Siesta wurde zum sonntäglichen Ritual. Wie lange sie andauert, lasse ich das Schicksal entscheiden. Oft ist es da sehr großzügig: Im August letzten Jahres hatte mein Mann, während ich schlief, unsere künstliche Nordmanntanne neben dem Sofa aufgeklappt, mich dann geweckt und gemeint: »Boah ... Hast du lang geschlafen!« Ich hab's geglaubt.

Reisen gehört zu den Errungenschaften unserer Zeit. In Form von Produkten und Ideen reist die Welt beständig zu uns, und umgekehrt reisen wir eben in die Welt. Schon immer. Früher als Jäger und Sammler, dann als Kaufleute und Kolonisten und seit dem Mittelalter auch als Pilger. Der Jakobsweg zum Beispiel entwickelte sich von einer hochmittelalterlichen Verkehrsachse über einen Pilgerweg zum ersten Highway des Massentourismus und gilt heute als einer der größten Swingerclubs Europas – sagt man zumindest.

Die massentouristische Erkundung der Welt stellt eine friedliche Urlaubsvariante der Welterschließung dar und hat beispielsweise für die Integration der europäischen Völker mehr geleistet als Zollunion und Euro zusammen: Schüleraustausch, Bildungsreisen für Lehrer, das hart erkämpfte Urlaubsgeld für Arbeitnehmer ... Wer sollte heute, nach so viel Errungenschaft, Gefallen daran finden, sich in »Balkongo«, »Haustralien« oder »Sofambik« eintuppern zu lassen, mit dem Argument, öffentliche Schwimmbäder, der Stadtwald und das Internet mit seinen Paralleluniversen mögen gefälligst genügen? Aus politischen, ethischen, ökologischen oder welchen Gründen auch immer.

Wer auf diesen Moralexpress aufspringt, vergisst völlig, was so eine befristete Migration vermitteln kann: nämlich Werte. Und zwar diejenigen, welche ausgerechnet von denen, die die »Urlauberei« als kapitalistisches

Dekadenz-Gedöns abtun, lautstark gefordert werden: Offenheit, Toleranz, Lust auf Neues und *Diversity*. Und beschert das nord- und mitteleuropäische Urlaubsgeld den weniger entwickelten Landstrichen nicht auch Wachstum und Gerechtigkeit? Wo stünden denn Griechenland mit seinen 6000 Inseln oder Kroatien, also Länder, in denen mehr als 20 Prozent des BIP auf den Tourismus entfallen? In denen ganze Familien von diesem Wirtschaftszweig leben? Das klein zu reden zugunsten eines angestrebten Weltklimas kann nicht gut gehen. Es könnte mittelfristig in den Feriengebieten des Südens sogar zu sozialen Unruhen führen. Das wird man dann auch hier schon irgendwann spüren. Das ist, wie mit einem Reisebus in die Tiefgarage fahren. Das geht auch nicht gut und das spürt man auch irgendwann ...

Zugegeben: Klima, teure Energie und Reiseboykottforderungen für Länder, in denen Menschenrechte mit Füßen getreten werden, werden den Bewegungsdrang der deutschen Reiseweltmeister einschränken. Aber das Reisen gänzlich zu verbieten hat noch nicht einmal im Lockdown funktioniert. Das Recht auf freie Entfaltung ist zu sehr in den Köpfen verankert. Viele würden die »Unantastbarkeit der Urlaubsreise« sogar gerne als Artikel 1 im Grundgesetz sehen. Sie hat den gleichen Stellenwert wie das Recht auf Lungenatmung oder das Gehen auf zwei Beinen. Es gehört zu unserer Lebensform, unterwegs zu sein. Und dass sich ein Präsenzurlaub im gebuchten Club nicht einfach so in einen »Zoomurlaub« konvertieren lässt, hat uns die Pandemie auch gezeigt. Urlaubsattrappen aller Art funktionieren einfach nicht. Die Nachbarin meiner Schwester ist eine temperamentvolle, heißblütige Spanierin. Wenn sie sich lautstark mit ihrem Mann zoffte, hat sich meine Schwester immer sofort pressnah an den bullig warmen Heizkörper gelegt und ihre Spotify-Liste *Meeresrauschen* laufen lassen. Aber so richtig in Urlaubsstimmung kam sie so auch nicht.

Nein, wir sollten uns das Reisen nicht madig machen lassen – oder etwa doch? Jap! Und zwar das Reisen, das die Welt nicht braucht oder, frei nach Hans Magnus Enzensberger formuliert, die Reisen, bei denen der Tourist das zerstört, was er sucht, indem er es findet. Sogenannte Sehnsuchtsorte trifft es besonders hart. Die Folge: ein *Overtourism*, der vor nichts Halt macht. Der Berg ruft und zu viele fühlen sich angesprochen. Kraxeln, wo noch keiner gekraxelt ist? Oh, ja! 2023 werden auf dem Mount Everest so viele Touristen wie noch nie erwartet. Vor Corona gab's dort schon Menschenstaus! Weil nicht nur erfahrene Bergsteiger da hoch sind, sondern auch geübte Sitzsportler mit austrainierten Bauchmuskeln – vom Raucherhusten. Dank der Sherpas, die einem alles abnehmen, ist das kein Problem. Es sind vor allem nicht mehr ganz taufrische, dafür aber betuchte Leute, die da hoch wollen und die sich das überhaupt erlauben können, denn so ein Trip kostet locker 40 000 Euro. Hallo, liebe *Global Player*, Meilenmillionäre und LinkedIn-Legionäre? Da kriegt Ihr schon drei Treppenlifte für ...

Sollte dieses Argument ins Leere laufen, dann kann ich vielleicht mit der ernsten Frage punkten, was an einem solchen Vorhaben wirklich verkehrt ist. Ich sag's Ihnen hiermit: Damit beginnt der Ausverkauf der letzten unberührten Fleckchen Erde! Wo soll das hinführen? Vielleicht wird der Mount Everest bald zum ersten barrierefreien Berg. Der Spitze kann man dann mit einem E-Scooter entgegentuckern, um oben dann das heiß ersehnte *Duckface-on-the-top*-Selfie zu schießen. Und danach nippt man dann zufrieden an seiner *Chai-Latte-Macchiato mit Caramel Flavour* aus dem Starbucks im Basis Camp, während man auf den Pizzaboten aus Kathmandu wartet. Echt jetzt? Dann wird's allerdings etwas schwierig mit dem Gefühl, »eins mit der Natur« zu sein, zur »Entstressung« bei ihr unterzukriechen und »Ursprünglichkeitsgefühle« zu entwickeln – alles Beweggründe derer, die dort oben den Menschenauflauf verursachten und währenddessen ihre Sauerstoffflaschen achtlos Richtung Tal kickten, die dann, wie im Jahr 2018, zusammen mit 19 500 Kilo teilweise festgefrorenem Restmüll, mühsam abtransportiert werden mussten.

Warum immer dieser Gigantismus? Warum mit dem Flieger nach New York, die Stadt, die niemals schläft; man kann doch auch nach Nutteln in Schleswig-Holstein, eine Gemeinde, die immer schläft? Der Erholungswert wird vergleichsweise höher sein. Warum nach Kuba, um da dann zwei Wochen lang alle Sehenswürdigkeiten abzuklappern? In Kuddewörde, ebenfalls Schleswig-Holstein, braucht man allein drei Wochen, um eine zu finden. Und man kommt mit dem Auto hin. Das langsame Ankommen ist sozusagen schon Teil des

Erlebnisses und vielleicht sogar ein XL-Abenteuer – verglichen mit dem Rest.

Und ökologisch gesehen wäre es sogar am besten, man setzte bei solch einem Trip auf einen Caravan. Zwar muss dieser von einem PKW bis dahin gezogen werden, der Nachteil wird jedoch durch die klimaschonenden Übernachtungen in ihm oder in einem Bett im Kornfeld kompensiert. Noch besser wird das Ergebnis, wenn man mit der Bahn anreist und den Wohnwagen am Ziel leiht. Vielleicht lernen Sie ja auf der Fahrt sogar noch andere Leute kennen? Ich saß einmal sechs Stunden mit fünf »68ern« aus Mainz in einem Abteil, die eine veritable »Fleeschworscht« kreisen ließen – so wie in ihrer Jugend einen Joint.

Oder Sie reisen mit einem Van, denn *Vanlife* gilt nicht nur als ultra umweltbewusst, sondern auch als mega hip. Dass so eine umgebaute Blechbüchse schlecht belüftet ist und mancher Rücken nach nur einer Nacht schon aussieht wie die Moselschleife bei Kröv, nimmt man doch für ein paar *nice* Insta-Bilder als »Vanlife-Pärchen« im Sonnenuntergang bei Kuddewörde gerne in Kauf, oder?

Zurück zu den Reisen, die die Welt nicht braucht. Stichwort Kreuzfahrt: Es pflügen sich immer noch viel zu viele schwerölbetriebene schwimmende Plattenbauten ihren Weg durch unsere Ozeane. Und diese Tatsache würde auch nicht an Gruselfaktor verlieren, wenn man die Leistung der Schiffsmotoren in Seepferdchenstärke angeben würde. Vermutlich gibt es aber auch gar keine Zahl, die das beschreiben könnte, denn auf so manchen Kahn passen 5000 Passagiere und mehr. Und allabendlich treffen diese Menschenmengen an den Buffets dieser maritimen Mastbetriebe aufeinander. Unvorstellbar. Nicht selten herrschen dort dann auch Zustände, mit denen verglichen die Völkerschlacht bei Leipzig wie ein Bingo-Seniorennachmittag rüberkommt. Ich habe es selbst erlebt: Manche Leute hatten viel mit meiner Waschmaschine gemein – nämlich ein Fassungsvermögen von 7 Kilo. Andere waren in der Lage, schon zum Frühstück ihr Eigengewicht in Garnelen zu schlucken – und das nur, weil sie im Preis inkludiert waren. Aber Angst zuzunehmen, und am Ende der Reise das Schiff nicht über die Gangway verlassen zu können, sondern womöglich am Containerterminal gelöscht werden zu müssen, hatten die Leute nicht. Wie auch, wo ja diverse sportliche Einrichtungen wie fünf Pools, drei Gyms, sieben Trails und Touren für Biker, acht Downhill-Parcours, ein 18-Loch-Golfplatz, eine Kartbahn, eine Langlaufloipe und für die, die es ruhiger angehen lassen möchten, zwei Shoppingboulevards zum Flanieren »mitgeschwommen« wurden. Was allein das schon an Seepferdchenstärken verbrauchen würde ...

Ein unfassbarer Superlativ, der nicht gerade sympathisch rüberkommt. Die einzige in meinen Augen zulässige Steigerung dieses kaum noch steigerungsfähigen Szenarios wäre ein völlig neuartiges Kreuzfahrtschiff, das den Besuch von acht Mittelmeerhäfen ermöglicht, ohne in See zu stechen. Dieses Schiff müsste so groß sein, dass sein Bug in Barcelona und sein Heck im Hafen von La Spezia liegt. Das wäre zumindest insofern nachhaltig, als dass kein Öl und keine chemischen Schadstoffe mehr ins Meer gelängen und auch die Gefährdung durch Unterwasserlärm für Meerestiere wegfiele. Das sollte der Reederei eine »spezielle« Kennzeichnung wert sein. Was halten Sie von »Poseidons Perle *Spe-zi-Fisch*«? Alternativ könnte man über umweltfreundliche Tret-Kreuzfahrtschiffe nachdenken oder über welche, auf denen ganztägig Spinning-Kurse stattfinden. Über die Dynamos an den Fahrrädern könnte Strom erzeugt werden, mit dem der krasse Kutter angetrieben würde. Jeder Passagier wäre verpflichtet, täglich zweimal anzutreten. Verweigerte sich einer, würde aus der *Ocean Enterprise* die *Ocean Kenterprise*. Wie wäre es, wenn das ZDF-Traumschiff hier eine Vorreiterrolle einnehmen würde? Aber vermutlich würde diese Idee an unserem Anspruchsdenken scheitern: »Typisch Servicewüste Deutschland«, würde es heißen, wie neulich auch auf einem Flusskreuzfahrtschiff: Da hatte doch tatsächlich eine Reederei »Heiraten an Bord« angeboten und eine Dame Anfang 60 hatte sich aufgeregt, als sie feststellte, dass man selbst jemanden dafür mitbringen musste.

Aber immerhin fing sie erst an zu meckern, als sie es bemerkte und nicht, wie der »gemeine« Deutsche, der in der Regel schon anfängt zu eskalieren, bevor sich ihm überhaupt erschlossen hat, um was es geht:

»Kanu-Trip gebucht – und keiner hat uns gesagt, dass es da keine Toilette gibt!«, »Arschkalt, genauso wie zu Hause und Palmen haben die auch nicht in Holland.«, »Ich hab mir Portugal ausgesucht, weil es in Österreich immer so weit bis zum Strand war, und was ist? Kein einziges Straßenschild auf Deutsch!«, »Wir mussten bei der Handtuchvergabe draußen anstehen – ohne Klimaanlage ...« Okay, eine Beschwerde lasse ich durchgehen. Bei einer Bewertung las ich: »Super Pool, Traum-Suite mit Meerblick, Hammer-Gym, super Abendprogramm, aber: kein Nutella beim Frühstücksbuffet« – zack, bums Null Sterne. Aber ansonsten könnte man bei vielen Kundenrezensionen wirklich glauben, dass das Hirn des Verfassers beim Schreiben wohl noch verreist war.

Aber solange die oben beschriebenen klimafreundlichen Optionen keine Realität sind, sage ich mir, was brauche ich eine Kreuzfahrt, wo es im Mannheimer Luisenpark die *Gondoletta* gibt? Schlecht wird mir schließlich auf beiden.

Man glaubt ja gar nicht, wie viele Leute dieses Konzept »Schippern & Schlemmen« ohne Wenn und Aber toll finden, es jedes Jahr aufs Neue wieder für sich entdecken und irgendwann sogar den Wunsch nach mehr verspüren. Für einen australischen Milliardär die Steilvorlage schlechthin. Er lässt gerade die *Titanic* nachbauen. Und zwar von Leuten, die sich mit Kopien auskennen: den Chinesen. Man stelle sich bitte mal vor: Ein Schiff, das unweigerlich mit dem schrecklichen Tod von 1514 Menschen assoziiert wird, soll jetzt zu Vergnügungszwecken Kreuzfahrern den letzten Kick geben. Ich frag mich da: Wo ist der Eisberg, wenn man ihn mal braucht …

Kommen wir jetzt von der Kreuzfahrt zur Luftfahrt. Nein, ich möchte diese Zeilen hier nicht nutzen, um »Flugscham« zu triggern, wie viele Aktivisten, die, solange es noch keine Kreuzung aus Mensch und Albatros gibt, Fliegen kategorisch ablehnen. Ich fordere auch kein Elektro-Flugzeug, das über die Oberleitungen der Bahn funktioniert. Weil, ich wüsste gar nicht, wie das gehen sollte. Einfach unvorstellbar. Andererseits … Es ist ja vieles unvorstellbar: Ich hätte mir auch nicht vorstellen können, dass Airlines, die während Corona ihre Kunden zu Solidarität aufriefen, nach dem Motto »Einer für alle, alle für einen« und mit Milliarden aus der Staatskasse unterstützt wurden, in die der Steuerzahler einzahlt, dass es bei diesen Fluggesellschaften 2023 beim Check-in-Schalter wieder schmallippig heißt: »Uuii, Sie haben 50 Gramm Übergepäck! Das macht 80 Euro.«

Nein, ich möchte vielmehr darauf hinweisen, dass die meisten von uns schon jetzt nicht mehr gedankenlos durch die Welt jetten. Und dass auch vielen Fluggesellschaften durchaus bewusst ist, dass ihr CO_2-Fußabdruck ein Faktor ist, den man nicht einfach wegdiskutieren kann. Der Gestaltungswille ist da. Keine Airline will, dass ihre Flüge zum voll ausgelasteten Kohlekraftwerk unter den Reisemöglichkeiten werden. Die TUI zum Beispiel will ihre Emissionen durch Gewichtsreduzierung bei Flügen signifikant mindern. Das finde ich toll, hoffe aber gleichzeitig, dass man dieses Ziel nicht am Treibstoff festmacht, denn der wiegt ja auch ... Nicht auszudenken, wenn plötzlich das Kerosin alle ist und der Flieger in 10 000 Meter Flughöhe erst mal rechts ranfliegen muss! Auch einmotoriges Rollen zur Startbahn, eine Absenkung der Beschleunigungshöhe oder die Optimierung des Sinkprofils sollen die TUI umweltverträglicher machen. Außerdem setzt sie auf moderne, treibstoffsparende Flugzeuge wie die Boeing 737 MAX. Die 2,69 Liter Kerosin pro Passagier und 100 Kilometer liegen deutlich unter den Werten anderer Airlines.

Nein, der Vatikan sollte Fliegen nicht in die Liste der Todsünden aufnehmen. Wer 2022 das Formtief diverser Fluggesellschaften erlebt hat und stundenlang auf seine Abfertigung warten musste, weil der Flughafenbetreiber während der Pandemie mehrere Tausend Mitarbeiter entlassen hatte – kurzum, wer am eigenen Körper gespürt hat, wie eng Urlaubslust und Reisefrust zusammenliegen, weil er diversen »Streichkonzerten« beiwohnen durfte und danach nicht mehr von Flughafen, sondern nur noch von »Fluchhafen« sprechen wollte, der wird von sich aus schon weniger fliegen.

Nur manchmal geht es einfach nicht anders. Die Urlaubszeit ist schließlich die *Prime Time* des Jahres. Da muss das Weltklima auch mal warten. »Ja, ich weiß, Mutter Erde geht es nicht gut, aber jetzt muss ich auch mal was für mich tun, ich habe es mir auch verdient – und außerdem: China plant 200 neue Kohlekraftwerke ... sollen die doch erst mal anfangen!« So dachte ich, anlässlich meines 20. Hochzeitstages:

Es war ein Sommer, der keiner war. Was zunächst wie Sonnenbrand aussah, entpuppte sich als Rost, so regnerisch war es. Aber anstatt mich von der AIDA direkt zu Hause abholen zu lassen, buchte ich spontan einen Flug ins sonnige Florida. Es ging von Frankfurt nach Amsterdam über Helsinki nach Miami. Eigentlich war es ein günstiger Flug. Das Teuerste daran war das Panini in der Abflughalle und das Parken: 25 Euro pro Stunde. Aber, das hätte ich ja wissen können. Fliegen ist ein Abenteuer, heißt es doch, und da steckt das Wort »teuer« ja bereits drin. Ich flog konsequent »Eco Class«, die bei allen drei Fluggesellschaften sich anfühlte wie »kurz vor Kastenstand«. Als ich ankam, passte der Schuhkarton besser als der Schuh. Aber ich hatte immerhin über ein Portal gebucht, das bereits bei der Flugsuche Daten zur klimaschädlichen Auswirkung des Fluges anzeigte, um mir die Möglichkeit zu geben, den CO_2-Ausstoß nach der Buchung zu kompensieren. Das war mir wichtig.

Stolz berichtete ich Luise von meinem »Gesinnungs-TÜV« und erntete sofort einen veritablen *Shitstorm*. Ihr Kaltstart ging so: »Eine Plattform, die solche Flüge anbietet, ist ein totaler *Scam*. Denn die meisten Emissionen entstehen beim Starten und Landen.« Zwischenlandungen sind demnach klimatechnisch eine Katastrophe. Wer seinen ökologischen Fußabdruck möglichst gering halten will, sollte also, wenn überhaupt, nur Direktflüge buchen. »Und wer auf die Eigenverantwortlichkeit seiner Kunden setzt, wenn es ums Kompensieren von Flügen geht«, so donnerte sie weiter im Turbogang ihres Ökomodus, »der hat in seinem Leben wohl auch noch nie eine öffentliche Toilette besucht!« Nun ja, es ist nicht alles, was hinkt, ein Vergleich, aber wenn man es so betrachtet, ist es mit der Eigenverantwortlichkeit bei manchen Mitmenschen tatsächlich nicht weit her ...

Berechnungen aus der Vergangenheit zeigen, dass bei Aktionen, die auf Freiwilligkeit beruhen, auf Passagierseite herzlich wenig rumkam. Daher haben Reiseveranstalter wie *Studiosus* die Kompensation für all ihre Fahrten zu Wasser und Land sowie für alle Flüge von vorneherein im Reisepreis inkludiert. Ist denen jetzt wirklich »Planet« wichtiger als »Profit«? Und warum haben die dann trotzdem noch klimaschädliche Stopover-Flüge in ihren Programmen?

Ja, Herrschaftszeiten, kann man denn wirklich gar nichts mehr richtig machen? Der nächste Flug, den ich buchte, war dann einer, bei der die Fluggesellschaft versprach, ihren CO_2-Ausstoß durch Investitionen in Aufforstungsprojekte zu kompensieren. »Grandios«, dachte ich, bis meine persönliche Kontrollinstanz für nachhaltiges Leben davon erfuhr: »Wer glaubt, Waldschutzprojekte seien zur Klimarettung geeignet, der hält einen Kieferorthopäden auch für einen Baumdoktor«, krakeelte Luise, »ein Baum muss mindestens 50, besser 100 Jahre bestehen, um eine nennenswerte Klimaschutzwirkung zu haben. Wer sagt uns denn, dass sie nicht vorher verdursten, dem Borkenkäfer zum Opfer fallen oder gefällt werden, damit irgendein durchgeföhnter, demütigungsresistenter F-Promi, der es nicht ins nächste Nackt-Nulpen-Format bei RTL geschafft hat, seine Scheiß-Biografie auf dem Papier veröffentlichen kann, für das der Baum gekillt wurde?« Es stimmt, *Atmosfair*, eine gemeinnützige Klimaschutzorganisation, über die man klimaschädliche Reisen durch Spenden kompensieren kann, verzichtet mittlerweile vollständig auf CO_2-Forste, sondern setzt auf erneuerbare Energien und Energieeffizienz.

Zurück zu den Direktflügen. Auch sie sind nicht immer okay. Kurzstreckenflüge zum Beispiel sind ein echtes No-Go. DIE sollte der Vatikan auf seine Liste der Todsünden packen. Dafür könnte er die Völlerei oder die Trägheit von mir aus streichen. Und Weltraumflüge, die gehören auch in den Sündenkatalog, auch wenn es Direktflüge sind. Die gilt es zu meiden wie der Teufel das Weihwasser – und das gilt für jeden und nicht nur für die, die in der Fastenzeit auf etwas verzichten wollen. Auch wenn man in der Schwerelosigkeit eine beidseitig belegte Pizza essen kann, was für Leute wie mich ein absoluter Traum wäre ... Und trotzdem: nein, nein, nein!

Ich meine, okay ... Die NASA-, Esa-, Feta-, Pasta- oder Wasa-Flüge von damals – die mussten sein. Schließlich musste 1976 ja irgendwo *Der Krieg der Sterne* gedreht werden. Im Jahr 2000 forschte man dann an Möglichkeiten, unseren Trabanten vor finalen Meteoriteneinschlägen zu schützen, wobei es damals wohl schon Leute gab, die sich fragten, ob sich das überhaupt noch lohnt. Und 2020 dann ging man konsequent dazu über, intelligentes Leben im Weltall zu suchen, nachdem man erkannt hatte, dass der Horizont von uns Menschen beschränkt ist. Wer kennt sie nicht, Leute, die noch nicht einmal von der Tapete bis an die Wand denken?

Ich falle aus allen Wolken, wenn ich lese, wer sich heute alles in der Nachfolge von Daniel Düsentrieb sieht. Das lässt mich in die Luft gehen – ganz ohne Rakete: Hobby-Astronauten, Weltraum-Chauffeure ... Drei Milliardäre *battleten* sich 2021, wer der Erste auf Raumpatrouille ist, anstatt einfach zeitgemäß eine Fahrgemeinschaft zu gründen. Apropos *battlen*: Bei Mobbing im Weltall spricht man von »All-Gemeinheiten«. Schon gewusst? Dazu zählt meines Erachtens auch die Tatsache, dass 2040 die Raumfahrt so viel Geld einbringen könnte wie die Luftfahrt.

Ich meine, dass Elon Musks Macht aufgrund seiner kosmischen Kolonialfantasien in Lichtgeschwindigkeit wächst, ist ja auch noch irgendwie nachvollziehbar. Denn wenn wir weiter so beherzt unseren Planeten in den Müll treten, freuen wir uns bestimmt irgendwann über die Errichtung von attraktiven Neubaugebieten auf dem Mars, die, dank dicht getakteter Öffis, auch Marsmobile genannt, mit guter Anbindung zur Erde werben. Aber diese anderen Frühbucher-Deals, wie Stippvisiten im Orbit, um für wenige Momente Schwerelosigkeit zu erleben ... Hallo? Das geht auf dem Bad Dürkheimer Wurstmarkt im *Freefall Tower* auch. Oder die Kreuzfahrtvariante mit mehrstündiger Sightseeingtour um die Erde inklusive Audioguide und Erfrischungsgetränk auf dem Mond: Weltraumtouris im All, Ihr habt doch alle einen Knall! Sich ressourcenfressend hochschießen zu lassen, um dann zu sagen, wie schön und schützenswert die Erde doch ist ...

So, aber jetzt kommt's: Ausgerechnet die deutsche Regierung, der man sonst oft ein solides, zeitversetztes Agieren vorwirft, prescht hier nach vorn. Sie dringt geradezu in neue Sphären vor. Man arbeitet nämlich an einem Weltraumgesetz, das festlegt, wer den Müll von den galaktischen Boxenstopps wegräumen muss. Typisch deutsch, oder? Und wenn das steht, ist eine Asteroiden-Steuer im Gespräch, die diese bröckelnden Brocken davon abhalten soll, ausgerechnet bei uns einzuschlagen. Ist es nicht beruhigend, wie deutsch wir auch in Zukunft bleiben?

Noch beruhigender wäre allerdings, diese Leute und alle, die Interesse an dieser unsinnigen »Verkehrswende« zeigen, sowie alle Kurzstreckenflieger und Kreuzfahrer, von sanftem Tourismus, nachhaltigen Urlauben, also von Reisen mit gutem Gewissen zu überzeugen. Viele Konzerne machen da schon einen guten Job. Da wird in erneuerbare Energien vor Ort investiert, Bildungsprogramme werden angeschoben, man achtet auf faire Arbeitsbedingungen und zeigt auch darüber hinaus soziales Engagement. Mag sein, dass es sich für manche wie ein moderner Ablasshandel anhört – nach dem Motto: »Ich betrüge meinen Mann, aber ich zahle dafür auch seine Therapiesitzungen«, aber es ist besser, als nichts zu tun. Denn so bedeutet Reisen auch Wachstum und Gerechtigkeit.

Und ob man Hotels bucht, die ihre Zimmer ressour-
cenfressend auf Kühlschranktemperatur runterküh-
len, so als ob man Angst hat, dass der Gast während sei-
nes Aufenthaltes sonst schlecht wird, oder sich sagt, zu
Hause trenne ich meinen Müll, dafür lasse ich mir im
Urlaub aber täglich frische Handtücher geben, das liegt
ja wiederum im Ermessensspielraum des Reisenden.
Also reisen Sie! Weiten Sie Ihren Horizont. Und wenn
Sie mal nicht reisen, schwelgen Sie in Erinnerungen an
Ihre Reisen. Solche Andenken kann man nur auf eine
Art gewinnen: unterwegs. Also, ich bin dann mal weg ...

Never Ending Story: der innere Frieden mit der äußeren Hülle

Neulich saß in der S-Bahn neben mir ein Satz XXL-Wimpern mit etwas Mädchen unten dran. Aus den Augenwinkeln betrachtet, hielt ich es zunächst für einen Mäusebussard, der feierlich mit seinen Flügeln schlägt, um zur Landung anzusetzen. Aber Lippen wie Schwimmflügel, Augenbrauen wie das AfD-Logo, nur gespiegelt, der obligatorische Schwalbenschwanz-Lidstrich und ein Make-up, das problemlos die 60-minütige Unterwassershow eines Meerjungfrauen-Balletts überstanden hätte, deuteten darauf hin, dass es kein Vogel war. Sie war die Inkarnation aller *Must-haves* und *Must-dos* und hatte offensichtlich alle Make-up-Tutorials auf YouTube gesehen und verstanden. Kurzum, eine junge Frau, die nicht nur durch innere Qualitäten auffallen möchte – wie auch die großartige Dolly Parton, die von sich gesagt haben soll: »Sie ahnen ja gar nicht, wie viel Geld es kostet, so billig auszusehen.«

Manchmal ist es nur ein Wimpernschlag zwischen Top & Flop. Zwischen einem opulent dekorierten Schaufenster im Advent und einem Rotterdamer Hafenpuff liegen ja auch oft nur zwei bis drei blinkende Lichterketten und ein bis zwei rote LED-Laternen. Also, wenn Sie in einer Parfümerie gefragt werden, ob Sie sich aufhübschen lassen wollen, dann sollten Sie skeptisch werden, wenn die fragende Person durch »Gesichts-Kirmes« auffällt, wenn im Verkaufsraum plötzlich Zirkusmusik startet oder wenn Sie an jemanden geraten, der aussieht, als wäre er bei Madame Tussauds aus dem Regal gepurzelt. Das gilt vor allem dann, wenn Sie sich für den schönsten Tag im Leben *tunen* lassen. Denn zwischen naturbelassener Verlobten und »aufbereiteter« Braut sollte der Unterschied nie so groß sein, dass sich der Bräutigam am Altar erst mal den *Perso* zeigen lässt.

Die junge Frau in der S-Bahn neben mir konnte auch sprechen. In ihr Handy, das sie wie ein Knäckebrot vor den Mund hielt, säuselte sie: »Du Jenny, zu Weihnachten wünsche ich mir eine neue Nase. Boah ey, meine ist voll krass groß und ich will nicht, dass meine Kinder später auch so eine Riesennase bekommen.«

Ihre Nase schien wirklich viel Raum einzunehmen – vor allem in ihrem Kopf … Allein für diese geplante Umbaumaßnahme, womöglich noch vor Schulabbruch, hätte das Mädchen in Sicherheitsverwahrung gehört. Für die höchstwahrscheinlich danach folgende Karriere als *Influencerin* sowieso.

Nun muss man fairerweise aber sagen, dass wir nun mal in Zeiten der Selbstdarstellung leben. Mehr als wir zugeben wollen, machen wir unser Denken und Handeln heute abhängig vom Urteil anderer. Dabei spielt ein attraktives Äußeres eine gewichtige Rolle. In den *image-based feeds* wie Insta oder TikTok sehen wir, was dazuzählt, wofür man gelobt, neudeutsch *geliked*, wird. 95 Millionen Fotos und Videos werden täglich hochgeladen, inklusive Schmink-Tutorials. Und by the way: Kaum ein Bild kommt dabei ohne Nachbearbeitung aus. Die meisten Fotos sind genauso echt wie 2020 das Wahlergebnis von Belarus. Das ist gefährlich. Denn wir Menschen sind soziale Wesen. Wir vergleichen uns ständig und bei dem Vergleich mit einem perfekt bearbeiteten Bild würde sich sogar eine reale Gigi Hadid wie ein *Underdog* fühlen. Den *Girls* meiner Tochter, denen *Instagrammability* extrem wichtig ist, habe ich meine mütterliche Besorgnis einmal sehr pragmatisch erklärt: »Jetzt stellt euch doch einfach mal vor«, dozierte ich, »Ihr werdet vermisst und alle suchen nach Kylie Jenner und in Wirklichkeit seht ihr aus wie Bibo aus der Sesamstraße – was dann?« Ja, ist doch wahr. Let's face it …

Was bin ich froh, dass ich aus dem Alter raus bin, in dem man die Anerkennung für sein Äußeres *outsourct*. Wobei? Bin ich da wirklich so ganz raus? Definitiv »Jein«, weil ich als Frau über 50 zwar einerseits nicht mehr das Bedürfnis habe, mit dem BMI einer ostafrikanischen Thomson-Gazelle mitzuhalten; ich es andererseits aber auch als äußerst frustrierend empfinde, immer unsichtbarer zu werden und täglich spüren zu müssen, wie das soziale Kapital sinkt, wenn der Lack erst mal ab ist. Das macht was mit uns: Jeden Blick in eine Modezeitschrift, jedes H&M-City-Light und das Öffnen von Instagram sowieso verstehen viele Frauen als Aufforderung, als Appell, was für ihre Optik zu tun, während ein Mann beim Anblick eines attraktiven männlichen Models bloß denkt: »Schön.« Männer halt ... Sie sagen einfach, was sie meinen, meinen auch nur das, was sie sagen, und werden daher auch nie begreifen, wann Frauen sagen, was sie meinen, und was sie nicht meinen und trotzdem sagen. Das ist aber wichtig, vor allem wenn es ums Aussehen geht. Auf dem Geburtstag einer Nachbarin wurde ich plötzlich von einem mir unbekannten Gast gefragt: »Wie alt wird sie eigentlich?« Ich flüsterte: »78!« Daraufhin der Mann: »Was? 78? Ich muss sagen, sie sieht keinen Tag jünger aus.« Haste Töne ... Warum keine charmante Lüge? Eine Unwahrheit, die von Herzen kommt? Ehrlichkeit ist was für den Moment, nachdem dir die Sterbesakramente verabreicht wurden. Ich würde mich immer für eine kreative Information zu objektiven Sachverhalten entscheiden, wenn sie mir sozialverträglicher erscheint als toxische Ehrlichkeit – und erwarte das auch von anderen, vor allem, wenn es um meine eigene Fassade geht, die immer öfter hinter meinen Erwartungen zurückbleibt ...

Ja, ich gebe zu, ich hege große Selbstzweifel in Bezug auf mein Äußeres; und das Selbstwertgefühl, das dem entgegenstehen sollte, kam in meinem Fall schon immer aus der Tube. Schöner schummeln war immer meins. Ich schminke mich täglich stundenlang, um es für mein Gegenüber bis zur Prompt-Erkennbarkeit zu schaffen – während andere ein paar Sekunden lächeln und schöner sind. Das ist ungerecht. Und es nervt – dieses tägliche Make-up, also diese Malerei »an sich«.

Aber in der heutigen Welt ist ein attraktives Aussehen nun mal so etwas wie Eigenkapital. Ein charmantes Erscheinungsbild ist heute, im Gegensatz zu damals, viel mehr als nur ein Lockmittel für Männer. Es ist zu einer Art sozialer Währung geworden. Auf beruflicher Ebene wird es nicht selten sogar zum echten *Karriere-Booster*, weil wir viel mehr als früher aufgefordert werden, uns zu präsentieren. Was nutzt einem denn auch ein Nobelpreis in Astrophysik, wenn das Gesicht aussieht wie die Klagemauer?

Also, jemand, der seinen Kopf nicht nur als Korken für den Hals ansieht, der investiert heute in sich selbst. Man wird damit ja auch nicht gleich zum Opfer der eigenen Äußerlichkeiten. Glücklicherweise hat sich ja mittlerweile rumgesprochen, dass Mascara, Rouge und Lippenstift keine Schlüsse auf Intellekt und Integrität zulassen. Schönheit reicht, um anderen aufzufallen, aber man braucht einen starken Charakter, um in deren Köpfen hängen zu bleiben. Wie schön, weil den habe ich. Allein schon, weil ich nach dem morgendlichen Blick in den Spiegel überhaupt noch weitermache. Nichts zeugt mehr von innerer Größe, als mich selber *unplugged* zu sehen, mit diesem *Pancake-Face*, das deswegen so heißt, weil es nach dem Aufstehen noch nicht konturiert und modelliert ist. Eine optische Herausforderung für meinen Mann, der es liebevoll mit dem Statement »... ein Radiogesicht eben« umschreibt.

Die Aufbau- und Regenerationsphase hat meine Haut längst hinter sich gelassen. Wie viele andere »Kompostis« stamme ich nämlich auch aus einer Zeit, in der man *Cotton sustainable Make-up Remover Pads* noch Waschlappen nannte. Was bedeutet, dass ich heute so ganz allmählich von Mutter Natur zurückerobert werde. Die ungeschminkte Wahrheit, auch »Nettogesicht« genannt, also das »Bruttogesicht« minus Make-up, das mir allmorgendlich aus dem Spiegel entgegenguckt, zeigt nicht weniger als einen ästhetisch herausfordernden Menschen – keinen prallen Pfirsich mehr, eher eine Rosine.

Die Ursache: trockene Haut. Nun sagte meine Mutter ja immer: »Der Hauptgrund für trockene Haut sind Handtücher!« Ich denke aber, bei mir ist die Sache *viel-fäl-tiger*. Im wahrsten Sinne des Wortes. Aber auch darüber hinaus. Denn ich lebe in einer Zeit, in der Kosmetika und »Reinigungskräfte« aller Art nicht nur durch Wirksamkeit überzeugen, sondern auch einem moralischen Druck standhalten müssen. Denn wie Essen, Reisen, Autos, Sprache und vieles mehr sind auch sie zum politischen Statement geworden.

Also, wenn man heute etwas zur Aufrechterhaltung der Fassade tun will, dann stellt sich nicht nur die Frage »Was?«, sondern auch »Womit?« bzw. »Wie?«. Die Cremes zur »Entfaltung« des Gesichts sollten umweltverträglich, nachhaltig, politisch korrekt, energetisch ausbalanciert, DSGVO-konform, gendergerecht, *woke*, barrierefrei und auf keinen Fall »dis*creme*nierend« sein. Bei so viel Komplexität ist die notwendige Recherche oft ein zeit- und kräftezehrender Prozess. Da muss man aufpassen, dass einen die einsetzende »Ranz-Ästhetik« nicht links überholt, während man selber noch damit beschäftigt ist, sich die Ausgaben als Wartungskosten schönzureden und die aufkommenden Zweifel in Richtung »kostspieliger Selbstbetrug« im Keim zu ersticken. Erschwerend kommt hinzu, dass kaum ein Markt in Deutschland so dicht besetzt ist wie der der Gesichts- und Körperpflegeprodukte. Wie will man da einen Überblick erlangen? Von hochwissenschaftlichen Elixieren bis hin zu »Grüner Kosmetik«, es gibt nichts, was es nicht gibt. Auch was die Versprechungen der Kosmetikindustrie betrifft. Wer sich allein darauf verlässt, ist oft »angeschmiert«. Wie ich:

Obwohl ich vor dem letzten Urlaub in eine ultrateure Sonnenpflege investierte, die angeblich gegen Pigmentflecken helfen sollte, wurde ich nach dieser Reise, als ich im Rewe meinen Einkauf beherzt mit beiden Händen aufs Band packte, von der Kassiererin gefragt: »Sammeln Sie Punkte?« Was abermals beweist: Die Werbung der Kosmetikbranche ist nicht realistisch. Wäre sie es, sähen wir alle nach einem Monat mit irgendeiner Gesichtspflege wieder aus wie eine Eizelle vor der ersten Teilung.

Ich weiß, wovon ich rede. Mein Gesicht ist ein »optischer Ohrwurm«, ein Allerweltsgesicht. Ich habe schon einiges an handelsüblicher Kosmetik ausprobiert, um »die Wogen zu glätten«. Mein Bad ist ein Mahnmal meiner Manipulierbarkeit, die mich Summen kostete, für die andere ein Auto kaufen: »Teslas im Tiegel« tummeln sich auf der Ablage. Und wenn ich verreise, dann auch nicht mehr mit einem *Beauty Case*, sondern mit einer Rossmann-Filiale to go ... Und trotzdem: Auf die Haut, fertig, schön? Vergessen Sie es.

Das gilt im Übrigen auch für kostspielige Treatments und Seren bekannter Beauty-Docs, die sich *Bio Hacking* auf die Fahnen geschrieben haben, also den Versuch, den Organismus durch Tricks neu zu programmieren. Haben Sie schon mal was von Telomeren gelesen? Das ist nix mit Fernsehen, auch wenn es vergleichsweise so viel kostet wie ein preisgekröntes Designer-TV-Gerät von *Bang & Olufsen*. Aber bevor ich das in meiner Haut versenke, will ich doch wissen, ob sich das lohnt, oder?

Also: Das Wort Telomere meint die Enden unserer Chromosomen. Sie sind für die Zellteilung, sprich das biologische Alter zuständig. Wer etwa gesund lebt, erreicht eine langsamere Teilung der Telomere. Aber jetzt kommt's: Laut Werbung soll es jetzt ein DNA-Repair-Serum geben, das sich seinen Weg mühelos durch fünf Hautschichten bahnt, um die Erbsubstanz in den Stammzellen vor Alterung zu schützen. Echt jetzt? Woran hochwirksame medizinische Produkte jahrhundertelang gescheitert sind, das sollen heute kosmetische Cremes schaffen. Krass, oder? Freie Radikale – muss man auch erklären: Das sind keine rechtsextremen Gruppierungen aus dem Osten, sondern Stoffwechselprodukte, die Hautalterung verursachen – sollen so gestoppt werden. Ja, ich weiß, klingt ziemlich kompliziert. Und da ich ja eine ganz ehrliche (Orangen-)Haut bin, gebe ich zu, dass ich mir an dieser Stelle Hilfe suchen musste, um weiter folgen zu können:

Ich konsultierte meine *Der*matologin, oh Verzeihung, wäre »*Die*matologin« nicht politisch korrekter? Es ist ja eine Frau ... Egal, jedenfalls verriet sie mir ein Geheimnis, als sie sich bedeutungsschwanger über ihren Schreibtisch beugte und raunte: »Es ist wie ein Düngen mit spirituellem Hintergrund; an die jugendspendende Kraft dieser Elixiere müssen Sie nur glauben ...«

Also, was bleibt, wenn solide Hausmittel wie die intensive Nutzung der Extradampfstoßfunktion meines Bügeleisens, die sonst mit allen Problemfällen im Wäschekorb fertig wird, in meinem Fall kein glatteres Ergebnis bringt und auch Cremes & Co. keinen straffen Teint schaffen? Ich sag's Ihnen: Man muss einen Gang höher schalten. Das tun viele. 2020 war im wahrsten Sinne des Wortes »schön«. Die Vereinigung der Deutschen Ästhetisch-Plastischen Chirurgen meldete 80 000 Schönheits-OPs. Da lief dann auch in der Videokonferenz wieder alles glatt – trotz Pandemie. In meinem Umfeld haben mittlerweile drei eine »dicke Lippe riskiert« und keiner sieht aus, als wäre er ein Exponat aus der Balloon Dog Serie von Jeff Koons. Zwei Männer hatten genug vom ständigen »Shutdown« vor Augen, was unterm Strich vier »entschlupfte« Lider ausmacht. Und Petra gönnte sich einen neuen Po im angesagten *Kardashian-Style* – also von der Größe eines Hubschrauberlandeplatzes. Was in die Backen hineinmontiert wurde, weiß ich nicht. Da der Po aber Petra gehört, einer auf Nachhaltigkeit bedachten Frau, gehe ich nicht von 08/15-Silikonkissen aus. Es wird schon etwas Vertretbares in Bioqualität gewesen sein – vielleicht ein Kirschkernkissen oder Ähnliches.

Auf dem Abi-Treffen letztes Jahr wurde ich von Dagmar fassungslos mit den Worten begrüßt: »Du hast ja gar nichts machen lassen!« Und sie meinte es nicht als Kompliment. Es klang so, als ob ich mit der Post-kutsche angereist wäre, in meiner Freizeit Kettenhem-den knüpfen würde und meine Zusage für dieses Fest auf eine Pergamentrolle geschrieben hätte, die ich von einem berittenen Boten nach Aachen überbringen ließ. In der *Welt am Sonntag* (v. 10.7.2022) las ich: »Lifting wird wie Zähne bleichen. Heute fällt es schon unange-nehm auf, wenn Menschen ab dem Alter von 45 mit ni-kotin- und kaffeegelben Zähnen durchs Leben röcheln, bald wird auch das Achtlos-immer-faltiger-Werden als schlechtes Benehmen gelten. Was heute als Eitelkeit belächelt wird, gilt dann als Körperpflege.«

Auch in ländlichen Regionen, wie die, in der ich jetzt lebe, wächst die Zahl der »Schönheitsfabriken«. Gut, nicht so eklatant wie in den USA, wo Liftings längst gesellschaftliches Statussymbol sind: Wenn Sie an der Ostküste von der einen oder anderen *Charity-Lady* das wahre Alter wissen wollen, müssen Sie wohl oder übel die Knochen durchsägen und Jahresringe zählen. An-ders kommen Sie nicht drauf, denn viele sind gut, man-che auch mehrfach »gemacht«. Ob das die eine oder andere Dame jetzt bereut? Jetzt, wo man *Body Positivity* feiert? Vielleicht. Vielleicht würden bei dem Trend so-gar noch viel mehr mitmachen, können aber nicht, weil ihnen für mehr Gewicht zwei Quadratmeter Haut fehlen. Das ist bei der Gattin meines Zahnarztes im Übrigen auch der Fall. Auch sie hat es »faustdick hinter den Ohren«. Auch sie wollte schon öfter ein neues Gesicht; die Endlösung ist jetzt offensichtlich das Modell »Spannbettlaken« geworden. Wenn die sich heute nach meiner Karteikarte bückt, schnappt regelmäßig der Mund auf.

Auch Liftings »untenrum« boomen in den USA. Warum auch nicht? Wenn reife Herren »auf Viagra stehen«, warum sollen sich dann nicht reife Damen chirurgisch die Unschuld erneuern lassen? Man sollte vielleicht nur darauf achten, dass dies geschieht, bevor man vergisst, wofür man es gemacht hat. Solche Eingriffe sind bei uns noch lange nicht so populär wie im Land der unbegrenzten Möglichkeiten. »Was machen lassen« ist also tatsächlich immer noch »Ländersache«.

Die meisten Kandidat*innen hierzulande legen Wert auf eine uninszenierte Optik. Es soll *untoxed* aussehen, nicht mimikbefreit. Und auch nicht *puffy*, also aufgepolstert. Negativbeispiele gibt es im Privatfernsehen ja genug. Es scheint dort ein ungeschriebenes Gesetz, dass mit wachsender Bedeutungslosigkeit auch so manche Lippe anschwillt. Auch Popos und Busen mutieren schon mal zu melonenartigen Parodien und laufen überholt geglaubten Werten wie Inhalt und Niveau den Rang ab. Erst wenn sich die »Po-Primaten« und »Großbrustbesitzerinnen« in Staffel 5, Folge 7 plötzlich tränenreich als Sexismus-Opfer inszenieren, weil die Blicke irgendwelcher »Po-Bros« und »Hupen-Buben«

etwas zu lang auf schier Unübersehbarem ruhten, dann wird auch aus dem banalsten Kuppelformat ein zeitgenössischer feministisch-woker Quotenhit.

Nein, ich will nicht lästern. Mir tun die gepimpten Mandys, Sandys und Candys leid, denn wenn sie realisieren, dass ihr Körper damit nicht zu schön ist, um wahr zu sein, ist es zu spät. Man kann solche Baumaßnahmen nicht so schnell rückgängig machen wie eine verpfuschte Frisur. Daher, liebe Mädels, hier mein gutgemeinter Rat: Wenn Ihr es satthabt, dass man auf Eure überproportional großen Brüste oder Popos starrt, dann lasst Euch einfach noch etwas anderes vergrößern – die Nase zum Beispiel oder die Ohren. Dann stimmt die Relation wieder! Aber es steht zu befürchten, dass dieser wertvolle *Lifehack* ins Leere läuft, denn ausgerechnet bei denen, die besonders viel Holz vor der Hütte haben, scheint besonders oft kein Feuer im Oberstübchen zu brennen. Die Wortwechsel von »Umlaut-Promis«, die in spannenden Reality-Formaten wie Parkplatzeinweihungen dosiert eingestreut werden, geben Grund zu dieser Annahme.

Dagmar hatte übrigens nicht recht. Ich bin ein Fan von Botox. Schon seit Jahren. Meine Zornesfalte, die so tief ist, dass sie für jeden Fassadenkletterer eine *Challenge* wäre, bekomme ich damit gut in den Griff. Und es ist absoluter *Bullshit*, dass ich mich über diese »Entfaltung« nur nach innen freuen kann, weil nach außen nichts mehr geht. Ich habe auch schon mit der Giftmülldeponie der Verbandsgemeinde Kontakt aufgenommen und auch dort sah man keinen Grund, mich zu Lebzeiten schon als zukünftige Altlast zu listen. Meine Bitte, vier Quadratmeter der Halde als »mein letztes Grundstück« anmieten zu dürfen, wurde ebenfalls abgelehnt. Der freundliche Deponieleiter meinte, solange ich mir nicht solche Mengen Botox ins Gesicht jagen lassen würde, dass ich damit einen Hooligan-Bus von Dynamo Dresden lahmlegen könnte, sähe er keine Chance für eine Entsorgung auf seiner Deponie.

Es gibt nur eine Sache, bei der man aufpassen muss. Frau Dr. Sonja Sattler von der Rosenparkklinik Darmstadt hat den Anspruch, (Zitat) »die Patienten in ihrem Alterungsprozess zu begleiten«. Das ist ein ehrenwerter Vorsatz, der sich mit zunehmendem Alter der Patient*innen für sie auch auszahlen dürfte. Der aber auch nur dann funktioniert, wenn vorher gewissenhaft »angefüttert« wurde. Und genau hier lauert die Gefahr, denn ist man erst mal angefixt, dann ist man schnell nicht mehr Frau der Lage. An dieser Stelle übernimmt jetzt ein Narrativ. Man möge es mir verzeihen, aber das konnte ich einfach nicht liegen lassen:

Eine Frau in den besten Jahren wird plötzlich schwer krank ins Krankenhaus gebracht. Auf dem Operationstisch hat sie eine todesnahe Erfahrung. Sie sieht Gott und fragt ihn: »Ist mein Leben zu Ende?« Gott beruhigt sie: »Nein, du hast noch 43 Jahre, 2 Monate und 6 Tage zu leben.«
Nach der OP entscheidet sie sich, direkt vom Krankenhaus aus in eine Beauty-Klinik zu wechseln, um

sich die Gesichtsfalten glätten, die Augen liften, die Bäckchen unterspritzen, den Haaransatz auffüllen, die Reiterhosen absaugen zu lassen und noch einiges mehr. Nachdem sie ja noch so lange zu leben hat, will sie das Beste aus sich und ihrem Leben machen. Als sie nach der letzten OP die Klinik verlässt, wird sie beim Überqueren der Straße von einem Auto überfahren.

Vor Gott stehend, fragt sie wütend: »Ich dachte, du hast gesagt, ich hätte noch über 40 Jahre zu leben? Warum hast du mich nicht gerettet?« Gott antwortet schlicht: »Ich habe dich nicht erkannt ...«

Madonna muss da sehr aufpassen. Bei den *Grammys* im Januar 2023 war sie kaum wiederzuerkennen: ein Gesicht noch glatter, voller und praller. Besser als bei der *Grammy*-Verleihung wäre sie demnach beim *New-Faces-Award* aufgehoben gewesen. Wenn solche »ästhetischen Delikte« wie alltägliche Kosmetikbehandlungen gehandhabt werden – auch wenn sie in den sozialen Medien und von Madonna selber als emanzipatorische Selbstbestimmung gefeiert werden –, ist das nicht gut. Und es wird umso schlimmer, wenn Frauen wie Madonna eine Vorbildfunktion mit enormer Reichweite einnehmen. Mit Hinblick auf die vielen jungen Frauen, die sie nachahmen und Gefahr laufen, plastische Chirurgie zur Routine werden zu lassen, fände ich einen etwas reflektierteren Umgang mit Schönheitsnormen auf Celebrity-Ebene angebrachter. Und by the way: Was ist eigentlich daran emanzipiert und selbstbestimmt, wenn man jahrhundertealte Schönheitsideale bedient und reproduziert?

Was aber ebenfalls ein No-Go ist, ist die Doppelmoral, mit der Schönheitschirurgie behandelt wird. Denn alle wollen wir gut aussehen, aber kaum einer gibt zu, wenn man der Natur ins Handwerk gepfuscht hat. Die meisten machen »gute Miene« zum bösen Spiel, weil immer noch zu wenig differenziert wird zwischen Schönheitschirurgie und Schönheitswahn.

»Ja, ja, Schönheit liegt im Auge des Betrachters«, wird hierzulande oft als Gegenargument ins Feld geführt. Ich weiß. Aber meine merkelmanischen Marionettenfalten oder das Hautsegel zwischen Kinn und Hals, das bei jedem Rückwärtseinparken bis Weihnachten nachschlackerte, waren in meinen Augen einfach nicht schön – und wurden auch noch nie lobend von Lyrikern besungen. Nachdem ambulant nichts mehr rauszuholen war, entschied auch ich mich für eine Straffung und fühle mich seitdem deutlich wohler in meiner (deutlich wenigeren) Haut. Man mag zu dem Thema stehen, wie man will, aber unser Anspruch sollte ein ehrlicher Umgang damit sein.

Und was ist da unverfälschter als ein analytischer Blick auf die Materie? Ich habe neulich einfach mal ausgerechnet, dass, wenn mich ganze 99 Prozent der Weltbevölkerung hässlich finden, mich immer noch ein Prozent attraktiv findet. Das sind immerhin 7,8 Millionen Menschen. Ja, ist das denn nichts?

Aber das Attribut »attraktiv« meint ja nicht nur Gesicht – auch Gewicht. Moderne figurbewusste Frauen wiegen sich daher immer abends – nach dem Abschminken. Ich übrigens auch. Oder morgens, wenn ich aus der Dusche komme. Dann geht's direktemang auf die Waage. Die zeigt dann das »Abtropfgewicht« an und erst dann streife ich ein luftiges Hemdchen über, das so leicht ist, dass selbst eine Briefwaage nicht ausschlagen würde. Ich würde dieses Prozedere nicht in die Ecke »ehrgeiziger Körperkult« schwadronieren, aber ich gebe zu, dass der innere Friede mit der äußeren Hülle eine große Rolle in meinem Leben spielt:

»Ladies & Gentlemen, our next stop: Krumpendorf. We say Good bye and thank you to all passengers leaving in Krumpendorf.« Da wusste ich, gleich bist du da – im Zentrum von Kärnten, diesem beschaulichen Murmeltiergehege am wunderschönen Wörther See. Oder anders formuliert: im Entschlackungsparadies, im Reich von Bittersalz, Basenpulver und Bauchmassagen, im Universum der Mägen, Mikroben und des Einspeichelns.

Ja, ich habe es getan. Ich habe »gemayert«. Und dabei ging es mir nicht vornehmlich ums Abnehmen – auch wenn ich in den letzten Jahren ordentlich zugenommen habe. Immerhin wog ich mal 3500 Gramm. Aber ich gehörte halt noch nie zu den Menschen, die aufhören zu essen, nur weil sie satt sind. Ein Kühlschrank, der beim Öffnen raunt, »Konfuzius sagt, oft ist das, was du suchst, schon in dir«, den müsste die Industrie für Leute wie mich mal erfinden …

Egal, jetzt war ich hier und die kulinarische Marschrichtung hatte ein einziges Ziel: den Körper zu ent-schlacken, ihn von abgelagertem Unrat zu reinigen. Entgiften, Detoxen ... Wie immer man die damit einhergehende »Ess-Klasse« nennen will, es werden ihr zahlreiche positive Effekte zugeschrieben. Und warum auch nicht? Unser Auto geht schließlich auch einmal jährlich in den Service.

Dem Darm kommt dabei eine entscheidende Rolle zu. Er ist ein verdammt kluges Organ, was dem Wort »Klugscheißer« eine völlig neue Bedeutung gibt. Noch nie wurde über unseren Darm so viel gespro-chen wie heute. Er bringt es ja auch immerhin auf 250 m². Unsere Haut nur auf 2! Also, wenn es so was wie Reinkarnation gibt, dann möchte ich als Darmbakterie wiedergeboren werden. Da kommt man wenigstens rum.

Wie schlimm es um mich stand, konnte ich erahnen, als die Dame, die mir am zweiten Tag beim Einstieg in das bindegewebsfestigende Bikarbonat-Basen-Bad half, die Augen aufriss, als ich dem Bademantel entstieg. Ihr Entsetzen muss wirklich groß gewesen sein, denn ihre Lider klackten so laut, dass ich un-weigerlich an die Sendung mit der Maus denken musste. Ich schämte mich, denn dem Spiegel zufolge war ich schwanger – »Haribo« hätte der Vater hei-ßen müssen, aber, meine Güte, es ist Winter und so-lange Winter ist, sage ich mir normalerweise: »Wenn ich nicht bade, brauche ich auch keine Bikinifigur.« Und jetzt das. Vielleicht waren es aber auch meine Oberschenkel, die sie verschreckt hatten. Sie waren

noch nie straff. Die Muskeln, die so ein Oberschen-
kelgewebe unterfüttern, habe ich einzig und allein
vom Besuch öffentlicher Toiletten und dem damit
verbundenen Mantra »Bloß nicht die Klobrille be-
rühren«. Schlaffes Gewebe habe ich im Übrigen
auch an der Unterseite meiner Oberarme, am Bauch,
Busen und Po. Mit Verlaub: Wenn jemand wie ich an
heißen Tagen nackt durchs Homeoffice taumelt,
baumelt nicht nur die Seele. Also, wenn sich ein solches Bad lohnt, dann bei mir: Wellen statt Dellen!
Konstruktiv wurde es dann am Nachmittag, als ich
bei der Anfangsuntersuchung vom Assistenzarzt
lernte, »Verdauen fängt im Mund an«. Er sah aus
wie ein Arzt in einer Institution, deren Angebot
nicht zu den IGeL-Leistungen gehört, aussehen
muss: Der Kittel gestärkt, das Lächeln auch. Von
Kopf bis Fuß war er von Askese gezeichnet und mit
sorgenvoller Miene tastete er meinen Kegelrobben-
körper ab, als würde er gerade das Altlastenkataster-
Register vom Ruhrgebiet durchforsten.
Die zweite Devise war dann nur noch eine logische
Konsequenz aus der ersten und lautete: volle Konzentration beim Kauen! Kein Wunder also, dass es
im Speisesaal nur Einzeltische gab. Und das mir, wo
ich, als gebürtige Rheinländerin, doch stets und
überall der Ansicht bin, sehr viel und sehr Wichtiges
zu sagen zu haben. Es gibt Kautrainer, eine Art »Kur-
klops« aus der »Kernforschung«. Vierzig- bis sech-
zigmal soll – ach was – muss man den kauen, sonst
bekommt man den nicht gebändigt. Beim dreißigs-

ten Mal dachte ich, gleich wirst du zum Wieder-
käuer. Beim vierzigsten Mal hatte ich ihn so einge-
speichelt, also bei »Zugeschaut und Mitgebaut«
hätte man aus dem Brei auch einen Briefbeschwerer
basteln können.

Ja, es gibt wenig zu essen – für einen Preis, für den
ich sonst einen Skiurlaub inklusive Raclette-Abend
und täglichem Hüttenzauber mache. Aber, da das
Kauen ja so lange dauert, rechnet es sich ja wieder
irgendwie, oder?

Ich hatte jedenfalls viel mitgenommen aus dem Darm-
und Dinkelparadies. Die neu gewonnenen Erkennt-
nisse markierten zweifelsohne ein weiteres Kapitel auf
meinem ewigen Schlachtfeld »Kampfzone Körper«.
Denn mein Körper ist schon seit Langem ein Bauwerk,
in dem die Statik nicht mehr stimmt – zumindest, wenn
man das *Body Image*, das in den Medien gefeiert wird,
zugrunde legt. Dort lernt man, dass Körperarbeit heute
Identitätsarbeit ist. Und auch wenn man nicht als
Influencer sein Leben nach dem Motto *born to perform*
verbringt, man kann sich heute einem gewissen Körperkult nicht mehr entziehen. Das Motto »Fit for Life,
Fit for Love, Fit for Work, Fit for irgendwas …« ist
omnipräsent.

Täglich wird uns auf »Social Media gezeigt, was gesellschaftlich akzeptiert ist. Oder andersrum formuliert: Phänomene wie *Bodyshaming* konnten es letztendlich nur durch Insta & Co. in die *Top Ten* der Dinge
schaffen, die die Welt nicht braucht. Der Körper wird

zur Marke. Das nicht gut zu finden, ist gesellschaftlich ungefähr so akzeptiert, wie den Müll nicht zu trennen.

Daran hat auch der *Body-Positivity*-Trend nichts geändert. Schön ist, was jeder Einzelne für schön erklärt, so das Credo. Das wird von ehrgeizigen Marketing-Gurus genutzt: Nackte, lasziv blickende *Big Girls* werden vor Körperpflegeprodukte drapiert und sollen suggerieren, dass jede Kurve bedingungslos schön ist, dass *curvy* cool ist, für Selbstbewusstsein steht und es total normal ist, wenn sich auch moppelige Frauen vor einem Millionenpublikum ausziehen; dumme Frauen dürfen ja auch öffentlich reden. Jedes Polster, jede Rolle, so der Twist dabei, ist bezaubernd, solange die Besitzerin zu ihr steht.

Wer diesen hippen Hirnsalat glaubt, der spendet auch sein Blut an eine Blutbank, deren Buchführung von Vampiren gemacht wird. Leider glauben es aber viele und werden so zum Opfer eines perfiden Marketings, denn die »kritische« Masse ist keine »jubelnde«; starkes Übergewicht ist kein Lifestyle-Thema, sondern eine Krankheit. Diesen evidenzbasierten Fakt zu Profit machen zu wollen, ist beschämend. Noch verwerflicher ist, dabei billigend in Kauf zu nehmen, dass die gutgläubigen Opfer von der Realität umso härter getroffen werden, sobald sie die rosarote *Body-Positivity*-Brille absetzen und noch unsicherer werden, als sie ohnehin schon sind. Denn außerhalb der *Body-Positivity-Bubble*, zum Beispiel am Arbeitsplatz, in Clubs oder auf Dating-Portalen, werden diese Frauen mit der bitteren Wahrheit konfrontiert, die da lautet: *geshapte* Figuren sind top; softe Konturen sind flop. Ein verlogenes Spiel ist das, was man da auf dem Rücken pummeliger Frauen austrägt. Es ist, als ob man jemanden über eine marode Brücke schickt und es einem egal ist, ob der- oder diejenige dabei abstürzt. Auch Alison Movet und Adele sind mittlerweile gertenschlank. Unzählige Posts belegen, dass Fotos von optimierten und zusätzlich noch mit Filtern bearbeiteten Bodys dreimal so viele *Likes* bekommen wie die ohnehin schon schönen Originale. Belohnt wird heute, was perfekt ist oder möglichst nah an den beneidenswerten Social-Media-Schönheiten dran ist, die alle so aussehen, als wären sie einer Netflix-Serie entsprungen. Das Kollektiv entscheidet heute, was schön ist bzw. sein muss. Nicht jeder für sich, wie es das *Body-Positivity-Movement* gerne hätte. Keiner muss seinen Körper lieben, Übergewicht ist nicht gesund und in den seltensten Fällen ist körperliche Fülle ein Zeichen von erfülltem Leben. Eher ist sie eine Projektionsfläche für schmerzhafte Erfahrungen, aufgrund derer man sich eine Art Panzer angefuttert hat. Dies für Werbezwecke zu nutzen, sendet völlig falsche Signale!

Betrachten Sie das, was jetzt folgt, von mir aus als therapeutischen Ansatz, meine Vergangenheit aufzuarbeiten. Sehen Sie mir den kleinen Ausflug in meine Jugend einfach nach, denn ein joviales Wegtexten hat mir schon immer geholfen, mit »Altlasten« fertig zu werden. Ach, machen wir es kurz: Sie müssen da jetzt einfach mal durch, denn Sie dürfen mir glauben, das Turn-Trauma, das ich jahrelang durchlebt habe, war schlimmer:

Ich war ein Mädchen mit Marshmallow-Figur. Ich

hatte einen Bauch, für den man auch schon mal essen muss, wenn man keinen Hunger hat. Während sich andere Mädchen samstagabends fragten, »was ziehe ich an?«, fragte ich mich immer: »Wie komme ich da rein?« Ich war dick und schwerfällig, was mir dienstags während *Dallas* schon den Angstschweiß vor der Doppelstunde Sport am Mittwoch auf die Stirn trieb. Die Zeit, die ich für einen Hundert-Meter-Lauf brauchte, konnte mit einer Kirchenuhr gemessen werden. Wenn ich auf der Tartanbahn eine Runde »gemetert« war, kippte ich tot um. Dass keiner mit Tatortkreide meine Umrisse nachgezogen hat, lag daran, dass es jede Woche passierte. Meine legendären Weitsprünge konnten mit einem Geodreieck gemessen werden. Und alles, was ich am Stufenbarren zustande brachte, war das, was ich beim lautlosen Herausklettern aus dem Kinderbett gelernt hatte.

Die Turnhalle war ein Ort, der mir jegliche Würde nehmen konnte. Mein Selbstbewusstsein war regelmäßig versetzungsgefährdet: Schon in der Umkleide kippte ich vor aller Augen beim Socken ausziehen um. Ich ballerte gegen den Bock, während andere darüberfederten und hing an den Ringen wie ein nasser Sack. Zweimal diesen ranzigen Lederasteroiden von Medizinball dem Gegenüber zugeschoben und ich keuchte derart ... In heutiger Zeit hätte man mir einen gewissenlosen Umgang mit der wertvollen Ressource Sauerstoff vorgeworfen und die FDP hätte vermutlich eine Privatisierung der Atemluft gefordert. Und wie sehr hätte ich mir gewünscht, dass dieses »Runter vom Mattenwagen« mir gegolten hätte. Aber ich kam ja gar nicht erst drauf. Die schönste Durchsage meiner Schulzeit war: »Geräteturnen fällt aus; wir haben keinen Bock!«

Ach ja, und diese Bundesjugendspiele: eine einzige Demütigung. Schon der Gedanke an den Truppentransport zum Sportplatz bescherte mir zuverlässig alle Jahre wieder Albträume. Die einzige Urkunde, die ich mit nach Hause brachte, war eine Teilnahme-Urkunde, wobei das davor gedruckte Wort »erfolgreiche« bei mir immer durchgestrichen war.

Ich entsprach dem damaligen Körperideal *skinny* ebenso wenig wie dem heutigen *strong & skinny*. Ich wurde verlacht und verspottet, neudeutsch *gemobbt*. Bei meinem ersten Praktikum in einer Werbeagentur, ich war 16, wurde hinter meinem Rücken vom »Praktifanten« gesprochen. Meiner Klassenkameradin Mona erging es ähnlich. Nur die fing irgendwann an gegenzusteuern und trainierte ab da wie besessen. Täglich. Morgens und abends. Die Sehnsucht nach sozialer Anerkennung, die Leuten wie mir verwehrt blieb, trieb sie an. Sie trainierte und trainierte, auch wenn ihr ansonsten eher gemütliches Naturell diesem ewigen Bewegungsterror so gar nichts abgewinnen konnte, weswegen sie auch oft irgendwie unglücklich wirkte.

Will man etwas, was wider die eigene Natur zu sein scheint, tatsächlich langfristig durchziehen? Nur um ins Raster gängiger Körperideale zu passen? Telefonierte ich mit ihr, während sie sich irgendein Workout-Filmchen reinzog, hörte ich nur ein Hecheln oder Stöhnen und das ein oder andere beherzte »F***«. Es hörte sich nie nach Spaß an; eher nach Aggressionsbewältigung. Aber sie trainierte weiter und weiter und weiter. Und siehe da: Nach nur wenigen Jahren wurde sie … Buchhändlerin! Ein Beruf, der gut zum Wesen einer in sich ruhenden, zum Sitzsportler neigenden Person passt und den sie bis heute mit großer Freude ausübt. Sie kann jetzt wieder problemlos Musik hören, ohne dabei rennen zu müssen. Und wenn sie heute mal außer Atem kommt, dann nur, wenn sie zu schnell isst.

Aber auch ich hatte irgendwann erkannt, dass ich mit der Optik einer wandelnden Puffreistüte im Vergleich zu meinem immer körperbewusster werdenden Umfeld wie ein Querschläger der Evolution wirkte. Mir dämmerte, dass – sollte sich nichts ändern – ich für den Rest meines Lebens gesellschaftlich unter dem Radar fliegen würde. Also wollte auch ich ein paar Kilos verlieren in der Hoffnung, sie nie wieder zu finden. Aber ich ließ es moderater angehen als Mona, weil ich wollte, dass diese Aktion nachhaltig ist. Und so investierte ich erst einmal in einen Crosstrainer der mittleren Preiskategorie. Ich benutzte ihn genau einmal. Danach sah es in meinem Schlafzimmer aus, als hätte man eine Talsperre gesprengt. Ich schwitzte nicht, ich war ausgelaufen. Er wurde zum teuersten Wäscheständer, den ich je besessen habe.

Nun ist es beim Sport ja wichtig, einmal mehr anzufangen als aufzuhören. Und so probierte ich etwas anderes. Ich wollte mir einen knackigen Hintern erjoggen, draußen an der frischen Luft. Also begann ich, um unseren Block zu laufen. Sehr langsam ... Um einen sehr kleinen Block ... So klein, dass ich bei meiner Strecke noch nicht einmal von meinem WLAN getrennt wurde ... Es sah trotzdem immer aus wie Sterben mit Anlauf. Man hätte mit mir zwei Werbespots drehen können: den ersten, bevor es losging, für einen Hersteller schicker funktionaler Laufklamotten und den zweiten nach ca. 100 Metern für einen Pharmakonzern mit Kernkompetenz Herz-Kreislauf-Tropfen. Der Winter wurde schnell zu meinem Favoriten unter den Jahreszeiten: Weil abends um sieben bei Dunkelheit joggen? Da hatte ich Angst, entführt zu werden. Und morgens um sieben in der Dämmerung? Ungeschminkt und mit einer Körperhaltung wie ein 100-Liter-Sack Graberde? Da hatte ich Angst, dass mich der Sperrmüll mitnimmt.

Ich versuchte mein Glück in der örtlichen Yogaschule, die mir versprach, fitter und fokussierter zu werden und »mein wahres Ich« zu finden. Na, wenn das mal keine Enttäuschung wird, dachte ich noch ... Es wurde eine. Von wegen fokussierter: Auch nach zehn Einheiten schielte ich noch nach rechts und links, um zu sehen, wie weit die anderen beim »Hund« mit den Fersen auf den Boden kamen. Alle schafften es. Ich nicht. Alle waren sie von Beginn an so elastisch wie ein Theraband. Ich brauchte 30 Einheiten, bis ich mich bei der »Kobra« ungläubig fragte: Bin ich jetzt wirklich etwas dehnbarer geworden oder leiere ich einfach nur aus?

Dann traf ich eine Entscheidung, mit der ich lange gehadert hatte. Ich wurde Mitglied im örtlichen Fitness-studio *Kraftwerk*. »Und wenn auch nur, um mir einen breiten Rücken anzutrainieren, damit ich auf größerer Fläche gestreichelt werden kann«, redete ich mir den Monatsbeitrag schön. Beim ersten Besuch fragte mich der sehr empathische Trainer dann: »Was genau sind deine Problemzonen?« Ich war begeistert von so viel systemischer Herangehensweise und antwortete wahr-heitsgemäß: »Die Eisdiele um die Ecke, der Hussel-Shop in der Fußgängerzone, der Dönerladen am Kreisel und der Hotdog-Stand am Ikea-Ausgang.« Er nickte nachdenklich, dozierte etwas von Cardio-Training, Fett-verbrennung und Muskelaufbau und führte mich dann zu den einzelnen Geräten. Und ich muss sagen, meine jahrelangen Vorbehalte gegen Fitnessstudios waren völlig überflüssig:

Nichts erinnerte mehr an die Muckibuden aus der Generation »Turnvater Jahn«, wie ich sie als junge Frau kennen, fürchten und meiden gelernt hatte: keine bru-tal aussehenden Geräte mit noch brutaleren Namen wie »Wadenstrecker« oder »Bankdrücker«. Keine keu-chenden Raumteiler aus 100 Kilo purem Testosteron der Marke »Moskau Inkasso«, die wie Gabelstapler Gewichte stemmten. Keine dampfenden Bizeps-Plan-tagen, keine Protein-Primaten und Zwölfender, die im Zuge ihrer Herkulesaufgaben animalische Brunft-schreie ausstießen, während sie bäuchlings unter einer Butterfly-Maschine lagen, 200 Kilo Seile von oben zu sich runter in die Horizontale zogen und dabei übelst an devote Rituale aus erzkonservativen Kleriker-Zirkeln erinnerten. Nichts! Auch keine »Assi-Toaster-gebräunten Bollerhupen-Barbies«, die Körperareale trainierten, wo ich noch nicht mal Areale hatte. Es hatte sich so viel verändert. Und ausschließlich zum Positiven hin: Lebten Bodybuilder früher, um zu trainieren, trainieren sie heute, um zu leben.

Um mich herum frisch geföhnte Jungs, wie aus dem Schongang einer Waschmaschine gezogen, *Instagram-tauglich* gekleidet, athletische Erscheinungen mit skulpturalen Körpern, wunderschön anzusehen, modulierten achtsam ihre *Bodys,* ohne dabei auch nur einen einzigen Tropfen Schweiß zu produzieren. Gut so, denn verschwitzte Gesichter·sind blamabel, nicht instagramabel. Und auf Insta müssen sie ja hin, die Bilder, denn wenn das *Workout* von der *Community* nicht gesehen wird, hat es laut Insta-Logik ja gar nicht stattgefunden. Und so ist das Selfie auf der Beinpresse auch oft schneller im Netz als der postende Poser unter der Dusche.

Auch die Mädchen: alle mit *Super-Shape*-Tops aus der *Bra-Bar* eines amerikanischen Sportslabel, mit goldenen Beats über einem Dutt, in den sie viel Zeit investiert hatten, damit er so aussieht, als hätten sie genau das nicht getan. Mit sorgfältig geschminkten Gesichtern und einem wunderschönen, antrainierten *Bubble But,* ein unfassbar wohlgeformter Po, das Schönheitsideal schlechthin. Alle sahen sie aus, als kämen sie aus ein und demselben Automaten: der Pamela-Reif-Box.

Eine sehr hippe Atmosphäre, die in mir sofort den Wunsch triggerte, dazuzugehören, denn hier, im direkten Vergleich, wurde mir knallhart vor Augen geführt, dass ich optisch vom Prototypen einer wohldefinierten Göttin so weit entfernt war wie ein McDonald's-Essen von der Molekularküche. Ich stellte mich sofort meiner größten Challenge, dem Laufen. Wenn nicht hier, wo sonst sollte es gelingen? Bei cooler Musik und inmitten stylischer Menschen ... Und was soll ich sagen? Nach nur zwei Minuten sah mein Gesicht aus wie nach einem Schlaganfall, nach drei Minuten vernahm ich die Stimmen um mich herum nur noch brunnenschachtig und nach vieren hing mir meine Zunge aus dem Hals wie eine Plastikrutsche aus einem Airbus 380 bei der Notlandung. Nach fünf Minuten dann das vorläufige Ende. Mir wurde ganz blümerant vor Augen. Ich schwankte zwischen rheinischem Wunschdenken à la »Wow, die ganze Welt dreht sich um mich« und der Realität, die da lautete: »Scheiß Kreislaufprobleme ...«, während neben mir ein blondes Size-Zero-Püppchen lief und lief und lief. Sie war gertenschlank, bildhübsch, nur ihr Gesicht hatte irgendwie etwas Angespanntes. Ich tippte darauf, dass sie womöglich die Orientierung auf dem Laufband verloren hatte – immerhin war sie ja blond ... Ja, sie hatte sich vermutlich verlaufen und war möglicherweise gerade am Verhungern ... Schließlich steckte in ihrer Halterung am Laufband auch nur eine Wasserflasche, und nicht wie in meiner eine XL-Packung Prinzenrolle ...

Die Kondition wurde seitens des Trainers als mein größtes Defizit identifiziert. Sie in den Griff zu bekommen ist wichtig und gleichzeitig auch nicht ganz einfach. Man muss dafür zum Beispiel darauf achten, den aeroben Bereich nicht zu verlassen. Aber wer sagt einem denn, »ACHTUNG, SPERRZONE! Ab hier beginnt der anaerobe Bereich! Fette können ab sofort auch nicht mehr verbrannt werden ...«? Meine natürliche Intelligenz reicht dafür nicht aus. Ich brauchte künstliche.

Mein Mann schenkte mir ein Fitnessarmband, das überall auf mich aufpassen sollte. Es ist im Grunde genommen eine Art Tamagotchi, nur dass das Tier, das Sie damit auf Trab halten wollen, Sie selber sind. Ein High-Tech-Gadget mit Touchscreen, Pulsmesser, Aktivitätstracker, Schlafanalyse und einem »Stalking Upgrade«, das dir ungefragt Playlists aus Atemfrequenz und Kalorienverbrauch um die Ohren haut. Immer nach dem Motto: Lebe gesund, sonst knips ich dir das Licht aus. Dafür sorgt unter anderem eine Art »Whistleblower-Funktion«, die Echtzeit-Trainingsstatistiken metrisch erfasst und protokolliert, aber leider auch festhält, was man wieder alles nicht gemacht hat. Die Stasi hätte es nicht besser erfinden können. Danach kommt nur noch »sich chippen lassen«. Unfassbar, was diese »Pulswanze« alles kann. Sie ist leistungsstärker als der Bordcomputer einer russischen Trägerrakete.

Theoretisch alles super, praktisch bin ich damit aber überfordert. Ich wollte nur das Datum einstellen und habe dabei 17 Mails verschickt, einen Laubsauger ersteigert und mich in die Überwachungskamera eines nordkoreanischen Hochsicherheitsgefängnisses eingehackt. Ich war kurz davor, das ganze Internet zu löschen ...

Muss ich erst Maschinenbau studieren, um meinen

Körper verstehen zu können? Nein. Ich brauche diesen *High-Tech-Overkill* genauso wenig wie ein 72-Stunden-Deo, 100-in-1-Spülmaschinen-Tabs oder Outdoorjacken bis minus 40 Grad – für Sonntagsspaziergänge im Stadtpark. Und will ich dieses »Gestalke« überhaupt? Was ist, wenn meine Krankenkasse an die metrisch gewonnen Daten kommt? Ich würde vermutlich als Risikopatient eingestuft und mein Beitragssatz ging durch die Decke. Und by the way: Ist es überhaupt zielführend, wenn ein solches Gadget mich anmault, wenn ich auf dem Sofa liege und mich lobt, wenn ich aufstehe, um Pralinen und Prosecco zu holen? Die Logik erschließt sich mir noch nicht so ganz. Als Kind habe ich oft gesagt, wenn ich erwachsen bin, sagt mir keiner mehr, was ich zu tun habe. Und jetzt das!

Also, was jetzt? Als durchtrainierte »Fitness-Barbie« reüssieren, wie meine Freundin, die BMI-gesteuerte Timmy? Beim letzten Umzug hätte ich sie mir beinahe unter den Arm geklemmt, weil ich sie für eine Stehlampe gehalten hatte ... Oder lieber wie Olli mit seiner sesselfüllenden Figur, der sättigende Mahlzeiten feiert, zufrieden ist, wenn der Schal vom Vorjahr noch passt und nur noch Elektrikerhemden trägt, bei denen jeder Knopf unter Hochspannung steht?

Also, wie positioniere ich mich? Meinen Körper monatelang durch *Hardcore-Workouts* knechten, um eine Strand-Figur zu bekommen? Dem Meer ist doch egal, ob ich mich als Boje oder Bikini-Beauty in seine Wellen werfe. Und solange ich beim Sex noch nicht rufe: »Na los, gib mir Schiffsnamen!«, sehe ich überhaupt nicht ein, meinen *Body* auf Teufel komm raus zu *shapen*. Ich wiege mich auch nicht mehr jeden Tag, so wie früher. Denn um die Zahl lesen zu können, brauche ich heute eine Brille – und die allein wiegt ja schon fünf Kilo. Halleluja ...

Aber merken Sie was? Seitenlang ist hier von unserem Körper die Rede und es geht dabei nur um Äußerlichkeiten. Ich meine, das, was einst als Körper der Erde zugestellt wurde, sollte mit Respekt behandelt werden, keine Frage, aber sollte er für uns nicht mehr sein als ein ansehnlich ummantelter Zellhaufen? Statt sich über eine hübsche äußere Hülle, über perfekte Maße zu definieren oder auch darüber, diese eben nicht zu haben, wie es der *Body-Positivity*-Trend propagiert, wäre es nicht nachhaltiger und angemessener, sich an den Fähigkeiten seines Körpers zu erfreuen, an seiner Gesundheit und dem, was er für uns bereithält, damit wir leben können?

Wussten Sie eigentlich, dass ein LKW mit der Energie, die unser Herz täglich erzeugt, 30 Kilometer fahren könnte? 10 hoch 14 Stoffwechselvorgänge absolviert unser Körper pro Sekunde. Unsere Nieren reinigen täglich etwa 1500 Liter Blut und unsere Leber ist das größte Phänomen überhaupt. Sie ist ein absoluter Jungbrunnen. Ihre Zellen sind im Schnitt nur drei Jahre alt. Also bei moderatem Alkoholgenuss muss keiner Angst haben, seine Leber später mal mit einem Castor-Transport entsorgen zu müssen. Und selbst wenn karnevalistische Kulturtechniken wie Stütz- und Konterbiere zwecks Katerbekämpfung einmal im Jahr zelebriert werden – auch damit wird eine Leber fertig. Kein Mensch muss sich in der Uniklinik eine zurücklegen lassen, wenn Prunksitzungen anstehen. Meine Lunge, dieses empathische Organ, gibt beim Joggen ein Fiepen von sich, dass mich denken lässt, ein Bauarbeiter pfeift mir anerkennend hinterher – so wie im letzten Urlaub in Finale Ligure. Mein Magen: Wie oft muss er eine Pizza oder einen fettigen Döner nach 18 Uhr über sich ergehen lassen. Seine Proteste sind dann zwar lauter als die Monologe von Kim Jong-un in einer Propaganda-Rede, aber den Kampf hat er mir noch nie angesagt. Und dann ist da noch meine Blase, das fleißige Lieschen unter den Innereien. Vor allem wenn ich unterwegs bin, zeigt sie mir öfter auf, als mir lieb ist, wie gut sie noch »im Saft steht«. Auf manchen Autobahntoiletten bin ich mittlerweile so oft, dass ich jetzt die Tankstellenpächter fragen möchte, ob ich Fotos von meiner Familie aufhängen darf.

Sind das nicht alles unfassbare Wunder? Und wir reden bei unserem Körper immer nur über seinen Umfang. Oder etwa nicht? Achtung Spoiler-Alarm: Im Kapitel *Selfcare* geht's weiter. Da lesen Sie, dass innerer Erfolg stabiler ist als äußerer. Also bleiben Sie dran. Es lohnt sich. Bis neulich!

Verbales Imponiergehabe

Ich bin ein Fan von Floskeln und Formulierungen. Redewendungen sind einfach mein *Steppenpferd*. Ich bin ein *Phrasenmäher* ... pardon, *-drescher* sozusagen. Und da haben wir es schon: Beim Sprücheklopfen kann mir zwar keiner das Wasser *vormachen*, aber der Regler am »Mischpult« steht dabei immer auf 11.

Wenn ich aus der *Konserve* gelockt werde, hau ich Sätze raus, die muss man erst mal *sitzen* lassen, weil die sich anhören, als wäre ich der Letzte bei Stille Post, der es dann laut sagen muss. Da bin ich wirklich eine *Trophäe* auf meinem Gebiet: Die Dinge beim Namen nennen, Wasser *bei die Fische geben* – und zwar ohne gedanklich lange dran *rumzuschrubben*. Wenn ich mir etwas *auf den Kopf gesetzt habe,* dann muss es einfach raus. Ähnlich wie beim Shoppen: Wenn ich etwas unbedingt haben will, dann gönne ich es mir auch, denn *der letzte Sarg hat keine Taschen.*

Klar, gibt es Leute, die, wenn ich den Mund aufmache, *aus der Reihe fahren.* Aber man kann auch überall das *Salz in der Suppe suchen,* oder? Okay, es ist halt nicht immer das *Rosarote* vom Ei, was da rausblubbert, aber so what? Es ist doch alles noch im grünen *Rahmen,* und außerdem wächst man doch mit *sich*! Man darf nicht sofort die *Lunte ins Korn werfen*. Nein, Leute, die sich darüber mokieren, gehören in die *Schränke* gewiesen. Hab ich auch schon oft getan. Manche habe ich gar nicht mehr auf der *Schüssel*. Denn, was lange *gärt*, wird endlich *Wut*.

Was soll ich auch sonst machen? *Das Leben ist kein Ponyschlecken*. Und wenn ich erläutern will, was ich damit meine, kann ich doch nicht jedes Mal, einen anderen erst mal ein Auge *drüber* werfen lassen? Komm, Schwamm *beiseite*! Redewendungen sind dazu da, um sperrige Inhalte windschlüpfriger zu machen. Und das nutze ich halt – mit einem bildhaften Sprachschatz der Marke Eigenanbau, der schon damals jeden Deutschlehrer heulend vom Pausenhof laufen ließ, denn Deutsch war noch nie *eins meiner gutesten Fächer*. Aber mein Gegenüber sollte auch nicht jedes Wort *auf die bare Münze legen*. Und wenn doch, also wenn der *Kelch mal wieder an mir hängen bleibt*, dann *bade ich die Suppe* eben aus – stellvertretend für alle, die wie ich, auch schon mal Rechtschreibfehler beim Denken machen. Und davon gibt es viele. Sind wir nicht *alle aus demselben Pulver geschnitzt*? Ich finde, jeder sollte erst mal *vor seiner eigenen Nase kehren*. Ich bin Rheinländerin und naturgemäß reden wir gerne. Nur weil das nicht immer unfallfrei abgeht, lass ich mir doch nicht den *Kuchen* vom Brot nehmen! Vielleicht wird's ja mit der Zeit noch ein bisschen besser. Man kann ja an sich arbeiten. Das sollte man sowieso immer. Nie *den Sand im Kopf stecken lassen*. Immer schön dranbleiben. *Rom ist auch nicht an einem Tag untergegangen.*

Unsere Sprache ist voller Fantasie. Sie strotzt vor Stilmitteln, die, einmal in meinen Händen, oft zu veritablen Stilblüten werden. Aber wer zum Bildungsbürgertum gehören will, und das will ich, sollte aus dem riesigen Pool von Metaphern, Aphorismen, Poesie und Lyrik schöpfen. Koste es, was es wolle. In meinem Fall kostet es vor allem eins: Mut. Denn die hohe Schule der Rhetorik kann auch eine immense Fallhöhe bedeuten. Ein kleiner Buchstabendreher und der ganze Satz ist *uriniert*.

Mut brauche ich übrigens auch bei Fremdwörtern. Auch da fehlt mir oft *Transpiranz*. Trotzdem benutze ich sie gerne und manchmal kann ich damit auch meinem Chef *imprägnieren* – zum Beispiel, wenn wir uns während eines Kundenmeetings in einem *Stadion* befinden, in dem es drauf ankommt, einen *Präsidentsfall* zu schaffen. Oft klappt es aber leider nicht so, wie ich es gerne hätte. Mir wurde schon attestiert, fließend Blödsinn zu sprechen. Ich wurde als verbal *inkontinent* oder *impotent* abgestempelt und meine Ausführungen als *Bananität* abgetan. Also, für alle, die es besser machen wollen: Wer Fremdwörter benutzt, sollte sich vorher über mögliche *Frequenzen* Gedanken machen.

Aber nicht nur ich labe mich gerne am Füllhorn von Wortspiel und Wortwitz aus dem Land der Dichter und Denker. Auch Unternehmen, die sich auf dem Zenit ihrer Kreativität angekommen sehen, nutzen das reichhaltige Inventar unserer Sprache, um sich im Gedächtnis ihrer Kunden zu verankern:

Gestern überholte ich einen Bestattungswagen. Der Name des Bestattungsinstitutes: »Zu guter Letzt«. Schön, hat was Versöhnliches, finde ich und ist in jedem Fall besser als Bestattungshaus »Kiste«, oder? Das gibt es wirklich. Der Blumenladen um die Ecke nennt sich »Florist Gump«. Die Gärtnerei am Stadtrand wirbt mit »Da hilft nur beeten«. Heißt die Stadt Würzburg vielleicht in Wirklichkeit »Kräutergarten«? In Leipzig werben die Stadtwerke für Gas und Strom zum »Einheizpreis«. Das Architekturbüro daneben firmiert unter »Hausgemacht«. Die Konditorei mit den leckeren Puddingschnecken nennt sich »Teilchenbeschleuniger«. Und der Bäcker mit dem gesunden Körnerbrot heißt »Kernenergie« und der zwei Straßen weiter, der auch mal ohne Kassenbon verkauft, »Schwarzbrot«. Im Kölner Raum fand ich eine Metzgerei, über der stand: »Mettropolis«. Gut, das geht nur im Rheinland, wo der Mettigel nach wie vor als Nationaltier verehrt wird. Die Kneipe daneben nennt sich Papperla Pub. Eine Fahrschule inseriert »Wir bieten Crashkurse« – okay, etwas unglücklich. In der Zeitung war annonciert: Neueröffnung Malergeschäft »Nicht in diesem Ton!«. Der Scheidungsanwalt, der unter »Rosenkrieg« firmiert ... Besser die Kanzlei für Verkehrsrecht: Da steht auf dem Firmenschild »In dubio pro-secco« – ein vielversprechendes Pendant zu den vielen stocknüchternen Kanzleinamen, die dir suggerieren, dass die Anwälte da auch in ihren Business-Anzügen schlafen. Auf dem Praxisschild meines Zahnarztes steht »Bohr-ey«. Gefällt mir persönlich besser als »Au Backe« oder »Dschingis Zahn«. Und die sprachgenialen Purzelbäume im Friseurgewerbe sind ja hinlänglich bekannt: von »Haarleluja« über »Kamm Bodscha« bis hin zu »Hairberge« oder »Hairgott« – alles haarsträubend, außer vielleicht »Prince of Bel Hair«. Der bringt irgendwie Hollywood-Flair zwischen die Trockenhauben. Am besten gefiel mir jedoch der an die Jugendsprache angelehnte Salonname »Frisenleger«. Den fand ich wirklich top.

Ganz Deutschland ein einziger Kalauer? Nein, ganz so schlimm ist es dann doch noch nicht. Unsere Basketballvereine halten verlässlich dagegen. Während die in Amerika »Warriors«, »Heat« oder »Bulls« auf den Trikots stehen haben, laufen unsere Jungs mit Hemdchen ein, auf denen steht: »Ratiopharm«, »Bäcker Blancke« oder »Schmuckoase – Wir kaufen dein Zahngold« ...

Ist die deutsche Sprache nicht wunderbar mit all ihren Wortwundern und Wunderwörtern? Mag sein, dass Französisch charmanter klingt; selbst die Verkehrsnachrichten auf Radio France klingen ja schon wie pure Erotik. Und Englisch ist definitiv kompakter. Italienisch leidenschaftlicher und Spanisch feuriger: *Délicieux, delicious, delizioso, delicioso* ... Und in Deutsch? »Für DEN Preis nicht schlecht ...« Egal, dafür verfügt unsere Muttersprache aber über einen unglaublich vielseitigen Wortschatz, ein üppiges Vokabular und ein breit gefächertes Sprachgut.

Nur leider so wie jede Stadt ihre schönen und ihre notwendigen Viertel hat, hat auch die deutsche Sprache ihre Sonnen- und ihre Schattenseiten: 1897 forderte Mark Twain in seinem Buch *Bummel durch Europa*: »Die deutsche Sprache sollte sanft und ehrfurchtsvoll zu den toten Sprachen abgelegt werden, denn nur die Toten haben die Zeit, diese Sprache zu lernen.« Nun ja, Mark Twain war zweifelsohne ein großartiger Schriftsteller, aber in dem Moment hatte er wohl doch zu viel Tintenkiller eingeatmet. Denn so präzise und exakt wie sich mit Deutsch Sachverhalte beschreiben lassen, klappt das im Englischen nicht. Wie auch, mit einer Grammatik, in der es so gut wie keine Deklination und nur rudimentäre Reste einer Konjugation gibt. Lernt man hierzulande schon als Kind in der Sesamstraße »Der, die, das ... wieso, weshalb, warum?«, singt man in England »The, the, the ... why, why, why?«

Aber hat das England jemals geschadet? Nein. Wer beim Brexit mit Häme gedacht hat »Hehe, let's make Britain small again«, hatte die *Vibes* wohl nicht gespürt. Denn dank der englischen Sprache konnte von UK-*Downshifting* keine Rede sein. Und mit jedem 23. April, dem Internationalen Tag der englischen Sprache, wird sie weiter hochgejazzt. *Cooler Move*, *legit*, aber trotzdem völlig überflüssig. Denn wer heute außerhalb vom United Kingdom beim *Smalltalk*, *Straighttalk* oder *Deeptalk* keine englischen Wörter *dropped*, wird schon jetzt von seiner *Audience* nicht mehr richtig *supported*, wenn nicht sogar *gecancelt*. *Safe*. »English made in Germany«

wirkt auch im *Office Talk* wie ein *Karrierebooster*. Da werden *Briefings* für die *Paint Points* im *Meeting* gefordert – wie auch *Reminder*, mit denen man *Content* *anteasern* und Interesse *triggern* kann, ohne zu *spoilern*. *Namedropping*, egal ob *on point delivered* oder *random gespreaded*, ist nicht nur *nice*: Es gehört heute zu den *Top Skills* eines *Key-Performers* und wird auch von *Content-Managern appreciated*. Auch wenn *Namedropping* oft nicht mehr als *pretending* ist – egal, Sie würden dafür trotzdem nicht *gedisst*.

Da fragt sich schon so mancher Erasmus-Student hierzulande: »Und dafür habe ich fünf Jahre Deutsch gelernt? Wenn ich mich damit mal nicht verzettelt – neudeutsch ›verpapert‹ – habe.« Aber Englisch hat nun mal dieses hippe, kosmopolitische Image, weswegen wir mittlerweile auch *ubern* und *paypalen*. Viele möchten auf diesem Weg den Weltbürger mimen, damit keiner merkt, dass man aus Merzenich, Mützenich, Mechernich oder »Kenn-ich-nicht« kommt. Wie mein Kollege, der nach der letzten Präsentation meinte: »Ich hatte vom *Feeling* her ein gutes Gefühl ...« – *Holla the Forest Fairy*, so was macht einen doch *Fox Devils wild*, oder?

Ja, Sie lesen richtig zwischen den Zeilen: Ich empfinde sowohl das sogenannte *Denglisch* als Zumutung und würde es gerne für den »Sprachpanscherpreis« nominieren, als auch inflationär genutzte Anglizismen. Sie stellen für mich eine »brexuelle« Belästigung dar. Vermutlich darf ich deswegen auch keine große *Bucket List* mehr haben. Ich stoße an meine kognitiven Belastungsgrenzen, wenn jemand im Gespräch von *easy peasy lemon squeezy* labert. Ich werde dann schnell *messy stressy lemon aggressy*. Und nicht, dass Sie glauben, meine Abneigung läge daran, dass ich Englisch nicht verstehe!

Hallo? Ich, als Babyboomer, hatte in der Schule noch *Listening Comprehension*. Neben dem Overhead-Projektor gab dieses Hörverstehen dem Unterricht den ultimativen Hightech-Touch. Man musste dabei einem nuschelnden, Dialekt sprechenden Pakistaner zuhören, der gegen die Triebwerke einer startenden Boeing anredete. Und das Ganze aufgenommen mit einem Moulinex-Standmixer auf Stufe 3. Und wenn es dann plötzlich hieß: »And now repeat«, war man *lost in translation*. Horror. Aber, dafür können wir jetzt einen indisch sprechenden Rumänen mit britischem Akzent während eines Raketenstarts verstehen. Ist ja auch wichtig.

Nein, ich bleibe dabei, für mich ist ein Feierabendbier mit Kollegen immer noch ein Feierabendbier und kein *Networking*. Dieses sympathische Wort, das für deutsche Gemütlichkeit steht, durch ein englisches zu ersetzen, müsste eigentlich schon als Hochverrat an althergebrachten Kulturtechniken geahndet werden; aber diesem entspannten, geselligen Ritual somit noch eine produktive Note unterjubeln zu wollen, nur weil das gut zu einer Gesellschaft passt, die von Selbstoptimierungsgedanken getragen wird, hätte eigentlich den krassesten *Diss ever* verdient. Trotzdem, es lässt sich nicht leugnen, Deutsch ist nicht *fame*. Deutsch ist mega uncool. Damit kann man nicht wirklich *connecten*.

Aber gut, Coffee2go würde auch frei übersetzt heißen »Kaffee zum Wegtragen«, Airbag hieße »Prallkissen«, Chatten würde zu »Netzplaudern«, das Notebook zum »Klapprechner«, ein lolliger Prank auf YouTube zu einem »lustigen Schildbürgerstreichfilmchen« und die iPhone-Hülle würde zur Apfeltasche ... Wobei, das fände ich wiederum nice. Aber der Rest wäre weird, oder? Und bevor ich Gefahr laufe, mich in unserer woken Gesellschaft politisch unkorrekt zu äußern, weil ich nicht weiß, ob es »Studentenheim« oder »Student*innenheim« oder »Studierendenheim« heißt, benutze auch ich jetzt einfach das Wort »Collegeblock«. Andererseits: Nur weil alle in der New-Work-Hölle MacBooks auf dem Schoß haben, um von Coworking-Space zu reden, anstatt von Büro. Hm ... Dann sollte man auch konsequent sein und nicht mehr Jugendsprech sagen, sondern »Modern Talking«. Nein, das matcht nicht – das wäre wirklich zu cringe. Not your Ernst? Also, was denn jetzt?

Das solide Baden-Württemberg hatte 2021 den richtigen Spirit: Es präsentiert sich zukünftig national wie international als »The Länd« ... Aus Ministerpräsident wird bald »Highlander«, aus Bürgermeister »Burgerking« und aus Vogelhäuschen vielleicht »Birdbistro«. Aus Fundbüro wird »Losteria« und wenn man einen jungen Mann auf Social Media blockiert, spricht man ab jetzt in *The Länd* von »Boykott«. Mich hat das *getriggert*. Ich will ab jetzt auch mehr *contemporary* sein. Aber das wird *heavy*. Wo ich 2017 doch schon fix und fertig war, als aus Capri-Sonne »Capri-Sun« wurde. Auf den Schrecken hatte ich mir erst mal einen »Huntermeister« gegönnt.

Stop making drama? You are not Shakespeare! Okay, okay, Anglizismen werden unsere Sprache nicht erodieren, auch wenn Deutsch von linguistischen Kammerjägern deswegen schon oft »krankgeschrieben« wurde. Im Gegenteil, viele bereichern unseren Wortschatz. Das gilt im Übrigen auch umgekehrt: Urdeutsche Wörter wie Bratwurst, Gemütlichkeit, Rucksack und allem voran Kindergarten haben den Weg über den großen Teich gefunden und sind inzwischen im Englischen oder Amerikanischen so verwurzelt, dass viele Anglofone gar nicht mehr wissen, dass es sich um Germanismen handelt. Weltanschauung und Blitzkrieg sind weitere Exportschlager. Also, lieber Mark Twain, »wandernde Wörter«, die als bester Beweis für eine lebendige Sprache stehen, die haben auch wir!

Ich persönlich gehe mit Anglizismen sehr pragmatisch um. Ich benutze sie da, wo mir das deutsche Wort zu sperrig ist. Oder ein ganzer Satz nötig wäre. Vielleicht sogar noch einer mit mehreren Nebensätzen und unterschiedlichen Modi und Tempora. Spätestens dann ist bei mir eine professionelle Versagensleistung vorprogrammiert. Also nicht nur wegen der Fremdwörter, aufgrund derer sich, wie eingangs beschrieben, im Kollegenkreis regelmäßig durchgeräuspert wurde, wenn »weglächeln« nicht laut genug war. Aber ich redete dann trotzdem weiter. Unbeirrt, mit einer finster entschlossenen Heiterkeit. Denn ich möchte den sehen, der immer und überall das große Ganze und das kleine Feine unserer Sprache fehlerfrei beherrscht. Selbst Ministerpräsidentin Malu Dreyer schickte 2013 einen Brief an Angela Merkel, der mehr Rechtschreib- und Grammatikfehler als Sätze enthielt: acht Fehler in sechs Sätzen.

Mich verriet oft der Konjunktiv. Er kommt in meinem Fall nicht selten »würde-los« daher, weil er in meiner Heimat eher mit dem Wort »täte(n)« verwoben ist: »Wenn ich 0,2 Wünsche offen hätte, ich täte jenau wissen, wat ich jetzt nehmen ... ach komm, Prost.« Und apropos Wenn-Sätze, egal ob Konditional-, Kausal-, Temporal-, Modal- oder sonst was für Konstruktionen: Wir Deutschen sind Meister der Schachtelsätze, die einem Sachverhalt, wenn man sich darauf, was man ruhig tun sollte, falls man das möchte, einlässt, eine überraschende Wendung geben können, aber nicht müssen.

Ooops, gerade fällt's mir auf, ich habe in meiner obigen Aufzählung die Relativsätze vergessen: »Die die die die die Autobahnschilder auf der A4 beschmiert haben, anzeigen, erhalten eine Belohnung.« Jetzt noch mal: »Die, die die, die die Autobahnschilder ...« Mehr Relativsatz geht nicht. Und sind die Kommas eigentlich richtig gesetzt? Wenn nicht, kann das justiziable Folgen haben. »Ich mag meine Familie kochen und meine Katze« – ein Klassiker, mit dem Sie als astreiner Psycho durchgehen. Auf einem Schild vom Landesbund für Vogelschutz in Bayern las ich: »MITVÖGELN ...« Nächste

Zeile: »Wir brauchen Dich!« Letzte Zeile: »Komm vorbei. Endscheide mit. Werde Mitglied.« Auch Groß- und Kleinschreibung ist tricky. »Schwiegermama, dein Sohn sieht dir Ungeheuer ähnlich.« U oder u? Davon kann schon mal ein Erbe abhängen. Oder versuchen Sie doch mal auf Anhieb, diese Wörter richtig zu lesen: Altbaucharme, Kreischorverband, Urinsekten. So und jetzt noch mal ganz in Ruhe: Altbau ... Das Wort »Erbrecht« ist ein Spezialfall: Hier hängt es von der Betonung ab, ob man einen Anwalt oder einen Eimer braucht. Man muss einfach genau hinhören, vor allem dann, wenn jemand Dialekt spricht. Neulich las ich, Sächsisch sei der einzige Dialekt, in dem es für Gorgonzola und Gurkensalat dasselbe Wort gebe. Eine Freundin aus Dresden dementierte: Gorgonzola wird dort ›Görgönsöla‹ ausgesprochen und Gurkensalat ist ›Görgönsölad‹.

Deutsch ist einfach kompliziert: »Jetzt warte doch mal schnell«, rief ich neulich meinem Mann zu, als wir das Haus verlassen wollten. Und er rief genervt zurück: »Jetzt beeil Dich mal langsam.« Ich wollte aber nicht so rasch die Treppe runterrennen, denn wie schnell hat man sich im Handumdrehen den Fuß verstaucht. Vermeintliche Gegensätze gibt es in unserer Sprache auch in einem einzigen Wort: Gefrierbrand, Doppelhaushälfte, Selbsthilfegruppe, Trauerfeier, Wahlpflichtfach ... Wie schräg. Also Logik ist was anderes. Logik wäre, wenn man bei Kindern, die in den Kinder*garten* kommen, von *einpflanzen* sprechen würde. Wenn sie in die *Schule* kommen, nennt man das ja auch *einschulen*.

Warum heißt es nicht Wooge, sondern Waage, aber nicht waagen, sondern wiegen und nicht gewiegt, sondern gewogen? Und ganz schlimm: Nudelauflauf – ein Wiederspruch in sich – da steckt das Wort »lauf« gleich zweimal drin. Hiiilfe! Ich werde ihn nie wieder ohne schlechtes Gewissen essen können. »Gestern« und »morgen« sind zwei gegensätzliche Wörter, aber »gestern Morgen« macht wieder Sinn. Und wo wir gerade von Zeiten reden: Wann nimmt man Präteritum, wann Perfekt und welche Zeitform ist es, wenn der Bus pünktlich kommt? Das »Buskamperfekt«? Und wissen Sie auch, was Futur 2 ist? Nein, es ist nicht der Glücksdrache aus *Die unendliche Geschichte*, der hieß Fuchur. Aber viele denken das, denn Sätze wie »Bis Ende der Woche werde ich dreimal Bus gefahren sein« – wer braucht so was? Der Busfahrende, der Busgefahrene, der Busgefahrenhabende, der Busgefahrenhattende, der Busfahrenwerdende ... Von mir aus, aber der Busgefahrenhabenwerdende?! Der Begriff »bei Zeiten resignieren« bekommt da eine ganz neue Bedeutung.

Heißt es tagsüber *der* Weizen und *das* Korn heißt es abends *das* Weizen und *der* Korn ... Ich ging *leichtfertig* in die Kneipe und kam *leicht fertig* wieder raus. Mein Neffe, ein Start-up-Gründer, erzählte stolz: »Laut Aussage des Filialleiters können wir bei der Sparkasse auch drei Kontos eröffnen.« Seine Mutter korrigierte: »Konten!« Daraufhin er: »Warum? Können wir das jetzt nicht mehr?« Ich wollte *laut loslachen*, habe mich aber dann lieber für *lautlos lachen* entschieden. Es gibt bei uns so viele Wörter, die fast gleich klingen, aber völlig unterschiedliche Bedeutungen haben. Wer schafft es, das rauszuhören? Um*fahren* ist das Gegenteil von *um*fahren, egal ob man aus Buntekuh, Tussenhausen, Ursulapoppenricht oder Ohnewitz kommt (ja diese Orte gibt es wirklich). Gibt's das in anderen Sprachen eigentlich auch? Gibt's irgendwo sonst auf der Welt ein Land, in dem man »Teekesselchen« spielt? Und Vorsicht: Teekesselchen wird übrigens Teekesselchen geschrieben, nicht Teekesselchen. Viele stellen das zweite e vor das erste. Das ist aber falsch. Man schreibt ja auch »Rentner« wie es hier steht. Viele schreiben es verkehrt herum.

Aber die Sache funktioniert auch *vice versa*, also unterschiedliche Wörter für ein und dieselbe Sache: Vor Jahren besuchten wir mit Luises englischer Austauschschülerin den Landauer Zoo. Carol: »Oh look, eine Flamingo-Herde«. Ich korrigierte: »Ein Volk, wir sagen, ein Volk Flamingos.« Wenig später rief Carol: »Wow, ein Elch-Volk!« Ich verbesserte: »Wir sagen, ein Elch-Rudel.« Und zum Schluss entfuhr ihr voller Bewunderung: »Look at this, ein Straußen-Rudel.« Und ich sagte leise: »Sorry Carol, aber es heißt eine Straußen-Herde ...«

Auch ein Bankautomat ist nicht dasselbe wie ein »Scheinwerfer« und eine Tangente ist auch kein veralgter Weiher-Reiher. Ernsthaft witzig? Vielleicht. Aber wer blickt da noch durch? Und wer von denen, die theoretisch durchblicken, macht's auch in der Praxis richtig oder richtiger oder am richtigsten? Gibt's das überhaupt? Absolute Zustände kann man doch nicht steigern. Das »Einzigste« gibt's ja auch nicht, genauso wenig wie das »Leerste« und den »Totesten« oder die »Schwangerste«. Auch an dieser Stelle vergaloppiere ich mich oft, aber meistens zur Gaudi meiner Zuhörer. Und das ist es mir dann wieder wert ...

Aber wenn ich als Muttersprachlerin schon regelmäßig unter meinen theoretischen Möglichkeiten bleibe, wie schwer muss es dann erst mal für Menschen mit Einwanderungsgeschichte sein? Wir leben in einer globalisierten Welt und Deutschland ist ein beliebtes Migrationsland. Müssten wir unsere Sprache da nicht radikal vereinfachen?

Ja, definitiv, vor allem das Amtsdeutsch. Der Amtsschimmel wiehert definitiv zu oft und zu laut auf: Urdeutsche Wortkompositionen wie »Restmülltütenverschlusssicherungsdraht«, »Steuerentlastungsberatungsvorgesprächskoalitionsgrundlagenvereinbarungen« oder »Grundstücksverkehrsgenehmigungszuständigkeitsübertragungsverordnung« sind zwar unaussprechlich, aber ausgesprochen häufig. »Kein Wunder, dass Schüler in Deutschland 13 Jahre zur Schule gehen müssen«, sagen da unsere europäischen Nachbarn. Letztgenanntes Wort beherbergt schlanke 67 Buchstaben. Die meisten Wörter im Duden haben 11. Immerhin. Englische Wörter haben im Schnitt nur 5, wodurch sich so etwas wie Silbentrennung erübrigt. Anders als bei uns: Nun habe ich ja schon eine Handschrift wie ein Belastungs-EKG. Folglich sollte ich wenigstens, dem Verständnis zuliebe, beim Trennen aufpassen. Dafür bemühe ich meine Faustregel: »klingt richtig« und »klingt komisch«. Ich sitze dann an meinem Laptop und klatsche in die Hände wie eine orientierungslose Kegelrobbe, um rauszukriegen, nach welchen Silben ich trennen darf.

»Unwörter« haben im Amtsdeutschen viele Gesichter. Sie müssen nicht zwingend lang sein. 2017, als es um die Ehe für alle ging, wurde das Wort »Verpartnerung« lanciert. Verpartnerung ... Ich fand dieses Wort despektierlich und völlig inakzeptabel für eine eingetragene Ehe gleichgeschlechtlicher Paare. Wer denkt sich solche Begrifflichkeiten aus? Oder besser, an was hat derjenige dabei gedacht? Wie lange muss er in einer oberviechtaler Bullenzuchtanstalt Luft angesaugt haben? Und vor allem, wie lange nicht mehr draußen gewesen sein?

Wie man in England bei Wortschöpfungen dem Anspruch »treffsicher und kreativ« gerecht wird, kann man am Beispiel des netzunabhängigen Mobilhandsprechfunkgeräts aufzeigen. Es wurde in England schlicht »Walkie-Talkie« getauft. Ein Volltreffer. Schade eigentlich, dass der Erfinder des Walkie-Talkies sich nicht in unserer Alltagssprache ausgetobt hat. Also mit einem »Staubi-Saugi« würde ich diese lästige Hausarbeit garantiert lieber erledigen.

Kurz & knapp, präzise & prägnant – zumindest die Werbung und die Medien haben erkannt, wie man hierzulande Inhalte transportiert, damit sie hängen bleiben:

Eine Carsharing-Firma wirbt mit »So geht Auto heute«. »Lehrer kann jeder«, hieß 2022 eine ZDF-

Komödie mit Christoph Maria Herbst. Philipp Lahm veröffentlichte ein Buch »Gesund kann jede*r«. Unser Supermarkt wirbt mit »Wir können regional«, in der Print-Kampagne der Helios-Kliniken lese ich »Wir können Herz« und ich »habe oft Rücken«. Olaf Scholz wurde in einem ARD-Interview zur Legalisierung von Cannabis gefragt »Wann Bubatz legal?«. Und neulich hörte ich in einem Restaurant neben mir die junge Frau zu ihrem Freund sagen: »Kann ich mal die Cola?« Daraufhin er: »Da fehlt ein Verb.« Augenrollen. Dann sie, übelst genervt: »Boah ey,... BITTE!« Vollständige Sätze scheinen überschätzt. Würde man über solche Pseudosätze mal einen Film machen, hätte ich schon einen Titel. »Der Rückzug der Verben« oder auch »Die Rache der Präpositionen«. Beides würde perfekt zum Radiospot eines Discounters passen: »Wer günstig will, muss Penny.« Sprachlicher Pragmatismus oder fatal banal? Ein Kunde beschwerte sich: »Wer deutsch will, muss Duden.« Zurecht? Schlecht können viele Schüler immerhin schon richtig gut ...

Andererseits: Wenn sich *Content* auch über rudimentäre Sentenzen transportieren lässt, warum nicht? Wie schon erwähnt, unsere Sprache muss einfacher werden. Und den Rückzug des Genitivs haben wir ja auch überlebt. Beim Dativ hingegen tun wir uns noch etwas schwer, wie ich neulich in einem Sketch auf Instagram sah:

»Einen Döner bitte«, verlangt ein Kunde im Izmir-Grill. »Mit alles?«, fragt die junge Aisha zurück. »Mit allem!«, doziert der Mann, worauf sie überrascht aufschaut und sagt: »Alem? Alem hat heute frei!« Jetzt bitte keine Panik. Der Gag ist politisch korrekt; man muss ihn nur der Rubrik »Ethno-Comedy« zuschreiben, einem beliebten Sub-Genre der Comedy, das großartige Künstler wie Kaya Yanar oder Abdelkarim populär gemacht haben und das wissenschaftlichen Studien zufolge weder rassistische Einstellungen fördert noch bestehende Stereotypen vertieft. Ich muss das so explizit sagen, weil es sicherlich Leute gibt, die diesen Humor nicht teilen. Aber gut, wir können nicht alle dasselbe lustig finden – wir nehmen ja auch nicht alle dieselben Medikamente. Ich schaffe es jedenfalls nicht, so ein Narrativ nicht lustig zu finden, sorry.

Genitiv und Dativ ließen auch mich an der Peinlichkeitsfront oft weit vorne sein. Fälle waren einfach noch nie mein Fall. Ohne meine sympathische Verlagslektorin, eine Frau für alle Fälle, die mich trotz alledem nie als hoffnungslosen Fall abgestempelt hat und nicht müde wurde, mich für den Fall der Fälle mit weiteren Grammatik-Tipps zu versorgen, obwohl diese nur in den seltensten Fällen auf fruchtbaren Boden fielen, hätten Sie, liebe Leser*innen, es auf keinen Fall bis zu dieser Seite geschafft.

Das hat mit meiner Herkunft zu tun. Der Dativ ist in ganz Deutschland ja bekanntlich dem Genitiv sein Tod, aber in meiner Heimat, dem Rheinland, hat der Genitiv wohl noch nie gelebt. Selbst Rumpelstilzchen ignoriert ihn stoisch seit 1812: »Heute back ich, morgen brau ich, übermorgen hole ich *der Königin ihr Kind* ...« Ob Rumpelstilzchen auch ein Rheinländer war? Wenn der Wirt in meiner Aachener Lieblingskneipe ruft: »Wem is dat weiße Auto vor die Einfahrt?«, und ein Gast ruft zurück »Ich!« – also, ganz ehrlich, mehr Heimatgefühl geht nicht. Dabei kann es doch gar nicht so schwer sein, Fälle zu unterscheiden – es sei denn, man ist selber einer ...

Aber muss man Grammatik überhaupt perfekt beherrschen? Dialekte, oft belächelt, beweisen doch, dass Grammatik nicht kriegsentscheidend ist. Man wird auch so verstanden:

Der norddeutsche Duden zum Beispiel soll nur drei Wörter umfassen: Jo, Moin, Nö. Bei großer Sympathie setzt man eventuell noch auf die nonverbale Kommunikation, indem man kurz nickt. Panikattacken hingegen äußern sich im hohen Norden mit einem hysterischen »Oha«. Kölsch, die einzige Sprache, die man trinken kann. Ist das nicht ein tolles Alleinstellungsmerkmal? Und es ist nicht das einzige: Das kölsche »Wat es?« ist ein eigenständiger Satz mit Subjekt, Prädikat und Objekt, denn er bedeutet: »Verzeihen Sie bitte, ich habe Sie nicht verstanden, können Sie das bitte noch einmal wiederholen?« Kürzer ist nur noch das weit verbreitete »Hä?« Wenn man in der Pfalz »Un...?« sagt, dann heißt das so viel wie »Wie geht es dir? Zu Hause alles klar? Was macht der Job? Ist Oma unter? Läuft dein alter Benz noch? Alla hopp, kumm drinkn ma noch änner.« Dialekte sind nicht geleckt, aber authentisch. Sie sind identitätsstiftend. Als Nebendarsteller spielen sie oft die Hauptrolle, denn man zeigt damit, dass man »einer von hier« und »einer von wir« ist. Wer Dialekt spricht, liebt seine Heimat. Ich habe meinen rheinischen Sing-Sang nie abgelegt, egal wo ich hinzog. Er war für mich eine Art »Heimat to go«.

Sprache ohne Dialekt ist wie Sekt ohne Alkohol, wie Kaffee ohne Koffein. Aber so wandelbar wie unsere Sprache ist, sind Dialekte nicht. Sprache passt sich einem gesellschaftlichen System an. Sie reflektiert Entwicklungen und verändert sich ständig. Anstatt »Ein Herold überbrachte Schriften; ich werde zum Einlasstor eilen und sie überbringen«, sage ich heute doch auch einfach »Ich hol die Post rein«. Aus »Gott zum Gruße, seid willkommen, edler Herr! Verratet, wie war Ihr Ritt von Aachen nach Köln? Und nun greifet zu, unser Mahl ist auch Euer Mahl«, wurde »Alder, was geht, komm, lass Döner gehen«. Und aus »So besänftige er doch bitte sein Wesen, Meister«, wurde »Jetzt chill mal deine Baseline, Diggah, ey«. Sprache ist kein von ihren Benutzern unabhängiges System. Sie entwickelt sich aus sich heraus, und funktioniert so ganz selbstverständlich als Kommunikationsmittel. Was passiert, wenn sie sich auf Kommando verändern soll, das zeigt sich in den endlosen Genderdebatten, in denen einerseits versucht wird, Geschlechtergerechtigkeit in Spra-

che zu gießen, und andererseits nichts unversucht gelassen wird, dies zu verhindern.

Ganz anders verhält es sich bei modernen Strömungen wie der Jugendsprache, oft angereichert mit Anleihen aus dem Türkischen oder dem Arabischen. Als
Einwanderungsland, dessen Bevölkerungsstruktur sich
ändert, findet auch sprachlich eine Durchmischung
statt. Diese Tendenzen sind organisch gewachsen. Aus
dem Hochdeutschen, mit seiner sperrigen Grammatik,
seiner differenzierten Syntax, seinen verwirrenden
Synonymen und Homonymen, wird eine Art Sprach-
Destillat mit rudimentärem Wortschatz, kuriosem Satz-
bau und Lehnwörtern, die einfließen, wie das türkische
lan (Kumpel) oder das arabische *Yallah (Auf geht's, beeil
dich)* – eine recycelte Sprache, wenn man so will.

Kürzlich an einer Kreuzung sagte ein junger Mann
zu seinem Kumpel: »Ey, Bro, machste rote Ampel?«
Ich war wohl zu offensichtlich irritiert; jedenfalls ergänzte er in meine Richtung: »Abu, was gucksdu? Bin
ich Kino?« Später im Bus rief jemand von draußen dem
Fahrer zu: »Ey, Alder, fährst du Ostviertel?« Antwort
vom Fahrer: »Nein, Bus.« Hoffentlich hatte der Fragende Humor. Es sollen im sogenannten Kiezdeutsch ja
auch Sätze wie »Abu, isch mach disch Messa« durchaus
gängig sein. Ich kriege das hier, auf dem Land, nicht so
mit. Aber im Privatfernsehen kann man diesbezüglich
viel dazulernen. Kiezdeutsch ist da so omnipräsent,
dass ich glaube, bald heißt es bei *Zwischen Tüll und
Tränen* nicht mehr »Ja, ich will«, sondern »Alder, ich
schwör! Habibi yallah, yallah ...« oder so ähnlich. Kiez-

deutsch ist ein Mischcode aus Türkisch, Arabisch und Deutsch und ist auch bei Jugendlichen ohne »Migrationsbio« beliebt.

So beliebt, dass die CDU schon den Niedergang unserer Sprache *trendete* und eine Deutschpflicht auf dem Schulhof forderte. Das verbreitete jedoch mehr Angst und Schrecken in bayerischen Familien als bei Menschen mit internationaler Geschichte. Ich kann das verstehen. Ich glaube, ich würde mich leichter tun, einen Til Schweiger zu verstehen, der das Kölner Telefonbuch vorliest – nach einer Flasche Whiskey und drei Joints – als einen Ureinwohner, der südlich vom Weißwurst-Äquator aufwuchs. »Kruzifix no amoi, jetzt hoid die Bappn, du Saupreiß!« Da bin ich raus. Mein Freund, der Draxel Toni, hat einen derart stark ausgeprägten bairischen Dialekt, dass der Weihnachtsbaumverkäufer mit ihm auf Englisch gesprochen hat. Fragen Sie in Bayern mal nach dem Weg. Sie werden sehen, das hört sich an, als hätten Sie Ihr Navi auf Portugiesisch gestellt: Desisgoanedsoweid, nasigsdascholinkswodesis usw.

Auch die Onlinekommunikation hat großen Einfluss auf unsere Sprache. »Dönieren?«, whatsappte neulich eine Freundin und ich schrieb zurück: omw (*on my way* – schon unterwegs). Online muss Sprache mit kurzen Sätzen, Wörtern oder Kürzeln funktionieren, weil es auf Smartphones zu wenig Platz gibt, um viel sagen zu können, wie folgender Dialog belegt:

Mai 2022. Muttertag. Bis mittags kein Anruf von

meiner Tochter. Mein subtiler Reminder per Whats App lautete dann so: »Hi, Luischen, was wünscht du dir eigentlich, was ich an Weihnachten kochen soll?« Aber nix, keine Reaktion. Auch nachmittags keine Nachricht. Gegen Abend kam sie dann endlich – die erlösende Zeile: hi mom, sry, 2L8, HDGDLBZMUWZ, GuK. Übersetzt: »Hallo Mama, sorry, bin zu spät, aber hab dich ganz doll lieb, bis zum Mond und wieder zurück, Gruss und Kuss.« Ich musste erst auf Futurezone.de gehen, um aus der »Buchstabendiät« einen Satz herauszudechiffrieren. Danach schrieb ich zurück: Omg, thx, hdal, xoxo Mama (»Oh my god, thanks, hab dich auch lieb, Umarmung gefolgt von Küsschen«) und hängte noch ein Herzchen-Emoji dran.

Ja, leck mich fett. Muss ich jetzt, um meine Tochter zu verstehen, erst noch eine Quasi-Fremdsprache erlernen? Denn es gibt von diesen Chatabkürzungen mittlerweile so viele und man kann mit ihnen tatsächlich echten *Content* transportieren: asap (as soon as possible), akla (alles klar), thx (thanks), aldi (am liebsten dich), wtf (was zur Hölle), lol (ich lach mich tot), rly (wirklich). Mit MfG hatte damals alles angefangen. Mein erster Arbeitgeber war eine kleine Eventagentur in Düsseldorf. Als unser Team internationaler wurde, nahm ich auch das Fyi (for your interest) in mein Repertoire auf. Das verstand aber leider nicht jeder. Die Sekretärin meines Chefs fühlte sich von mir übelst gemobbt. Sie hatte Fyi als »Fuck you, Ingrid« interpretiert. Danach beließ ich es bei einem schlichten 4U (for you).

Fazit: Wenn man nicht irgendwann als abgehängt gelten will, muss man im Gespräch bleiben. Und zwar mit einer Sprache, die jeder versteht. Eine Sprache also, die sich anpasst, die regelmäßig *Updates* erfährt. Nur so kommuniziert man zeitgemäß und wird auch jenseits seiner *Bubble* wahrgenommen. Ich werde mich also davor hüten, mich als Boomer darüber zu beschweren, dass die junge Generation von der Sprache, so wie ich sie lernte, nicht mehr richtig Gebrauch macht. Denn ab der Generation Z könnte man umgekehrt uns Älteren genauso gut vorwerfen, uns nicht weiterentwickelt zu haben, um so zu sprechen, wie man heute spricht.

Vielleicht sollten wir überhaupt nur noch mit Emojis kommunizieren. Ein Bild sagte schon immer mehr als 1000 Worte. Das, was in der Steinzeit das Bison auf Felswänden war, ist heute die »Höhlenmalerei 4.0« mit rund 3300 systemübergreifenden Emojis inklusive Kackhaufen und genderneutralen Santa-Claus-Abbildungen. Online wird heute kaum noch ein Satz mit einem Punkt beendet, sondern mit Emojis. Ein Äquivalent zu Mimik und Gestik und perfekt, um Sprachbarrieren zu überwinden. Ich selber verfasse inzwischen Nachrichten, für die ich manchmal ganze Plantagen von Emojis gerodet habe. Und wenn meine Freundin Nathalie zurückschreibt, dann verbraucht auch sie mehr Herzchen, Däumchen, Äffchen und Blümchen als ein taiwanesischer Teenager. Sogar Weihnachtslieder lassen sich mit ihnen darstellen:

Welche Weihnachtslieder sind gemeint?

1.
2.
3.
4.
5.
6.

Also, haben Emojis etwa das Zeug zu einer neuen, welt-
umspannenden Universalsprache?

Deutsch hat es jedenfalls nicht. Schade eigentlich,
aber als Hybrid aus einem vielfältigen Wortschatz und
einer vielschichtigen Grammatik ist es eher so ein Mix
aus Hauptgewinn und Höchststrafe. Deutsch müsste
sich radikal vereinfachen, um nicht zum Auslauf-
modell zu werden. Und das wird es auch tun, sagen
Sprachwissenschaftler. Alltagssprache und Schrift-
sprache werden sich annähern, heißt es in zahlreichen
Studien. Slang wird zunehmen. Aus »kannst du mal«
wird »kannstema«. Starke werden zu schwachen Verben. Aus »geschrieben« wird »geschreibt«. Das Präteritum stirbt aus. Umlaute wie ä und ö werden wegfallen.
Groß- und Kleinschreibung ebenso – bei Onlinekommunikation jetzt schon kein Thema mehr. Artikel werden sich verabschieden, Fälle verschwinden und aus
»schneller als das Auto meines Bruders« wird »mehr
schnell wie Auto von mein Bruder«. Anglizismen neh-

men weiter zu. Zu *googlen* kommt bald *xeroxen*. »Kapiervorgang« abgebrochen? Egal ... Das arabische *wallah* im Sinne von »ich schwör« hat es schon in die Top 3 der Jugendsprache geschafft, ebenso wie das hier schon zitierte *Abu* - ein Ausruf von Empörung, manchmal auch beleidigend gemeint. »*Sheesh!*« Das wundert Sie? Oder ist Ihnen das alles suspekt – also *sus*?

Ich sehe in dieser Entwicklung jedenfalls keinen Untergang unseres Kulturkreises. Aber wenn es in 50 Jahren möglicherweise heißt »Abu, Digga, kannstema uber dem buch sein stoff ein talk fuhren, wo sinn macht, weil ich hab genug gelest, ich schwör, wallah und kein wort versteht«, dann hört sich das für mich trotzdem irgendwie *cringe* an. Denn wenn Heimat dort ist, wo meine Sprache gesprochen wird, dann würde ich mich schon fragen: Wo komme ich her?

Aber vermutlich werde ich *zu tot* sein, um mich darüber aufzuregen.

Die Zeichen der Zeit gendern sich ...

Wenn die Generation meiner Tochter nicht weiß, ob sie einen Menschen duzen, siezen, *broen*, *altern*, *opfern*, *diggern*, *bitchen* oder *duden* soll, dann windet sie sich in wirklich *krassen* Satz-Konstrukten, nur um eine Anrede zu vermeiden. Auch ich erfinde zuweilen absurde Satzbauten, um dies zu tun – wie neulich, als ein Anstreicher im Alter meiner Luise in ihrem Zimmer zugange war. »Wäre ein Wasser okay?«, brachte ich hölzern hervor, worauf auch er etwas unbeholfen reagierte: »Ja, gerne ... Wird in diesem Zimmer eigentlich studiert? Und wenn ja, weiß man schon, wie es nach dem Bachelor weitergeht?«

Ebay sprach seine Kunden in Werbemails mal mit »Huhu« an. What's next? »Alter, was geht ab? Ey, Digga, I bims ...« Dafür bin ich definitiv zu alt. Nicht zu alt und trotzdem unwohl fühle ich mich bei der clubtypischen Lockerungsübung Duzen. Ich mag es einfach nicht, wenn mir jemand das Du ungefragt überstülpt. Vor allem, wenn dies in der Arbeitswelt geschieht. Ein Kollege sagte mal zu mir: »Wollen Sie gesiezt werden oder willst du geduzt werden? Wir duzen uns hier alle ...« Ich antwortete: »Wie schön für Sie!« Ja, was ist denn auch gegen eine gewisse Förmlichkeit einzuwenden, wenn man sich gerade erst kennengelernt hat? Soziale Distanz heißt ja nicht soziale Kälte. Und wenn man später irgendwann merkt »okay, die Chemie stimmt«, dann stimmt auch meist die »Reaktion«. Aber direkt jemandem mit Dus, Dichs und Dirs entgegenzuschleimen? Das letzte Mal, als das jemand bei mir versucht hat, habe ich sein Ansinnen höflich mit einem »Darf ich Dir das SIE anbieten?« quittiert – auch auf die Gefahr hin, so erst mal nicht zu Everybody's Darling zu werden. Aber ich bleibe dabei. Konrad Adenauer soll einmal gesagt haben: »Machen Sie sich erst einmal unbeliebt, dann werden Sie auch ernst genommen.« Also bei der Perspektive nehme ich dieses Risiko gerne in Kauf ...

Eine respektvolle Anrede ist Ausdruck von Wertschätzung. »Gott zum Gruße, Euer Wohlgeboren« oder »Seid mir willkommen, holde Maid« sind aus der Zeit gefallen; aber es gibt Nachfolger, die in einer Zeit, in der Fragen der Höflichkeit neu verhandelt werden, viel Sprengstoff bieten. Fakt ist, wenn man jemanden anspricht oder über jemanden spricht, kann man heutzutage viel falsch machen:

Wenn ein Chirurg beispielsweise sagt: »Den Flaschenöffner bitte«, und die OP-Schwester antwortet: Auch wenn Sie die Kommunalpolitik dieses Mannes nicht schätzen, heißt es noch immer ›Skalpell‹, Herr Doktor«, finde ich das berechtigt. Aber wenn mein guter Freund Dickie beim Weight-Watchers-

Treffen sagt: »Ich hätte da mal eine Frage an die Runde«, und daraufhin aus der woken Ecke wüst beschimpft wird mit »DIE heißt Gina, du Türstopper«, dann ist das nicht in Ordnung.

Die politische Korrektheit ist heute das Zünglein an der Waage. Und damit sind wir schon mittendrin: Gegendert wird, was auf den Tisch kommt! Jawohl, denn die Zeichen der Zeit »gendern« sich ... Aber wird sich durchs Gendern wirklich was ändern? Die meisten Debatten diesbezüglich erzeugen mehr Hitze als Licht. Und wer keine Hitze verträgt, sollte nicht in der Küche arbeiten! Echt jetzt? Würde man dann nicht das Feld einem Heer von »Trivialdidaktikern« überlassen – und zwar in beiden Lagern –, deren Diskussionsbeiträge nicht selten mit der Tiefe eines *Hashtags* daherkommen? Nein, das will ich nicht, denn es gibt mittlerweile zu viele dieser aufgeregten Schnatterrunden, bei denen meist das Gehör findet, was am lautesten rausgehauen wird, egal ob das Gesagte, wie so oft, in reziprokem Verhältnis zu seiner inhaltlichen Wichtig- und Richtigkeit steht. Man kennt das Prinzip vom Wochenmarkt: Wer am lautesten schreit, verkauft das faulste Obst.

Und ich bin auch genau der Richtige für diese Thematik, pardon, DIE Richtige, denn ich weiß, wie brandgefährlich es ist, über die Vor- und Nachteile von Quotendeutsch und Normsprache zu diskutieren, wie leidenschaftlich es wird, wenn reaktionäre Geschlechterklischees auf revolutionäre Rollenbilder treffen, und was für ein *Shitstorm* über einen hinwegrollt, wenn man im Gendern nur ein weiteres lästiges Phänomen einer quotenseligen Zeit sieht. Nein, ich will kein Brandstifter sein, liebe Leser und Leserinnen und alles, was dazwischen und außerhalb ist. Pardon, das klingt despektierlich. Besser wäre: Ich will kein Brandstifter sein, liebe Leser und Leserinnen, liebe Lesende, Lesex, lesende Personen und natürlich auch die, denen vorgelesen wird, also Hörer, Hörerinnen und auch Zuhörende, Mithörende, Weghörende und Verhörende. Hoffentlich habe ich niemanden vergessen. Keiner soll sich hier nur mitgemeint und nicht mitgenannt fühlen, weil dann hätte ich die »Reifeprüfung« nach heutigen Maßstäben nicht bestanden. Vielmehr will ich ein Ventil sein. Ein Ventil für alle, die in Zeiten der politischen Korrektheit ein wackeliges Ego bekommen haben. Nicht etwa, weil sie sich anders positionieren als der laute mediale *Mainstream* oder kritische Fragen stellen, nein, heute gilt es ja schon als Regelverstoß, nicht aktiv mit ins gleiche Horn zu blasen. Das reicht völlig aus, um von begnadeten Polemikern in digitalen Echokammern abqualifiziert, diffamiert und zum Abschuss freigegeben zu werden.

2020 habe ich am eigenen Leib erfahren, wie es ist, der Sprach- und Gedankenpolizei ausgeliefert zu sein, wie es sich anfühlt, sich täglich vor einer veritablen Verbalaufseherin verantworten zu müssen, die mit dem *Mindset* einer Lara Croft die Unterdrückung der Frau auf verbaler Ebene stoppen will und mir vorwirft, durch den Gebrauch des generischen Maskulinums das

Gegenteil zu forcieren – nämlich die Unterwerfung in einer männerdominierten Welt. Ich durfte erfahren, wie kräftezehrend Artilleriebeschüsse aus dem feministischen Lager sind, wie knallhart identitätsstiftende Debatten und die damit einhergehenden investigativen Fragen sein können. Wie es ist, gefügig »gegrillt« zu werden, und wie »pulverisierend« es sich anfühlt, wenn eine Deeskalationsstrategie – die ich gegen jegliche innere Überzeugung fuhr, nur um einen dieser langersehnten limitierten Mutter-Tochter-Abende nicht Opfer einer erzieherischen Sanktion werden zu lassen – in die Ecke einer völlig unangebrachten und nicht akzeptablen Ignoranz in Bezug auf die Wichtigkeit des Themas Gendern geschwurbelt wird.

Kurzum, ich weiß, wie es ist, wenn die »Hilfsbereitschaft« des Gegenübers größer ist als der eigene Bedarf. Ein Horror für jeden, der wie ich auch jenseits dieser Minenfelder schon Selbstzweifelvorräte besitzt, die weit über die statistische Lebenserwartung hinaus gehen. Ein bisschen mehr Selbstbewusstsein hätte mir tatsächlich schon oft gutgetan. Es muss ja nicht sofort so viel sein, wie die Leute haben, die ihr Passfoto als Profilbild verwenden. Mir würde schon die Portion reichen, die Leute haben, die im Supermarkt ihren Fahrradhelm aufbehalten. Aber nein, in politisch korrekten Zeiten wächst nur eins: mein »störanfälliges Ich«. Weil ich ständig damit rechne, unwissentlich etwas von mir zu geben, das für den Rest der *woken* Welt eine nicht hinnehmbare Entgleisung darstellt. Was macht man da? Alles, was man sagt, zunächst einer scharfen gedanklichen Zensur unterziehen? Wie soll das funktionieren? Bei Leuten wie mir, bei denen mangelnde Impulskontrolle Teil der DNA ist? Woher sollen wir denn wissen, was wir denken, bevor wir hören, was wir sagen?

Meine Tochter, grundsätzlich ein XL-gechilltes Kind, mit einem durchgängig auf Coolness programmierten Betriebssystem, dem an manchen Tagen noch ein paar extra Baldrian-Dragees zwischen Festplatte und Arbeitsspeicher gekullert zu sein scheinen, also ein ganz normaler junger Mensch, der sich aktuell, wie viele in ihrer *Peergroup* bei der anstehenden Berufswahl als Erstes die Frage stellt: »Wann muss ich dafür aufstehen?«, hatte die ein Jahr zuvor vollzogene Auswilderung rückgängig gemacht. Eine intelligente junge Frau, politisch interessiert und gesellschaftlich engagiert, war pandemiebedingt wieder eingezogen und demonstrierte ab der ersten Minute ihr Potenzial als »Systemsprenger«. Prio-Thema Nr. 1: die geschlechtersensible Sprache. Mit viel *female Empowerment* versuchte sie, diese in unserem Mikrokosmos zu verankern. Ein gewagtes Unternehmen, das angesichts zweier Boomer-Eltern, die sich naturgemäß schwertun, jahrelang gelebte Denk- und Verhaltensmuster abzulegen, konsequent und kompromisslos verfolgt werden will. Eine stringente Konditionierung, wie man sie sonst nur vom Abrichten von Hunden kennt, gespickt mit sauber platzierten *Brainwash*-Attacken, waren das Mittel der Wahl. Ein robuster Erziehungsstil, den ich des lieben Friedens willen nur mit einem Blick der Güteklasse

»Guck mich (bitte) nicht in diesem Ton an« erwiderte, war an der Tagesordnung.

Ihr Vater jedoch probte den Aufstand. Er weigerte sich vehement, die »Entmannung« seiner Sprache hinzunehmen und von Luises Patentante Tilde als »Gästin« zu sprechen. Er wagte es, sich den zahlreichen Postulaten, die uns vor die Füße gekübelt wurden, zu widersetzen. Dann schaltete »die normsetzende Institution« einen Gang höher und wechselte in DIE Fremdsprache, die ihrer Meinung nach die einzige war, die ihre Eltern verstanden – nämlich Tacheles. Ihre kämpferischen Traktate waren streng durchchoreografiert und duldeten keinerlei Versuche unsererseits, die gefährlichen Wortgefechte zu entschärfen. Am kontraproduktivsten erwies sich dabei der bemühte Boomer-Humor ihres Vaters, mit dem er auf flachwitzige Weise alle wissen lassen wollte, dass er sich und seine Art zu reden nicht »feminisieren« lasse. Dann standen wir immer kurz vor einem Blauhelmeinsatz. »**Gend**ern ist, wenn der Sachse mit dem Boot umkippt«, hat als blasiertes Bonmot nämlich alles, was es für ein bissiges *Bashing* braucht. Denn man sagt auch in Sachsen »**Ken**tern«. *Googlen* meint dort ja auch keinen Weihnachtsbaumschmuck – auch dort spricht man von *Kugeln*. Auf einer Skala von null bis zehn schnellte Luises Wut dann augenblicklich auf elf und hätte ohne Zweifel das Zeug zur alternativen Energiequelle gehabt.

Wie oft ich zusammengedübelt wurde, wenn ich den Sinn der besternten neuen Hochsprache vorsichtig hinterfragte oder mit Bedacht skizzierte, dass auch

Irritationen von einer vermeintlich pseudoinklusiven Sprache ausgehen könnten, selbst wenn diese institutionell zwar vorgeschrieben wird, sie aber dennoch so gar nicht zu den restlichen sprachlichen Strömungen passt, weiß ich nicht mehr. Was ich hingegen weiß, ist, dass Sprache Ausdruck von sozialer Wirklichkeit ist. Sie darf diese nicht ausblenden, um als Kommunikationsmittel zu taugen. Und hierzulande sieht es leider so aus:

> In unserem hoch technologisierten Land können, Stand 2022 (*WAS* Nov.), 20 Prozent der Grundschulkinder nach den vier Jahren nicht richtig lesen und 30 Prozent verfügen über eine – sagen wir mal – ausbaufähige Orthografie. Schon 2013 berichtete *der Spiegel* in einer Titelgeschichte über die »Rechtschreip-Katerstrofe«. Das Einzige, was sich hierzulande sehen lassen kann, sind erstaunlicherweise die Noten, mit denen Schüler in kuscheligen Unterrichtsformaten bis zum Abitur bugsiert werden. Verrückt, oder? Es ist unschwer zu übersehen, dass das auf eine Seifenblasengesellschaft hinauslaufen wird, und vielleicht dauert es auch nicht mehr lange und der erste Analphabet bekommt in Bremen sein Einser-Abitur überreicht.

Man kann nicht mehr leugnen, dass die Sprachkompetenz von Schulabgängern, Auszubildenden und Studenten zunehmend abnimmt. Das gilt im Übrigen auch für Germanistikstudenten, also zukünftige Deutschlehrer. Ende der Spirale also nicht in Sicht. Wäre es da nicht umso wichtiger, Wert auf sprachlichen Pragmatismus zu legen? »Warum nicht schreiben, wie wir sprechen?«, sagen die Gendergegner: »Doppelpunkte und Unterstriche kann man doch nicht lesen! Unsere Alltagssprache darf nicht zu ›verkopft‹ werden. Eine ›Auf-Teufel-komm-raus-Genderei‹, die zwar für die Ernsthaftigkeit bei der Suche nach einer jedem und jeder Minderheit gerecht werdenden Sprache steht, sich aber immer weiter von unserer alltäglichen Kommunikation entfernt, ist riskant ...«

Die Genderfraktion hat mit dieser Sicht so viel am Hut wie ich mit Blumenkohl. Wenn man sich wenigstens auf ein einheitliches sprachliches Darstellungsmittel einigen könnte. Es gibt Binnen-Is, Gender-Gaps, Sternchen, Unterstrich und Unterstricher_innen. Da würde sogar ich am Einbürgerungstest der Bundesrepublik scheitern. Und dann noch der Glottisschlag in der Aussprache, diese Pause von innen, der »Hupser«, der an Schluckbeschwerden erinnert. Kein Wunder, dass zwei Drittel der Bevölkerung nicht gendern und auch nicht gegendert werden wollen. Ich war kein Mathe-Ass, aber ich glaube, wenn nur einer von dreien gendern will, ist das nicht viel.

Was war ich froh, als dank der Pandemie die Begrüßungsformel »Guten Morgen Chef*innen/hallo Kolleg*innen« ersetzt wurde durch das unpersönliche »Könnt ihr mich alle hören ...« Aber jetzt kommt's: Die Empfehlungen des Rates für deutsche Rechtschreibung besagen, dass Sonderzeichen wie Sternchen oder Doppelpunkt zum Beispiel auch für die Rechtspflege abgelehnt werden sollen, weil dadurch die Lesbarkeit und die Verständlichkeit erheblich erschwert würden. In der TZ wird bemängelt, dass die angeblich diskriminierungsfreie Sprache Hürden für gewisse Personengruppen schafft und ihnen die Teilhabe am öffentlichen Leben erschwert. Denn, so der Deutsche Blinden- und Sehbehindertenverband, würde Sprachausgabesoftware, auf die Personen mit Sehbeeinträchtigungen angewiesen sind, Sonderzeichen entweder mitlesen oder überlesen. So würde aus Bürger*in »Bürger-SternIn«. Wieder andere mokieren sich über die Partizipformen, die die hochgelobte Sprachgenauigkeit der deutschen Sprache gefährdeten. Es würde oft nicht deutlich, ob es um einen Prozess geht oder ob ein Status gemeint ist. Wenn Pendler z. B. wegen der Klimakleber nicht fahren (können), sind das entgegen den Ausführungen des Amtsgericht Münchens eben keine Autofahrenden.

Neben diesen Gründen nennen Gendergegner auch noch andere fast philosophische Gründe, warum die angestrebte Geschlechtszuschreibung nicht funktionieren kann: Denn es gibt keine zwei, zwölf oder zweiundzwanzig Geschlechter, sagen sie. Genau genommen gibt es so viele, wie es Menschen auf der Erde gibt. Jeder davon ist individuell, jeder hat sein eigenes Selbstbild, mit all seinen Vorlieben und Abneigungen – auch hinsichtlich der sexuellen Orientierung. Unser Fingerabdruck ist ja auch individuell. Versucht man jetzt, mittels Sprache dieser Tatsache gerecht zu werden, passiert eigentlich genau das Gegenteil. Man legt die Angesprochenen überhaupt erst auf eine Identität fest. So frisst die Revolution ihre Kinder.

Ein Hin und Her, ein Für und Wider. Jedes Argument hat seine Berechtigung. Jeder Denkfehler ist dabei legitim, denn Fehler sind menschlich. Was jedoch nicht legitim ist, ist das mangelnde Augenmaß, die fehlende Sachlichkeit und der unerträgliche Dogmatismus bei den Debatten. Gegendert wird, was auf den Tisch kommt: Eine Abkehr vom Sprachkampf, das würde der Diskussion guttun. »Barbara Schöneberger ist unter die Hühner*besitzer* gegangen – und musste sich öffentlich dafür entschuldigen.« Hallo? Haben wir keine anderen Probleme? Wir streiten über das Gendern, als wüssten wir nicht, dass Aufmerksamkeit ein knappes Gut ist. Sollten wir nicht auch das Gendern im Kontext der Welt sehen, in der wir leben? Eine Welt voller Terror, Krieg und Krisen ... Und nicht nur aus einer Bubble heraus »senden«, in der es mittlerweile normal ist, sich Gedanken übers Gendern von Gegenständen zu machen. Heißt es jetzt *das* Nutella oder *die* Nutella, *der* Brezel oder *die* Brezel, *das* Ketchup oder *der* Ketchup?

Wenn's wenigstens nicht so banale Dinge wären, die verbale Scharmützel auslösen. Bei Computern zum Beispiel, da wäre es mir in Anbetracht ihrer Bedeutung persönlich wichtig, den Artikel nochmals logisch zu hinterfragen:

Für männlich spräche zum Beispiel, dass ihr Wissen ebenso groß ist wie ihre Planlosigkeit, dass er Probleme lösen kann, oft aber selber das Problem ist und dass man ihn erst mal »anmachen« muss, um eine Reaktion zu triggern. Für weiblich spräche, dass sie eine Sprache sprechen, die nur für sie untereinander eindeutig zu verstehen ist, dass sie einer ganz eigenen Logik folgen und dass selbst kleinste Irrtümer archiviert werden, um, wann immer es die Situation erfordert, nochmals an die große Glocke gehängt zu werden.

Richtig krass fand ich einen Eintrag auf Twitter. Da stand: »Tauben sind Vegetarier:innen.« Wer denkt sich so was aus? Welche treibende Kraft der Genderlobby war da am Start? Also, wenn so die Hoffnung aussieht, wie sieht dann die Verzweiflung aus? Trotzdem werde auch ich jetzt zukünftig nur noch achtsam über diese »Luftratten« reden. Vielleicht scheißen sie ja dann etwas weniger meine Garageneinfahrt zu ...

Zurück zu meiner Luise: Man kann seinen Kindern ja viel mit auf den Weg geben – den Hausmüll zum Beispiel – oder aber auch die Bereitschaft zuzuhören, andere Standpunkte anzuerkennen und dabei auch etwas mitzunehmen, damit nicht immer bloß die schrillste Stimme, sondern auch mal das beste Argument siegt. Meine Gesellschaft ist eigentlich wie geschaffen dafür. Denn auch ich bin weltoffen und tolerant, auch wenn Luise das anders sieht; ich stehe für Gleichberechtigung und setze mich für Minderheiten ein, aber mir ist bis heute beim besten Willen nicht klar, inwieweit Gendern das irgendwie pushen kann:

Dass das Bürgergeld 2024 erhöht werden soll, zum Beispiel, finde ich uneingeschränkt gut, aber die Diskussion, ob es nicht besser Bürger*innen-Geld heißen soll, hätte ich jetzt nicht gebraucht. Auch dass Schneemänner sich Schneepersonen nennen sollen, bis ihre endgültige Identität geklärt ist, ist so typisch für diese typisch deutsche Debatte! Fehlt nur noch, dass man demnächst noch eine Baugenehmigung für sie beantragen muss ...

Viele sehen das genauso; viele aber auch nicht. Ganz Deutschland steht beim Gendern immer kurz vorm Bürgerkrieg. Und am generischen Maskulinum wird Deutschlands Freiheit verteidigt. Vor allem in Berlin. Reportagen und Dokumentationen aus der Hauptstadt werden immer schwieriger. Wo wird das hinführen? Ob man die Stadt lieber wieder unter die Aufsicht der Alliierten stellen sollte?

Zumindest England würde unserer Sichtweise einen erfrischenden Kontrapunkt entgegensetzen: Als hierzulande aus *Schauspielern* »*Schauspieler und Schauspielerinnen*«, »*Schauspielende*«, »*SchauspielerInnen*«, »*Schauspieler_innen*« und »*Schauspieler*innen*« wurden, beschloss der *Guardian* – ein Medium der progressiven, feministischen Linken – nur noch das Wort *actor* zuzulassen und *actress* zu streichen. Begründung: *actress*, genau wie *authoress, comedienne, manageress, lady doctor, male nurse* und ähnliche Termini, stammten aus einer Zeit, in der Berufe größtenteils einem einzigen Geschlecht offenstanden (meistens dem männ-

lichen). Und dass diese gegenderten Berufsbezeichnungen heute, wo die Berufe allen Geschlechtern offen-
stehen, nicht mehr verwendet werden sollten. England
vertritt die einhellige Meinung, dass der Weg zur Gleichheit die Gleichheit ist, dass Männer und Frauen gleich-
behandelt werden sollen, auch sprachlich und dass jede
verbale Hervorhebung des Geschlechts, also das Hinweisen auf Unterschiede zur Sexualisierung einer Sprache
beiträgt und letztendlich in Ungleichheit endet.

Und trotz alledem konnte sich Englisch weiterhin als
die Weltsprache behaupten ... Gut, in der restlichen
Welt hat man mit Gendern auch nicht viel am Hut.
Aber auch hierzulande wird Englisch in Form von immer mehr Anglizismen auch von überzeugten Fans der
geschlechtergerechten Sprache gefeiert. Wie passt das
zusammen? Hier eine Sprache schaffen zu wollen, die
Frauen sichtbarer machen soll und sich dabei an Begriffen aus einer Sprache zu bedienen, die dies genau
ablehnt? Ist das nicht ein wenig paradox? Oder bigott?
Wasser predigen und Wein trinken? Die Widersprüch-
lichkeit wühlt mich auf! Ich bin so nervös wie eine
Leber auf Kegeltour in den Sauerland Stern ... Zurück
in die Hauptstadt:

> Eine genderbewusste Frau betritt eine Berliner
> Kneipe und sagt zum Wirt: »Eine Radler*in bitte.«
> Der Wirt, ein typischer weißer, alter Cis-Mann, ant-
> wortet schnodderig: »Tut mir leid, das ›Zapfhuhn‹
> ist kaputt.« Nein, keine Sorge, ich will keine Spaß-
> offensive auf Kosten eines ernst zu nehmenden ge-

sellschaftlichen Themas starten, keine Pointen-Tee-
lichter der Kategorie »im Baumarkt werden jetzt
sogar Silikonspender gegendert; auf den Tuben steht
›Fugenfüller*innen‹« – oder (danach höre ich auch
auf): »selbst Fahrspuren werden jetzt gegendert – da
stand ›Fahrspurende‹ ...«

Ich will das Thema nicht diskreditieren, aber so seltsame Blüten wie es treibt und so sehr, wie es zur Spal-
tung unserer Gesellschaft beiträgt – das geht mir tatsächlich zu weit. Leben wir nicht in einem Land, in dem
Inflation und Altersarmut herrschen, in dem Kinder-
kliniken selber ein medizinischer Notfall sind und in
dem jeden dritten Tag ein Femizid verübt wird? Gibt
es da nicht essenziellere Probleme, an denen man sich
abarbeiten müsste als an Binnen-Is und Sternchen?
Ja, gibt es. Andererseits leben wir in einem freien Land
und da sollte man immer auch andere Sichtweisen zulassen. Ich tue das, weil es zu meinem demokratischen
Grundverständnis gehört. Außerdem finde ich, dass
Sprachgenauigkeit ein unbestritten hoher Wert ist,
denn Denken und Sprache wirken gegenseitig. Und
weil die Hälfte der Menschheit nun mal weiblich ist,
darf man sich schon fragen, ob es nicht höchste Zeit
wird, dem mit einer sprachlichen Sichtbarmachung
gerecht zu werden. Aber Demokratie heißt nicht Konsens:

JA, sagen die einen, weil viele Menschen, anders als
in UK, hierzulande bei Berufsbezeichnungen, erst-

mal das Bild eines Mannes im Kopf haben und in ihren Augen nicht deutlich genug herausgestellt wird, dass dieser Beruf auch von Frauen ausgeübt werden kann. Außerdem weisen sie zu Recht darauf hin, dass sich Sprache entwickeln und anpassen muss (auch im Arbeitsmarkt), um als Kommunikationsmittel zu funktionieren. Insofern könnte das Gendern als logische Konsequenz der Emanzipationsbewegung gesehen werden und wäre somit zunächst einmal grundsätzlich mit »gut« zu bewerten. Auch wehren sie sich gegen den Vorwurf, dass das Gendern unserer Sprache schaden, sie sogar verschandeln würde. Und da gebe ich ihnen recht. Also Grußworte wie »Tschüssikowski«, »dannimanski«, »bisspätersilie« oder »jo, bis danzig« finde ich persönlich schlimmer als ein *in oder *innen dranzuhängen. Auch aufgeblasene Berufsbezeichnungen wie »Primary Master of Business Information and Organisation«, statt der Bezeichnung »Azubi« stören mich in unserem Sprachgebrauch, weil »Noch nix auf die Kette gekriegt, aber sich schon abfeiern lassen ...«. Fehlt nur noch, dass sich der oder die Auszubildende mittags in der Kantine einen Chefsalat aufs Tablett drapiert. Und last but not least: Ist unsere Sprache mit ihren Konjunktiven 1 und 2, ihren Fällen, ihren starken und schwachen Verben, ihren Konjunktionen und Präpositionen doch nicht sowieso schon unfassbar nervig – da kommt es doch jetzt auf ein Sternchen nun wirklich nicht mehr an. NEIN sagen die anderen, weil Sprache grundsätzlich einer gewissen Logik folgt, was bei der Sichtbarmachung weiblicher Identitäten auf sprachlicher Ebene in letzter Konsequenz bedeuten müsste, dass aus einem Wort wie Bürgermeister-kandidat »BürgerInnenmeisterInnenkanditatIn« werden müsste, denn es gibt sowohl Bürgerinnen als auch Meisterinnen und Kandidatinnen. An diesem Punkt treffen Ideologien auf praktische Erwägungen. Also, wenn dem wirklich so ist, dann wird es unweigerlich so kompliziert, dass selbst der Ambitionierteste daran scheitern müsste. An dem Punkt wäre ich raus. Nein, wirklich, liebe Genderfreaks, wenn das die Lösung sein soll, will ich das Problem zurück! Glücklicherweise ist es aber gar nicht so. Zusammengesetzte Wörter werden, so die aktuelle Info, während ich dieses Kapitel schreibe, nur am Ende gegendert. Allerdings der Anspruch, Frauen sichtbarer zu machen, funktioniert zumindest im obigen Beispiel dann auch wieder nur teilweise, nämlich bei den Kandidatinnen ...

Mir ist keine Sprache auf dieser Welt bekannt, in der jedes Mal alle Geschlechter genannt werden, wenn von einer gemischten Gruppe die Rede ist. Das macht die Alltagssprache sperrig. Die menschliche Vielfalt mit allem, was zu einem Menschen dazugehört, abzubilden, ist nicht Aufgabe unserer Sprache. Außerdem stört mich, dass der Versuch, Geschlechtergerechtigkeit in Sprache zu zementieren, schon heute so viel Beachtung findet, die dann woanders fehlt. Denn Gendern

wird schon jetzt viel zu oft als Placebo für echte Gleichberechtigung missverstanden.

Und das ist fatal, denn vor allem in der Arbeitswelt
gibt es diesbezüglich noch große Defizite:

> Ja, es stimmt, Männer und Frauen ticken unter-
> schiedlich. Wissenschaftler der TU München haben
> das herausgefunden. Demnach lassen sich Frauen
> zum Beispiel durch Stellenbeschreibungen abschre-
> cken, in denen Wörter wie analytisch, offensiv und
> durchsetzungsstark vorkommen. Charaktereigen-
> schaften wie teamfähig, kommunikativ und empa-
> thisch triggern eher ihr Interesse, so die Studie.
> Moment mal, ist das vielleicht der Grund, warum es
> so wenig Frauen in Spitzenpositionen großer deut-
> scher Konzerne gibt? Sind die Stellengesuche viel-
> leicht einfach nur falsch formuliert? Warum habe
> ich noch nie gelesen: Rüstungskonzern sucht kom-
> munikative, kontaktfreudige, Führungsperson mit
> Herz ...?

Nein, Sarkasmus hilft hier nicht weiter. Ich gebe zu,
Männer und Frauen sind von ihrem Wesen her nicht
gleich. Aber sie sind in jedem Fall gleich viel wert, vor
allem, wenn sie in gleichen Positionen arbeiten. Der
Equal Pay Day erinnert an die Missstände, die es auf der
Ebene leider immer noch gibt. Der bereinigte *Gender
Pay Gap* liegt immer noch bei 7 Prozent (Jan. 2023).
Männer sollen mit diesem Tag an diese Gehaltslücke
erinnert werden. Frauen bräuchten diesen Tag nicht.

Sie sehen sie weiterhin monatlich an ihrer Gehalts-abrechnung.

Aber anstatt an wichtigen Stellen wie dieser den Einsatz nicht zu verpassen, eskaliert man mit potenzierter Verstiegenheit bei der Suche nach einem Quotendeutsch. Nein, ich möchte wirklich nicht im Flachland der Klamotte landen, aber so ein paar Dinger kriegen Sie jetzt trotzdem fangfrisch präsentiert. Ich bin eine Frau, ich darf das:

- Warum ist den Genderbeauftragt*innen das »-in« bei bestimmten Wörtern wie Ärztin, Autorin oder Anwältin, also Wörtern mit Aura, so wichtig, während man Faulpelzin, Sündenböckin oder Dickköpfin noch nie gehört hat?
- Es geht auch seriöser: Wie kann es richtig sein, Weiblichkeit bei Stellengesuchen herauszustellen, wenn es andererseits ultradiskriminierend ist, dasselbe mit Juden oder People of Colour zu tun. Es wäre doch wichtig zu artikulieren, dass man davon ausgeht, dass auch diese Bevölkerungsgruppen den Job machen könnten. Wo bleibt die Logik? Ganz dünnes Eis … ich weiß. Ich bewege mich lieber wieder im Seichten; dann kann man nicht ertrinken. Also:
- Wie sieht's bei Student*innen aus? Sollte man aus Gründen der Gleichberechtigung nicht neben dem Abschluss Bachelor auch einen parat halten, der sich Bachelorette nennt?
- Und wer bitte schön kam 2019 auf die Idee, Mann-

heim in Menschheim umzubenennen? Diese Talk-showschlachten, in denen Feministinnen die längst überfällige Abschaffung patriarchalischer Städtenamen diskutieren, ertrage ich schon lange nur noch mit viel Alkohol, auch wenn ich am nächsten Morgen davon immer wieder »eine Katze habe«.

- Und warum spricht meine Tierärztin von einer Kätzin? Es heißt doch schon DIE Katze.
- Und warum verfasst ausgerechnet der Deutsche Germanistenverband ein »vergendertes« Rundschreiben an seine »Mitgliederinnen und Mitglieder«? Es heißt doch schon DAS Mitglied!
- Immer diese Angst vor Diskriminierungsvorwürfen: Wenn man's weiter so übertreibt, werden gendergerechte Stellenausschreibungen an Berliner Gymnasien bald lauten: Gesucht wird ein Rektor, eine Rektorin oder – ein Rektum ...

Vielen von uns ist Pragmatismus und Alltagstauglichkeit wichtiger als ein zwanghafter Angleichungsversuch unserer Sprache zwecks vermeintlicher Geschlechtergerechtigkeit. Sie sehen auch keinen Sinn darin, Wörter wie »Mannschaft« in den Giftschrank zu verbannen. Sie brauchen keinen Bürger*innensteig, weil kein Zweifel besteht, dass auch ein Bürgersteig für Frauen da ist und in einem Nichtraucherabteil auch Frauen nicht rauchen dürfen. Auch wenn sich dieses in einer »Zügin« befindet. Die erste fuhr übrigens am 11. Mai 2022 als *Female ICE* von München nach Berlin, denn auch die Deutsche Bahn will Weiblichkeit sichtbarer machen und setzte von der Lokführerin bis zur Zugchefin auf weibliches Personal – vermutlich alle gendernd. Männer durften ebenfalls mitfahren. Taten auch viele in der Hoffnung, dass jetzt alles besser würde. Aber in einem Punkt blieb sich die Bahn dann doch treu: Verspätung hatte der Zug trotzdem.

Es ist für die meisten von uns okay, dass es Wörter wie Staatsmann, Flüchtling oder Schatz nur im generischen Maskulinum gibt. Dafür sind andere Wörter wie Waise, Person, Führungskraft so etwas wie ein generisches Femininum, bei dem Männer mitgemeint, aber nicht mitgenannt sind, was aber, ganz nebenbei gesagt, noch nie dazu geführt hat, dass sich ein Mann ausgegrenzt gefühlt hat. Vielleicht kommt das aber noch. Vielleicht fordern sie irgendwann aus Gleichstellungsgründen dann auch eine eigene Endung. Dann hätten wir Bäcker, Bäckerin und Bäckerer … Womöglich eine Trotzreaktion, weil ihnen bei manchen Wörtern, zum Beispiel beim Wort Kund*in und Kund*innen das e gemopst wurde. Wäre es nicht mit Sicht auf die sensible männliche Psyche besser von Kunde*in und Kunde*innen zu sprechen. Wer ist schon gerne ein »Kund«?

Ich bin ein Fan des generischen Maskulinums. Ich finde es gut, nicht giftig. In der ohnehin aufgeheizten Diskussion ist etwas mehr sprachliche Neutralität doch was zum Herunterkommen, oder? Nein, es ist kein sprachpatriotisches Gen, das da aus mir spricht. Im Gegenteil. Oft ist der Wille da, mich differenzierter zu äußern, aber der Alltag macht mich schwach. Denn ich bin Rheinländerin und stets der Meinung, viel und viel Wichtiges zu sagen zu haben. Ich kann ganze Erzähl-girlanden flechten – aus dem Nichts ... und über nichts, sozusagen »aufferr Glatze Locken drehen«. Leider aber tut sich nicht jedes Gegenüber leicht damit, mir von Anfang bis Ende zuzuhören. Unsere evidenzbasierte Aufmerksamkeitsspanne von wenigen Sekunden wird stetig kleiner. Würde ich jetzt noch auf die verallgemei-nernde Funktion des generischen Maskulinums ver-zichten und stattdessen die Mini-Pause vor dem »-in« und »-innen« machen oder über geschlechtsneutrale Synonyme nachdenken oder mit Paarnennungen mei-nen Sermon aufblähen ... Ja, können Sie sich vorstellen, wie viel Lebenszeit dann dabei draufginge? Also, da wären meine Zuhörer definitiv noch viel früher raus!

Seien wir doch ehrlich: Wenn in einer Marktfor-schungsstudie von Konsumenten gesprochen wird oder aus Kriegsgebieten von Zivilisten berichtet wird, da spielt das Geschlecht doch zunächst einmal keine Rolle. Genauso wie, wenn Sie in der Fußgängerzone beklaut werden. Aber trotzdem: »Haltet den Dieb!«, wäre zumindest in den Augen meiner Tochter ein *epic fail*. Also nach ihrem letzten Aufenthalt, der mir auf sprachlicher Ebene ein imposantes Update bescherte, würde ich vermutlich jetzt erst einmal innehalten, um dann zu stammeln: »Haltet den Die... äh, die ... Die... äh, das Die..., äh, äh ... die stehlende Person!« Oder noch besser: die »Fachkraft für spontane Eigentums-übertragung«. Die Handtasche wäre zwar dann weg, aber ich hätte mich politisch korrekt artikuliert und würde von Luise vermutlich gefeiert.

»Hunderte von Polizisten bei der Räumung von Lützerath im Einsatz« – so stand es im Januar 2023 in der *Aachener Zeitung*. Die relevante Info ist dabei die Zahl der Einsatzkräfte. Hier ist kein Geschlecht mitgemeint, sondern hier ist einfach kein Geschlecht gemeint, weil niemand dieser Gruppe in seiner Funktion als Mann oder Frau vor Ort war, sondern als Mensch, der für Ordnung sorgt. Ich kenne eine Polizistin, die sich jedes Mal dagegen wehrt, im Rahmen eines solchen Einsatzes als Polizistin genannt zu werden, egal wie gerecht es gemeint ist.

Und außerdem ist es ja nicht so, als ob es das generische Femininum nur vereinzelt gäbe: Das »sie« als Plural der 3. Person Singular ist ein sehr mächtiges und omnipräsent. Es ist in unserer Sprache nicht wegzudenken. Auch nicht wegzudenken sind die Gehwegschilder, die den Beginn einer Fußgängerzone kennzeichnen. Aber warum ist in dem Piktogramm immer noch ein weibliches Wesen abgebildet, das ein Kind an der Hand hält? Viele Paare teilen sich heutzutage die Elternzeit. Wo bleibt der Gleichstellungsgedanke auf Verkehrszeichen-Ebene? Aber hat sich ein Mann schon mal beschwert, hier nur mitgemeint, aber nicht mit abgebildet zu sein? Nein.

Sprache spiegelt die Realität wider, auch die soziale und gegebenenfalls auch die damit einhergehende Ungerechtigkeit, aber sie ist kein Tool, um die Wirklichkeit zu verändern. Das muss die Wirklichkeit schon sel-

ber tun. Sprache kann das nicht erzwingen. Die Nach-
fahren der Sklaven sind in 100 Jahren x-mal umbenannt worden. Aus »N***« wurde »Black Afroamericans«, aus »Black Afroamericans« wurde »People of
Colour«. Hat das am Rassismus in den USA wirklich
was geändert?

Trotz aller Expertise, ich denke, weitere Ausführungen wären so zielführend wie zwei Tage Kreisverkehr.
Wie wäre also der Vorschlag von Lann Hornscheidt,
Professorin an der Berliner Humboldt-Universität? Sie
brachte das »x«, eine neutrale Endung für Wörter
wie Professor oder Professorin, vor Jahren ins Spiel.
»Profex«/»Drex« für Professor/Doktor und bezeichnete sich auch selber so. Ich musste sofort an das Jahr 50
vor Christus denken, als sich ein kleines gallisches Dorf
mit seinen Helden Asterix, Obelix, Miraculix, Majestix
und Thermomix, dem Heizungsinstallateur im Dorf,
den Römern widersetzte ... Sie kennen den Rest.

Die Idee von Lann Hornscheidt war also nicht ganz
neu. Aber das ist ja eigentlich egal. Viel wichtiger ist
doch die Frage, ob so ein flächendeckend eingesetztes
Suffix nicht eine verlockende Perspektive für Deutschland wäre. Dann könnten wir uns nämlich endlich wieder um die wirklich wichtigen Dinge in unserem Land
kümmern, wie zum Beispiel laktosefreie Buchsbaum-
kugeln, Rente mit 67 für Spülmaschinen und die klimaneutrale Ansprache einer Nilgans.

Bis das geklärt ist, hoffe ich, zu einem der bedeutendsten Autoren der deutschen Gegenwartsliteratur
herangereift zu sein. Ich könnte auch von mir als eine

der bedeutendsten Autorinnen der deutschen Gegenwartsliteratur sprechen. Beides ist rein theoretisch
möglich, aber ich bevorzuge, wie so oft, das generische
Maskulinum. Ansonsten müsste ich nämlich von mir
im Superlativ von einer der bedeutendsten aller Autoren und Autorinnen der deutschen Gegenwartsliteratur sprechen. Aber, wer bin ich denn ...

Nun gut, ich denke, ich habe damit auch noch etwas
Zeit, denn noch bin nicht so weit, aber die Gender-
debatte ist ja auch noch lange nicht durch. Wer recht
hat und wer nicht, wird man sowieso erst rückblickend
wissen. Zum jetzigen Zeitpunkt darf man sich noch
irren, aber auch dieses Szenario sollte man wenigstens
mitdenken, um dann zu erkennen, WIE eine Debatte zu
führen ist, nämlich respektvoll, indem man auch Ge-
genstimmen zulässt und nicht direkt in üble Diffamie-
rung übergeht, wie es oft in den sozialen »Hetzwer-
ken« gepredigt wird, wo unter dem Tarnkäppchen der
Anonymität kompromisslose Härte gegen Andersdenkende gefordert wird. Denn nur so können wir im Gespräch bleiben. Und das müssen wir. Denn nicht durchs
Aufschlagen, sondern durchs Ausbrüten wird aus dem
Ei ein Küken.

Auch wenn mir Luises Besuche immer wieder vor
Augen führen, dass es eine wirklich geniale Idee war,
nicht mehr dauerhaft unter einem Dach zu leben, gibt
es nichts Schöneres, als mit ihr Kölsch-trinkend am
Küchentisch zu sitzen und im bierernsten Weltret-
tungsmodus die Lage der Nation auszudiskutieren.
Mag sein, dass es »handelsüblichere« Kinder gibt. Sie

gefällt mir trotzdem am besten. Immer, wenn es nach ihren Stippvisiten wieder heißt: »Time to say good-bye«, bin ich es nämlich, die sich nichts sehnlicher wünscht, als dass sie noch bleibt. Am liebsten würde ich mich jedes Mal bäuchlings, auf die Motorhaube ihres kleinen Stadtmobils werfen, wie die Männer in diesen Italo-Action-Streifen, um sie aufzuhalten. Nur vorsichtiger mit etwas weniger Schwung ... Die Energie brauche ich schließlich noch für die nächste Debatte und die übernächste und die danach. Vielleicht diskutieren wir ja auch irgendwann mal über den Namen ihres ersten Kindes. Vielleicht schlägt sie dann Ariel vor, damit das Kind später selber entscheiden kann, ob es sich als Mann, Frau, Meerjungfrau, als Bike, Damenrucksack oder Waschpulver sieht? Und für eine solche Debatte brauche ich wirklich Energie. Viel Energie ...

Die Ess-kalation

Neulich war ich mal wieder so richtig sauer. Ich eskalierte am Handy: »Herrje, du hattest doch versprochen, um sieben zu Hause zu sein! Ich habe gekocht! Wenn du bis halb acht nicht hier bist, gebe ich alles dem Hund!« Die Stimme meines Mannes überschlug sich fast: »Lass den Hund zufrieden, der kann doch nix dafür ...!«

Ja, ich gebe zu, Kochen gehört nicht zu meinen famosesten Fähigkeiten. Beim Schälen, Schneiden und Schnibbeln das eigene Talent anzapfen? Beim Dünsten und Dämpfen die Poesie des handwerklichen Schaffens entdecken? Phh... Für Leute wie mich gibt es auf Tiefkühlkost den Hinweis »Serviervorschlag: Auftauen«. Und umgekehrt, wenn's doch mal heiß und hitzig wird – dann werde ich auch schon mal »angefeuert«. »Ist das der Rauchmelder, der da gerade piept?«, rief kürzlich ein Gast aus dem Wohnzimmer Richtung Küche. Zwischen Lachs, Lasagne, Lauch, Lollo Rosso und Lambrusco rief ich gereizt zurück: »Nein, meine Küche ist gerade dabei, rückwärts einzuparken ...« – »Deaktivieren Sie den Rauchmelder« – so sollten Rezepte bei Chefkoch.de in meinem Fall beginnen. Wegen der »Röstaromen« meiner Kürbissuppe rückte im letzten

Herbst mal die Feuerwehr an. Nein, wirklich, was für andere ein Kochrezept ist, ist für mich das exakte Protokoll eines Unfallhergangs. Ich koche daher auch nur noch das, was mit dem Tarif unserer Hausratversicherung vereinbar ist. Jaja, lachen Sie ruhig ... Aber nur wer noch nie einen Plastikdeckel auf dem Ceranfeld eingeschmolzen hat, der werfe die erste Schale.

Es hilft auch nichts, Kochen als hippe *Quality Time* zu hypen. Da können Lafer und Lichter noch so labern: »Wer kocht, lebt Gemeinschaft«, »Kochen ist Kommunikation«, »Kochen als Ruhepol im Alltag«, während sie weintrinkend um die Kochinsel herumstehen. Ich würde denen am liebsten den Gashahn abdrehen! Das letzte Mal, als ich diese gesellige Variante mit Freunden ausprobiert habe, war das Ergebnis ein Schinken-Nudel-Auflauf, der sich bei 20 Grad und nach 220 Minuten fragte: »Und ...? Wann geht's endlich los?!« Seitdem kann ich Arenen des Misstrauens füllen, wenn ich ankündige zu kochen. Die erste Reaktion ist immer: »Aber du machst das schon mit jemandem zusammen, oder?« Hinzu kommt, dass es mir immer zu wenig vorkommt, was ich da gerade zusammenkoche. Und am Ende könnte ich mit dem Ergebnis eine Feldküche für 4000 Soldaten versorgen. Könnte. Wenn's jemand wollte ...

Nein, im Alltag zu kochen hat nichts mit »Runterkommen« zu tun, es sei denn, du bist Koch bei *Germany's Next Top Model*. Da hast du den ganzen Tag frei und abends bringst du jeder eine Avocado vorbei. Unter der Woche täglich zu kochen ist in erster Linie Arbeit. Und sich dabei ständig was einfallen zu lassen, wie man der

Familie Kohlrabi und Brokkoli unterjubeln kann, ist purer Stress. Da kann man auch schon mal »vor Wut kochen« ...

Aber das alles soll nicht heißen, dass ich auf eine gesunde Ernährung keinen Wert lege. Überhaupt auf Essen. Die wichtigste Mahlzeit des Tages ist für mich immer – die nächste. Wäre ich Regisseurin, hätte der Film nicht *Eat, pray, love* geheißen, sondern *Eat, eat, eat.* Aus »Iss morgens wie ein König, mittags wie ein Bauer und abends wie ein Bettelmann« wird bei mir »... morgens wie ein gieriger Müllschlucker, mittags wie ein gigantischer Wasserstrudel und abends wie ein gefräßiges schwarzes Loch«. Ich kann immer und überall essen und sehe mich somit als wichtiges Bindeglied unserer Gesellschaft. Aber wie gesagt, ich habe dabei meinen Anspruch: Imbissbuden, die nicht ganz so hell ausgeleuchtet sind, meide ich – ebenso wie Fast-Food-Tempel. Als ich neulich mal vor einer Burger-King-Filiale stand, beobachtete ich, wie eine Wespe hineinfolg. Kurze Zeit später flog eine Hummel wieder raus ... Muss ich noch deutlicher werden?

Es ist mir nicht egal, was ich esse, aber ich mache auch keine Religion daraus: Ich finde es schlimm, dass es immer noch keine Obergrenzen für Lebensmittelverunreinigungen in industriell gefertigtem Essen gibt. Warum? Will man mit Zucker, Glutamat, Farb- und Konservierungsstoffen, Pestiziden, Fungiziden sowie Transfetten der Rentenkasse etwa ein wenig entgegenkommen? Das Tankstellen-Trash-Food mit langer deutscher Tradition, eine fettige, salzige, konservierte, ge-

pökelte Minisalami aus Billigfleisch in Alu eingeschweißt, würde noch nicht einmal die geringsten
Qualitätsstandards eines vergleichbaren italienischen
Produktes erfüllen. Und trotzdem: Widerstand »snack-
los«! Es soll nicht wenige Männer geben, deren kulinari-
scher Anspruch bei längeren Strecken pro 100 Kilometer
eines dieser »Konstrukte« als Proviant vorsieht – wissentlich, dass man damit 1000 Kubikmeter Grundwasser verseucht, die Stratosphäre bedenklich schä-
digt und außerirdische Riesenechsen anlockt.

Aber ich bin auch kein radikal, brutal, regionaler Es-
ser, der sich sozusagen aus dem eigenen Vorgarten er-
nährt. Ich wüsste gar nicht, wie man eine Erdbeermar-
melade selber macht. Ich würde vermutlich dafür einen
Berliner schälen. Und ich habe auch noch nicht, wie
meine Schwägerin, das Fermentieren für mich entdeckt. Der Milchsäurebakterienanteil einer Salzlake
ist mir wuppe. Daher kann ich zu Weihnachten auch
nicht, wie sie, mit Einweckgläsern, in denen pflanzli-
che Premiumkadaver ruhen, andere Verwandte zwangs-
entzücken. Aber ich komm damit klar. Wer mir jetzt
Ignoranz vorwirft oder sogar unterstellt, den *Clean-
Eating*-Trend zu verschlafen, dem möchte ich an dieser
Stelle zurufen: ICH habe in meiner Ernährung schon
auf »Natur pur« gesetzt, als IHR noch Soßendämme
mit Eurem Kartoffelpüree von Pfanni gebaut habt, damit die sämige Mehlschwitze von Maggi zum Sauer-
braten von Bofrost nicht den Rotkohl von Iglu flutet –
eine Zeit, in der man dachte, »gesünder essen« heißt so
viel wie »mehr Kartoffeln zum Schweinebauch«.

In dieser Zeit habe ICH schon *bio* gekauft. Der Begriff »bio« hatte sich da noch längst nicht in den Köpfen manifestiert – noch nicht einmal in denen derer, die Bioprodukte herstellten. Als ich einmal auf dem Wochenmarkt meine Bäuerin aus der Eifel fragte: »Sie, mein Mann, der isst ja so gerne Birnen ... Sind die hier bio?«, kam ein misstrauisches »Biobirnen? Wat soll dat denn sein?« zurück. Ich erklärte: »Ich möchte nur wissen, ob diese Birnen hier irgendwie giftig gespritzt sind«, worauf sie die Backen aufblies, die Hände in die Hüften stemmte und schnaufte: »Ja, nä, junge Frau, also dat ... müssense schon selber machen!«

So ganz allmählich wurde *bio* dann irgendwann populärer. Jeder wollte plötzlich Teil dieser neuen Ernährungsbewegung sein und jeder wollte bei dem Trend mitreden, was dazu führte, dass sich revolutionäre »Eiweißheiten« wie »Hühner aus Freilandhaltung geben deutlich mehr Milch« oder »bei Bioeiern war der Hahn bei der Geburt dabei« in Windeseile verbreiteten. Plötzlich kaufte auch meine Nachbarin, eine handelsübliche Boulevard-Blondine mit Hang zu Strassapplikationen, ihr Brot beim *Brotagonisten*, einem jungen Biobäcker und nicht mehr in der Bäckerei *Schrippendales*, die große Teile ihres Umsatzes mit dem Kopfkino der Kundschaft erwirtschaftete, die drinnen attraktive, leicht bekleidete, durchtrainierte und partiell bemehlte junge Männer hinter der Bäckertheke vermutete. War aber nicht so.

Biobrot gab es schnell in vielen Varianten, was mitunter daran liegt, dass Brot generell als Stück Deutsche

Kultur gilt – wie Kleist & Klum, Brecht & Bohlen, Fuß-ball & Formulare. Ein gutes Sauerteigbrot, von Meister-hand im Steinofen gebacken, 24 Stunden gereift, auch wenn die Zeit eine teure Zutat ist, ist auch für mich Sinnlichkeit pur. Wer einmal in den Genuss gekommen ist, wird nie wieder sonntags zur Tanke rennen und industriell gefertigte Aufbackbrötchen kaufen. Ich lasse mir ja auch nicht im Baumarkt blonde Strähnchen machen, nur weil die in ihrem Farbmischcenter auch ein »sonniges Gelb« anbieten. Hinzu kommt, dass die Rohlinge für diese Brötchen mit großer Wahrschein-lichkeit einer vergitterten Massenbrotbatterie mit Kas-tenstand und ohne Tageslicht entstammen ... Pfui!

Mit diesen und ähnlichen Gedanken zog die viel ge-priesene Achtsamkeit nun auch bei Ernährungsfragen ein. Sie mahnte und erinnerte: Ein Salat hat auch ein Herz. Eine Artischocke ebenfalls. »Stammen sie aus Freilandhaltung oder wurden sie in fensterlosen Bun-kern in Turbozeit bis zu ihrem endgültigen Schlacht-gewicht gemästet?« Fragen über Fragen, denen sich überzeugte »Saladistas« täglich stellen mussten. Und was ist mit dem schnittfesten Wasser, wie man Toma-ten aus Holland nennt? Sie sind rot, nicht weil sie reif sind, sondern weil sie sich schämen, als »geschmack-lose« Mogelpackung von Holland aus die A61 in einem dieselbetriebenen LKW herunterzukacheln.

Heute bietet jeder Discounter Bioware in seiner Ge-müseabteilung an. Da liegen Bataillone eingeschweißter Biosalatherzen neben Kompanien pestizid-kontami-nierter Exemplare ohne böse Folie. Ein breit gefächertes

Angebot, das es einem fast unmöglich macht, KEIN Bio zu kaufen – es sei denn, man ist (wie ich) der Ansicht, jetzt in einem Alter zu sein, in dem man alle Konservierungsstoffe zu sich nehmen sollte, die man kriegen kann ... Der jeweilige Marktleiter wird vermutlich trotzdem täglich von katastrophierenden Müttern rundgemacht, die die Auswahl von unbehandeltem Obst und Gemüse immer noch für völlig unzureichend halten, während ihre kleinen Mia-Marfaldas und Constantin-Casimirs den Griff des Einkaufswagens abschlecken, den sie am Eingang mit einem Sagrotan-Tuch gründlich desinfiziert, sterilisiert und pasteurisiert haben. Oder noch schlimmer, er muss sich den investigativen Fragen einer Oberstudienrätin mit Fächerkombination Politik und Sozialkunde stellen, die die bilaterale Präsenz von *bio* und *konventionell* in dieser Form für grotesk hält und sich in ihrer Intelligenz als informierter Kunde beleidigt fühlt.

Einkaufen ist zum Hürdenlauf geworden. Es müsste Einkaufswagen mit Navi geben, das einem sagt: »In zwei Metern links abbiegen ... Jetzt links abbiegen ... In 80 Zentimetern haben Sie Ihr Ziel erreicht.« Denn wer sich gesund, politisch korrekt und nachhaltig ernähren will, der weiß inzwischen: »Man darf nicht alles glauben, was man denkt« (Heinz Ehrhard). Auch nicht in der Obst- und Gemüseabteilung. Auch hier sollte es besser mal heißen: Zu Risiken und Nebenwirkungen fragen Sie ihren Obst- und Gemüsehändler, denn Gefahren lauern überall:

Die Grapefruit: Sie ist reich an Vitamin C, schützt vor Herz-Kreislauf-Erkrankungen und – erschwert erwiesenermaßen die Wirkung zahlreicher Therapeutika, darunter auch durchaus gängige, wenn die im Grapefruitsaft enthaltenen Furanocumarine ins Spiel kommen, die ihrerseits das Cytochrom P450 hemmen. Wussten Sie das? Oder Bananen: Galten sie nicht bislang als uneingeschränkt gesund? Essenzielle Nährstoffe, wichtige Pektine, reichlich Mineralstoffe usw. Und jetzt kam raus: Bananen sind durch bestimmte Kalium-40-Isotope leicht radioaktiv. Da muss man höllisch aufpassen. Experten raten, nie mehr als 300 Bananen pro Minute zu essen, um eine schädliche Strahlendosis zu vermeiden. Und von »ethisch korrekt« kann bei der Avocado, lange Zeit das Trendfood ernährungsaffiner Lifestyle-Fundis, gar keine Rede sein. Klar sind sie gesund und machen offensichtlich auch schön, denn sie kommen auch in vielen Körperpflegeprodukten zum Einsatz. »Essbare Pflege« sozusagen. Aber als herauskam, dass dieses Superfood bis zur Ernte mehr Wasser verbraucht als Mick Jagger in seinem Leben jemals getrunken hat, kippte ihr Image. Ein bitterer Nachgeschmack. Jeder Hipster, der danach noch sein Avocado-Sandwich auf Insta postete, hatte das Image eines Veganers, der auf die Jagd geht, weg.

Ich laufe immer öfter total »unsortiert« durch den Supermarkt. Es wird Zeit für mehr Beratung. Sonst kauft man wieder eines dieser hip klingenden *Overnight Oats*, um später ernüchtert festzustellen, dass man damit einfach nur ein zwölf Stunden altes Müsli gegessen hat ... Mehr Beratung würde auch neue Arbeitsplätze schaffen. Also, liebe Marktleiter, wie wäre es zum Beispiel mit festangestellten Sommeliers, die die passende Müslibegleitung zum *Ingwershot* empfehlen? Es würde wirklich Sinn machen, denn man blickt doch nicht mehr durch: Die Werbung behauptet, »in allem steckt Glück«, während die Wissenschaft sagt, »in allem lauert Gefahr«. Was darf man denn überhaupt noch glauben?

Erinnern Sie sich noch, wann Sie zum letzten Mal »actimelisiert« worden sind? Bei mir war das kurz nachdem Foodwatch »gedropped« hatte, dass die Fläschchen nicht mehr als andere Naturjoghurts das Immunsystem boostern, dafür aber doppelt so viel Zucker haben und viermal so viel kosten. Ab jetzt kaufe ich nur noch bei der Konkurrenz – und zwar den Melonenjoghurt mit ganzen Früchten. Wenn sich Forscher ein Brötchen machen, ist das ja auch nicht automatisch wissenschaftlich belegt. Trotzdem, ich lasse mich einfach zu schnell über den (Laden-)Tisch ziehen. Man könnte mir auch Sternchensuppe als passwortgeschützte Buchstabensuppe verkaufen oder Maggi-Flaschen für 19,99 das Stück – wenn auf dem Etikett zum Beispiel »Kintsugi-Essenz« stehen würde und es auch ansonsten eine energetisch ausbalancierte fernöstliche Lebenskultur suggerieren würde. Alles, was den »Selfcare-Lifestyle« triggert, kaufe ich. Koste es, was es wolle. Und es kostet, denn der Claim

»Lasst uns fair und günstig sein« war von einem Baumarkt, nicht von der Lebensmittelindustrie.

»In ist, was drin ist« - und draufsteht. Und nicht drin
ist und trotzdem draufsteht ... und drin ist und nicht
draufsteht. Tja, und so einen Karma-Konsum lässt man
sich halt bezahlen. Smoothies: Mit Liebe gemacht. Was
mag da in die Flaschen hineingetätschelt worden sein?
Emotional Branding nennt man das. Und käufliche Liebe
kostete schon immer, oder etwa nicht? Was glauben
Sie, was es Ferrero kosten wird, die Nüsschen aus den
Küsschen zu fummeln, um demnächst ein genderneu-
trales Produkt anbieten zu können? Oder wie viel der
US-Konzern *Mondelez* ins Marketing investieren wird,
um aus Mozartkugeln »Bad Bunny-Balls« zu machen,
benannt nach DEM puerto-ricanischen Rapper, der
2022 zum erfolgreichsten Künstler weltweit wurde.
Und das alles nur, um eine jüngere Zielgruppe anzu-
sprechen. Manches braucht auch einfach seine Zeit:
Höhlenkäse »in Ruhe gereift« ... ja, da muss doch auch
jemand ab und an rein und nachfragen: »Und? Biste
jetzt soweit? Ja, wie lange denn noch ...?« Also, ich
würd's für kleines Geld machen. Ja, ich kann das. Denn
ich hatte jahrelang einen Teenager zu Hause, der vorzugsweise im Bett liegend »reifte« ... Ach ja, und dann
der Streit, ob nur das, was vorher durch die Kuh durch
ist, Milch genannt werden darf. Hafer- und Sojamilch
sind irreführend, heißt es. Aber so teuer, wie so ein
Beutel ist, sind die Anwaltskosten beim *Pricing* wohl bereits mitgedacht. Wie unnötig, bei Sonnen- oder Scheu-

ermilch sagt doch auch keiner was, obwohl da auch kein Eutersekret drin ist. »Fleischpflanzerl« ist ja schließlich auch erlaubt und wenn es im Supermarkt heißt »Dienstagsknüller: Sonntagsbrötchen«, ist das ebenfalls okay. Und der Freitag heißt auch Freitag, obwohl er nicht frei ist und RTL bezeichnet seine Teilnehmer im Dschungelcamp doch auch als »Prominente«, obwohl es ... ach, lassen wir das. Aber wehe ein Hersteller veganer Produkte bezeichnet seinen Blumenkohlstampf als veganes Risotto, seine Zucchini-Fäden als Spaghetti oder erdreistet sich, von Chili *sin* Carne oder einem *Paprikaschnitzel* zu sprechen. Das gilt als »Irreführung des Konsumenten«. Beim Letztgenannten soll sich nämlich schon mal jemand gefragt haben: »Ist da etwa gar kein Paprika drin?«.

Kein Schmu hingegen ist, wenn die Storck KG ihre Bonbons »Nimm 2« nennt, obwohl in meiner letzten Tüte exakt 39 enthalten waren und man also gar nicht immer zwei nehmen konnte. Den Vogel schoss ein Fischlieferant ab: »Bioforelle aus nachhaltiger Aquakultur« hieß es und ein hübscher bunter Sticker auf der Verpackung ergänzte »Fisch mit Zukunft«. Also, ich will ja nicht spoilern, aber wenn man es als Fisch bis in dieses Einschlagpapier geschafft hat, hat doch wieder mal jemand total gelogen ... Ich bin zutiefst erschüttert! Aber gut, wenn Werbung sich an Fakten halten müsste, wo kämen wir denn da hin ....

Wie gut, dass dies von der Industrie nicht verlangt wird; so dürfen wir nach wie vor Produkten auf den

Leim gehen, die uns suggerieren, durch ihren Verzehr zu einem Bewohner einer besseren Welt zu werden. Würde ein Toast Hawaii unter »sunny side up, mentally balancing, sustainably created pineapple sandwich« laufen und 13 Euro pro Stück kosten – am Prenzlauer Berg würde man sich dafür taumelnd vor Glück in die Schlange einreihen und vor Rührung mit wässrigen Augen beteuern, wie *ultra nice* das schmeckt. Jeder Booster fürs Gesundheitsbewusstsein ist dem Achtsamkeitsfreak willkommen. Manchmal weiß ich gar nicht, was ich mir als erstes NICHT kaufen soll: die Sellerie-Sticks mit Minuskalorien, die Mandeln, die keine Nüsse mehr sind, sondern »Brainfood« oder das krustenfreie Brot, das als seniorenfreundlich gilt, weil das Bundesministerium für Ernährung festgestellt hat, dass sich mehr 90-Jährige bei einem beherzten Biss in die Stulle verletzen als beim Downhill-Racing.

Essen ist zum Statement geworden. Du bist, was du isst. Essen ist Ausdruck eines Lifestyles. Wir essen zwar immer besser, aber wir sind dabei auch immer gestresster. Hieß es früher bei Brecht noch »Erst kommt das Fressen, dann die Moral«, ist es heute andersrum. Achtsamkeit gegenüber sich selbst ist gefragt: Reichte es vor wenigen Jahren noch, Müslis mit zweckdienlichen Hinweisen wie »Macht satt« zu bewerben, heißt es heute: »Enthält bei Mondlicht geerntete Goji-Beeren, stärkt das Karma, hilft bei ›Rücken‹, sorgt für eine erfüllte Partnerschaft, putzt, bügelt, kann Excel und schenkt spirituelle Erleuchtung ...«

Das Nahrungsmittelangebot wächst täglich proportional mit der Informationsflut – und umgekehrt. Was war das früher einfach: »Ausgewogen sollte deine Ernährung sein«, gab mir meine Mutter mit auf den Weg, als ich auszog und ergänzte: »Das klappt aber nicht mit Ravioli aus der Dose, auch wenn die Dosen aus unterschiedlichen Supermärkten kommen.«, »Essen ist umso gesünder, je bunter es ist«, dozierte sie weiter und schob hinterher: »... was du aber nicht mit deinen geliebten Smarties hinbekommst.« Und: »Hör endlich auf, dich in Prüfungsphasen zu 90 Prozent von Snickers zu ernähren, nur weil du glaubst, die darin enthaltenen Nüsse sind gut fürs Gehirn!« So wurde ich damals an eine gesunde Ernährung herangeführt.

Aber dann passierte es. Aus »Futtern bei Muttern« wurde mit der Zeit der »Kampf um den Mampf«. Als ich plötzlich selber zuständig für meine Ernährung war, musste ich erkennen, dass das, was heute als »richtig« gilt, morgen schon »richtig falsch« sein kann. Denken Sie nicht auch ganz oft: Mal sehen, was uns die Katze heute vor die Tür gelegt hat ...? Ich denke mittlerweile so, wie Kurt Krömer es einst formulierte, denn viel zu oft hieß es bei der kulinarischen Marschrichtung schon »die Route wird neu berechnet«. Nie höre ich: »Sie haben ihr Ziel erreicht.« Wie oft dagegen heißt es: »Wenn möglich, bitte wenden« ...

Wer erinnert sich noch an die überzuckerte »Low-Fat-Lüge« der 80er-Jahre? Man warb mit einem reduzierten Fettanteil, suggerierte, mit diesem Joghurt abnehmen zu können, und donnerte dann aber Containerladungen Zucker in die Becher, damit sie überhaupt nach was schmeckten. Low-Carb-Brötchen mit nur zehn Prozent Kohlenhydraten für Food Lover mit Ziel Bikini-Figur – ich war begeistert, aß drei Stück und mein Magen knurrte trotzdem immer noch so laut, dass Alexa von sich aus eine Family-Fucking-King-Size-Pizza bestellt hätte, wenn ich so ein Ding besessen hätte. Ich wollte schon oft zum Change-Projekt werden und habe auf dem Weg dorthin alles probiert: Health-Food-Religionen, die ihre Produkte wie Heilsbringer inszenieren, für die ich jedoch Zeitungen austragen musste, um mir dieses kostspielige Snacken & Fooden überhaupt leisten zu können. Buddha-Bowls, Detox-Suppen und als Möchtegern-Mitglied einer streng durchoptimierten Gesellschaft habe ich es auch mit Saftkuren versucht. Es war eine Zeit, in der der Selleriesaft mehr Fans hatte als der DSDS-Langzeit-Insasse Menderes. Und auch ich hatte viele Fans und noch mehr Follower. Sie folgten mir und meinem Bananen-Smoothie in Hundertschaften von der Küche bis ins Büro ...

Mein jüngstes ernährungstechnisches Experiment war dann das Fasten, weil, so hieß es in einer Modezeitung, Fasten das neue Feiern sei. Verzicht könne auch Gewinn sein – eine vielversprechende Weisheit aus der Selbstoptimierer-Kiste. Aber warum eigentlich nicht? Wenn unser Umgang mit Essen schon so misstrauisch, hysterisch, ja fast pathologisch geworden ist, dann kann KEIN Umgang mit Essen die Sache ja eigentlich nur besser machen. Nichts oder wenig zu essen wird auf Social Media mit Anerkennung belohnt, durch die Modeindustrie gefördert und durch Bonusprogramme der Krankenkassen zum Geschäftsmodell erhoben. Klar, dass da Verzichtserklärungen abgehen wie eine Bratwurst im Kölner Hauptbahnhof. Also verzichtete auch ich - und zwar auf alles, was dick macht, wie Spiegel, Personenwaagen, Selfies, Röhrenjeans, ... In der Fastenzeit verzichtete ich sogar auf Fenchelgemüse und Kamillentee. Das war echt hart! Wenn's gar nicht mehr ging, habe ich mir mit Pizza, Pommes und Promille über die schwere Zeit hinweggeholfen. Mit dieser Methode schaffte ich es, bis heute *clean* zu bleiben. Dünner wird man so zwar nicht, aber warum auch? Damit dir alle Jahre wieder im Advent Printen und Lebkuchen zu Leibe rücken und spätestens bei diesen leckeren Schokoladenwürfeln der verdammte »Domino-Effekt« zuschlägt? Nein, dass Abnehmen nicht dauerhaft funktioniert, sieht man ja schon am Mond.

Meinen Mann interessiert diese ganze Thematik eher weniger. Er ist weder für neue experimentelle *Health-Food*-Trends empfänglich noch für altbewährte Diät-Strategien. Was ihn triggert, ist das, was viele andere Männer auch wuschig macht: ein Geruch. Während Frauen auf Düfte mit süßer, seifiger, fruchtiger oder vanilliger Kopf-, Herz- oder Basisnote reagieren, provoziert den »Homo Grillensius« kein Geruch so verlässlich wie der von gegrilltem Fleisch.

»Ja, ich grill' – und zwar wann ich will«, sagen hierzulande viele. Sie sehnen den März herbei, wenn die ersten Gasgrills aus dem Süden zurückkehren und mit dem Streusalz im Baumarkt ein friedliches Nebeneinander führen. »Ganzjahresgriller« gehen sogar noch einen Schritt weiter. Sie kennen keine Jahreszeiten mehr. Frühling, Sommer, Herbst und Winter heißen bei ihnen Angrillen, Grillen, Abgrillen und Wintergrillen. Egal ob es sich dabei um Indoor-Grillen, Extreme-Grillen, Synchron-Grillen oder was auch immer handelt. Grillen boomt auf breiter Front, wobei die olympische Disziplin unbestritten das Einzelgrillen der Männer ist. Wäre im Januar 2021 der Astra-Zeneka-Impfstoff zusammen mit einem Gratis-Weber-Grill angeboten worden, hätten wir bereits im Februar Herdenimmunität gehabt und hätten bis 2023 skippen können.

Grillen ist hierzulande eine »ganz heiße Sache«. Es gibt die Hipster-Griller, die ihr Beef-Paket stylisch mit dem E-Cargo-Cruiser *Dutch Delight* im Clean-Eating-Store abholen, um es dann mit dem ein oder anderen, im Whiskyfass gereiften, *Craftbeer* in der Hand zu grillen – das Ganze begleitet von Polaroidsessions aus der Fujifilm-Sofortbildkamera im Retrodesign. Es gibt die Perfektionisten, meist »Beef«-Abonnenten, die alles übers Grillieren wissen, bei denen der Metzger Schweißausbrüche bekommt, wenn sie ihre *Kobe-Beef*-Vorbestellung durchgeben, die später mit Präzisionsinstrumenten wie Fleischgabeln mit Teakholzgriffen aus dem

Manufactum-Sortiment bearbeitet wird. Und es gibt die, nennen wir sie höflich mal, die Unkomplizierten, bei denen sich »Schwenken« und »Denken« immer noch ausschließt. Es handelt sich hier um »Serien-Griller«, die, aufgrund der engen Taktung ihrer Grillgelage, für Fleisch aus dem preisaggressiven SB-Regal beim Discounter empfänglich sind. Also für Fleisch, das billiger ist, als seine Verpackung, das auf den ersten Blick zwar wie Fleisch aussieht, labortechnisch gesehen aber an Körperverletzung grenzt, weil es von Tieren stammt, die in zwei Tagen bis zur Geschlechtsreife und in vier Tagen bis zum Schlachtgewicht turbogemästet werden, um dann den Kastenstand portionsweise eingeschweißt auf Styroporschalen zu verlassen.

Nein, ich will nicht generell den Ausstieg aus der (Grill-)Kohle fordern, und ich erwarte von diesen Männern auch nicht, dass sie am »Meating-Point« ein Maiskölbchen über dem züngelnden Propangasflämmchen eines 799-Euro-Grills schwenken, um dann von einem bierilluminierten »Kampfgriller« als Kolbenfresser verspottet zu werden. Aber sollte man sich aus Respekt vor dem Leben nicht doch zunächst einmal fragen, was bei dem Preis da wohl »zusammengestanzt« worden ist, bevor man es seinem Stoffwechsel unterjubelt? Und zwar aus Respekt vor dem Leben der Tiere und dem eigenen? 10 Würstchen für 1,99: Solche Offerten regen mich »tierisch« auf. Leute, die das kaufen, haben weniger Skrupel als ein im Cum-Ex-Skandal verstrickter Banker. Doch im Gegensatz zum größten Steuerraub der deutschen Geschichte, dem man mit aller gebotenen Akribie schonungslos nachgehen muss, sollte »Dreierlei vom Tier« keine Sau mehr interessieren. Da sollte auch aus dem überzeugtesten *Glut*bürger ein *Wut*bürger werden.

Kai, ein Kollege von mir aus Bremen, hat die Kurve gerade noch so gekriegt: Er besaß einen Gasgrill im Wohnwagenformat. Ein Mordsteil, auf dem er vorzugsweise Fleischstücke grillte, die trotz der Größe des Rostes immer noch darauf wirkten wie eine Familienpizza im Schlitz eines EC-Kartenlesegeräts. Dabei trug er eine Schürze, auf der stand »Bratort«. Ein überzeugter Kotelett-Dompteur, der sich durch einen Beilagensalat beleidigt fühlte. Wenn ihm mal die Brötchen für seine Hotdogs ausgingen, wurde die Wurst halt zwischen zwei Nackenkoteletts geklemmt ... Gemeinsame Grillabende? Eher schwierig. Einmal hörte ich, wie er den Markus aus dem Marketing augenzwinkernd fragte: »Und? Grillen wir heute Abend *mit* Frauen oder *ohne* Zucchini-Spießchen?« Mittlerweile ist seine Lieblingswurst aber die Extrawurst – aus Tofu. Eine wegweisende Aufklärungskampagne der Stadt Bremen, die auf Plakaten, Citylights, in Flyern, Anzeigen und auf Werbebannern plausible Gründe für weniger Fleischkonsum visualisierte, brachte in seinem Fall die Wende.

Als ich damals in Aachen meinen Mann kennenlernte, ernährte er sich auch derart fleischlastig, dass sein Hausarzt beim Blutabnehmen vermutlich immer ein paar kleine Mettigel in den Röhrchen schwimmen sah. Kein Mettbrötchen hat seinerzeit einen einstündigen Aufenthalt in seinem Kühlschrank überlebt. Und am Wochenende wurde eigentlich immer gegrillt. Und zwar auf Holzkohle. Den Gasgrill seines wohlhabenden Nachbarn bezeichnete er abfällig als »Outdoor-Mikrowelle«. Nicht aus Missgunst, sondern aus Überzeugung. »Auf Gas zu grillen ist wie Höhlentauchen im Kneippbecken«, so der »Grillosoph«. Er bevorzugte dieses archaische Gefühl, wenn die Holzkohle knisterte, das Fett in die Glut tropfte und sich eine riesige Stichflamme über dem Rost bildete, so als würde eine Space-X-Rakete von seiner Garageneinfahrt Richtung Mars abheben. Dann löschte er gepflegt mit einem Bierchen ab und ließ dabei dichte weiße Rauchschwaden in den Himmel aufsteigen, so dass die umliegende Nachbarschaft denken musste, dass ausgerechnet in seiner Garagenauffahrt ein neuer Papst gewählt worden war. Besuchte ich ihn und die Verkehrsnachrichten begannen mit »Achtung auf der A4 kommt es in der Höhe vom Autobahnkreuz Aachen zu Sichtbehinderungen«, wusste ich: Aha, er hat den Grill schon angeschmissen …

Ich hingegen war schon ein Flexitarier, bevor man dazu übergegangen war, die Gesellschaft in Vegetarier, Frutarier, Ovotarier, Parlamentarier, Rotarier und Pescetarier einzuteilen. Letztgenannte sind im Prinzip wie Vegetarier. Sie verzichten auf Fleisch, essen aber alles, was aus dem Wasser kommt. Nudeln zum Beispiel. Daher freute es mich auch, als 2021 in Deutschland der Pro-Kopf-Verzehr von Fleisch erstmals bei 55 Kilogramm lag. Es war der niedrigste Wert seit Beginn der »Wurstaufzeichnung«. Und mein Mann ist an dieser Entwicklung nicht ganz unschuldig: Eine meinerseits gut recherchierte Mortalitätsrate infolge von Herzkranzverfettung oder der freundliche Hinweis, dass reihenweise Mischehen zwischen Fleisch-Fans und Gemüse-Liebhabern geschieden werden, weil man sich »auseinandergegessen« hat, brachten ihn auf Kurs. Aber zugegeben, es war ein kräftezehrender Prozess. Ich ging dabei vor, wie man es von diesen milde lächelnden Montessori-Lehrerinnen kennt, die es schaffen, ihre sanfte Aggression in Geduld und Nachsicht zu verwandeln: Ich dachte nur in kleinen Schritten und arbeitete mit viel Anerkennung. Nur dank meines unerschütterlichen Glaubens an die Lernfähigkeit des Menschen konnte ich diese Herkulesaufgabe stemmen.

Heute essen wir wenig Fleisch und wenn, dann nur bio. Aber ein Grund, mir dafür einen Heiligenschein aufzusetzen, ist das nicht. Jedenfalls floppte ich bei Luise mit dem Versuch, genau dies zu tun. Sie ist eine Vegetarierin der ersten Stunde. Sie ernährte sich schon fleischlos, als »vegetarisch« noch nicht die Reichweite von Toilettenpapier hatte. Damals galt vegetarisch noch als Abweichung von der Norm. Heute ist die Abweichung von der Norm die Norm. Und Randexistenzen, wie ihre Eltern gilt es da eben zu missionieren. Vor allem Menschen wie ihren Vater, denen Fleisch noch immer nicht gänzlich wurscht ist, die gerne mal »dönieren« und bei denen es vorkommen kann, dass sie sich selbstvergessen fragen, womit es um alles in der Welt Veganern gelingt, ihr Schnitzel zu panieren, weil sie ja auch auf Ei verzichten ... Luise hat ein untrügliches seismografisches Gespür für ernährungsbedingte Dilemmata, Debakel und Desaster. Spürt sie eins auf, nimmt sie einen in die Zange und trendet verlässlich nach wenigen Minuten den nächsten Weltuntergang. Dann wird man hart rangenommen. Wir vermeiden daher alles, was ihren Unmut anfixen könnte; wir geben uns wirklich alle erdenkliche Mühe, was die familiäre Stimmung angeht. Es gelingt aber nicht immer. Und so haben wir mittlerweile unser ganz eigenes Klima – ein Reizklima.

Bitte nicht falsch verstehen: Auch mir liegt das Tierwohl am Herzen. Aber ab und an mal ein Stück Biofleisch? Wohlbemerkt bio ... Beim letzten Mal, als Luise ein Bio-Steak in meinem Kühlschrank entdeckte, erntete ich einen Blick wie von einer furchteinflößenden Oberschwester, die auf der Säuglingsstation jemanden beim Zigarre-Rauchen erwischt hat. Sie forderte einen Fleischführerschein, nach dem jeder, der Fleisch essen will, wenigstens einmal ein Tier selbst getötet haben muss. Sie hält ihn für genau das richtige Instrument, um aus ewig Gestrigen wie ihrer Mutter einen Besser-Esser zu »destillieren«. Ich war düpiert, schwieg ohrenbetäubend laut und hätte das Gespräch am liebsten zu Ende gelächelt. Doch dann nahm ich allen Mut zusammen, zeigte zaghaft zitternd auf einen grünen Sticker und hauchte: »Aber ... es ist doch bio ...«, worauf die Kontrollinstanz für bewussten Konsum erbarmungslos zuschlug: Ob mir eigentlich klar wäre, dass ich da ausgerechnet ein Tier essen würde, dem es gut gegangen wäre – und nicht eines, für das der Schlachthof eine Erlösung bedeutet hätte? Ich war ratlos. In gewisser Weise ist das ja wirklich paradox. Mundtot gemacht fühlte ich mich in den Dunstkreis »nicht geschäftsfähig« gedrängt und mir wurde klar, dass es nur noch eine Frage der Zeit war, bis ich unter Vormundschaft gestellt würde.

Für den nächsten Familien-Grillabend überlegte ich mir dann einen Kompromiss. Statt »Nacken-Steaks« gab es »Pasti-Naken-Steaks«. Und ich muss sagen, ich fand sie tatsächlich »vegantisch« lecker. Aber mein Mann meinte nach drei Versuchen: »Nee, also, bei aller Liebe, aber geschmacklich gibt's da kein *englisch* und auch kein *medium* und auch kein *durch* – da gibt's ja nur *elastisch* ...« Und dann hat er auf dem Lappen rum-gekaut – und gekaut und gekaut. Also, ein talentierter Heimwerker hätte mit der Masse auch Rigipsplatten verspachteln können. Ja und dann war's das auch wie-der mit dem friedlichen Abend. Das guckt sich unsere Tochter nicht lange an. Dann gehen die beiden aufei-nander los wie die zwei Boxer im Ring, von denen einer in der zweiten Runde den Trainer fragt: »Und Trainer? Bin ich gut? Kann ich gewinnen?« Worauf der Trainer antwortet: »So wie du rumfuchtelst und ins Leere schlägst, hat dein Gegner spätestens in der vierten Runde eine Lungenentzündung ...«

Überflüssig zu erwähnen, dass der, der ins Leere schlug, nicht Luise war, sondern ihr Vater. Sie ist ein-fach besser informiert und sie hat auch einfach die besseren Argumente. Und die haut sie raus. Gnadenlos. Als Andersdenkender wirst du da im Vorbeigehen in einem flammenden Zwei-Satz-Spontan-Referat »weg-verfrühstückt«. Nein, schön ist das nicht. Auch nicht für meinen Mann. Aber er ist es ja selber schuld. Was muss der so provozieren. Ich sag's ja immer wieder: Man sollte sich nur dann wie eine offene Hose benehmen, wenn die nicht leer ist.

Wobei ich ihm in einer Sache allerdings recht geben muss: Fleischersatzprodukte müssen einem auch nicht unbedingt in »Fleisch und Blut übergehen«. Denn wer glaubt, dass alles, auf dem *Veggie* steht, gesund ist, nur weil kein Fleisch drin ist, dem kann man auch im Ruhrgebiet Tiefseegarnelen aus der Region verkaufen. Haben Sie auf so einer Packung »Veganes Gulasch« mal nachgelesen, was da an Farb- und Konservierungsstoffen, an Verdickungsmitteln, künstlichen Aromen und Geschmacksverstärkern sowie billigem Palmfett reingepumpt wurde? Was als Flatrate fürs gute Gewissen gedacht ist, kann so auch schon mal zur wirksamen Anleitung für ein veritables Sodbrennen werden, wenn nicht sogar in einem Kniefall vor dem WC-Stein enden – der es vom Chemiegehalt durchaus mit einem solchen Fertiggericht aufnehmen kann. Also bei einer solchen Mahlzeit sollte man lieber das Tischgebet nicht vor, sondern nach dem Essen sprechen.

Aber Fakt ist, die Entwicklung von Fleischersatzprodukten ist das am schnellsten wachsende Feld der Ernährungsindustrie. Alle paar Wochen kommt ein neues fleischfreies Schnitzel in die Regale, während die Nicht-Vegetarier seit hundert Jahren dasselbe Schnitzel essen müssen. Also spannend klingt das schon, was da in der Veggie-Ecke abgeht, im Gegensatz zur Fleischtheke, die schon lange kein hipper Ort mehr ist. Trotzdem gibt es keine wissenschaftlichen Beweise, dass vegetarisches

Essen einer ausgewogenen Ernährung mit geringem Fleischanteil überlegen ist. Das gilt insbesondere dann, wenn die vegane oder vegetarische Ernährung auf Fertiggerichten, also auf stark verarbeiteten Lebensmitteln basiert. Die Zeitschrift *Öko-Test* gab 2021 13 von 19 veganen Aufschnitten die Noten mangelhaft und ungenügend. Und dabei liegen die Preise solcher Fleischersatzprodukte sogar oft über denen für herkömmliches Fleisch. Hallo? Wieso das denn? Die meisten Fake-Fleischprodukte bestehen aus Soja- oder Getreideproteinen; jedes Tier frisst Soja oder Getreide. Also, wie kann es teurer sein, eine Frikadelle direkt aus Pflanzen zu basteln, als den Umweg übers Vieh zu machen?

Dass das sogenannte Reaktorfleisch, auch In-Vitro-Fleisch genannt, also diese fleischvolle, aber tiertodfreie Alternative, bei der in einer Nährlösung Fleischzellen zu Schnitzeln und Hackfleisch heranwachsen, noch teurer ist als ein herkömmliches Fleischprodukt, steht zum jetzigen Entwicklungszeitpunkt außer Frage. Die Frage ist doch vielmehr: Ist man überhaupt noch Vegetarier, wenn man sich dieses Retorten-Fleisch schmecken lässt?

Es ist alles so kompliziert geworden. Ich bin verwirrter als ein Chamäleon in einer Smarties-Tüte. Vielleicht würde ein ganz anderer Ansatz Sinn machen, nämlich ein Produkt, das sich abgrenzt und sich bewusst nicht Fleisch- oder Wurstersatz nennt, denn seien wir doch mal ehrlich: Wenn ich »Leberwurstersatzbrotaufstrich« höre, dann ist doch klar, dass ich

das geschmacklich als Erstes mit einer echten Leber-
wurst vergleiche. Und in dem Moment hat es eigentlich
schon verloren ...

Aber was bleibt denn nun, wenn man auf Proteine aus
Fleisch verzichten will? Je älter ein Mensch ist, desto
mehr benötigt er schließlich davon für seine Zell-
reparatur. Im Wartezimmer beim Arzt stoße ich auf
einen Artikel über sechsbeiniges Trendfood: Insekten.
Ja wie – igitt?? – »grillen« kleingeschrieben JA, aber
»Grillen« großgeschrieben NEIN? Die Grille ist sehr
schmackhaft und proteinhaltig und eine umweltscho-
nende Alternative zu Fleisch. Noch mehr Nährstoffe
gibt's in Form von »gebackenen« Heuschrecken, er-
fahre ich im seitlichen Infokasten. Ein »Schuss in den
Ofen«? »Kitchen impossible«? Nein, Patties aus einem
Mix von Larven liegen bereits jetzt in unseren Kühlre-
galen. »Da ist der Wurm drin«, mag man da denken,
vielleicht dreht sich auch gerade Ihr Magen wie eine
Waschmaschine oder befindet sich gar schon kurz
vor dem Abpumpen oder Ihr Frühstück droht einen
»U-Turn« zu machen ... Aber das ist die Zukunft.

Ausgerechnet jetzt, wo ein Blick auf die Windschutz-
scheibe das große Insektensterben belegt, hat die EU
den Verzehr bisher unerlaubter Larvensorten erlaubt.
Auch Käfer werden unsere Nahrung bereichern: Rie-
senmehlkäfer, Wasserkäfer, Hirschhornkäfer sind im
Gespräch. Ich bin da absolut offen, in jeder Beziehung.
Hauptsache der Feinkost-Käfer ist auch dabei!

Über Floppy Flirts und Fancy Dates:
die Suche nach dem Perfect Match

In dem Mehrfamilienhaus nebenan, in dem fast ausschließlich Rentner wohnen, beschwerte sich neulich einer dieser über das einzige Baby im Haus: »Wir hatten uns so gefreut, dass hier endlich mal Leben reinkommt. Und jetzt schläft das immer nur ...« Na, immerhin wohnt dort noch EIN Baby. Laut Geburtenstatistik sind wir ja gerade kurz davor, vom Vatikan überholt zu werden. Der demografische Wandel lässt unsere Bevölkerungspyramide gerade zum Bevölkerungseimer werden. Der Deutsche verschwindet. Sie lesen ja auch gerade dieses Buch, anstatt für Nachwuchs zu sorgen.

Woran liegt's? An den E-Autos, durch die gewisse junge Männer die Motoren ihrer getunten ADHS-Schlitten nicht mehr röhren lassen können, um ihre Paarungsbereitschaft zu signalisieren? Oder an den *Digital Natives*, die vergeblich versuchen, mit einem Doppelklick auf eine virtuelle Gebärmutter ein Baby downzuloaden? Oder ganz banal: Ist der Verbraucherschutz schuld, der grundsätzlich von Abos mit mindestens 18 Jahren Laufzeit, neun Monaten Lieferzeit und null Umtauschrecht abrät? Oder liegt's daran, dass du, wenn du Kinder hast, deine Eltern wieder fragen musst, ob du abends ausgehen kannst? Oder daran, dass Kinder dich die Welt mit anderen Augen sehen lassen – nämlich mit müden und dunkel umrandeten – wie beim Olli von gegenüber? Der rief neulich über die Hecke: »Wir kriegen das dritte Kind. Wir bauen jetzt an ...« Sein Nachbar Kalle rief zurück: »Jo, Olli, ohne Kiffen würd ich das auch nicht aushalten.« Für Antinatalisten völlig unverantwortlich. »Unsere Ressourcen sind jetzt schon am Limit«, sagen sie und legen wegen der Erderwärmung ihren Kinderwunsch auf Eis. Pro nicht geborenem Kind können jährlich immerhin 58,6 Tonnen CO_2 eingespart werden. Demnach fangen die wohl erst mit dem Kinderkriegen an, wenn Oma oder Opa »Platz machen« ...? Und die Zeit, die man bis dahin in die Erziehung gesteckt hätte, kann man so ja auch prima in Klima-Aktivismus stecken. Andererseits: Verkörpern Kinder nicht unsere Hoffnung auf die Zukunft? Ja, tun sie. Zweifelsohne. Kinder sind etwas Wunderbares. Wo kommen wir denn hin, wenn keiner mehr welche will? Mir tun da ja immer die Großeltern so leid. Am Ende unserer Straße wohnt ein Paar, beide Mitte 70. Die haben immer noch Sex, weil sie unbedingt Enkel wollen ...

Der Staat jedenfalls lässt nichts unversucht, um unseren Brutpflegeinstinkt zu triggern. 229 Euro Kindergeld gibt's hier monatlich, nach der letzten Erhöhung von satten 10 Euro. 10 Euro! Das macht bei einer 70-köpfigen Familie immerhin fette 700 Euro aus. Da war der Markt für Luxus-Immobilien auf Sylt bestimmt schnell leergefegt, oder? Ja, ich gebe zu, wenn der Staat am Start ist, läuft es oft suboptimal. Aber nicht immer kann man einem einzigen Schwein die Schuld geben, wenn die Mettwurst versalzen ist. Ich denke, das Problem ist vielschichtiger. Daher lassen Sie uns, wie es sich für ein sorgsam recherchiertes Thema mit homöopathisch vorhandenem wissenschaftlichem Anspruch gehört, enzyklopädisch beginnen:

Das *Perfect Match* war schon immer die Keimzelle für eine Familie. In der Generation meiner Eltern war man mit den Statuen dafür schnell durch. Klar war: »Männer wollen Frauen ohne Vergangenheit und Frauen wollen Männer mit Zukunft.« Von Liebe sprach man, wenn beide vom Waldspaziergang zurückkamen, und geheiratet wurde so oder so irgendwann, denn es hieß »der Mensch ist unvollständig – erst wenn er geheiratet hat, ist er richtig *fertig*.« Wobei »fertig« in der Generation »Muss ja« nicht zwingend für »ausgereift« stand, sondern auch »aufgerieben, abgekämpft« heißen konnte. Denn eine Beziehung konnte aufgrund entfesselter Liebe eingegangen worden sein, aber auch aufgrund mangelnder Alternativen. Ü-50 und nicht verheiratet, das galt im Münsterland, der Heimat meiner Mutter, als persönliche Bankrotterklärung. Und so wurde ein unverheirateter Cousin von ihr auf jedem Familienfest vom Rest des Clans immer wieder gebetsmühlenartig gefragt, warum er noch alleinstehend sei, worauf er einmal nassfrosch erwiderte: »Meine Schwiegereltern können keine Kinder bekommen.« Nicht nur diejenigen, die randlose Brillen trugen, waren

»fassungslos«. Nach wenigen Minuten fing man sich dann wieder und machte heiter weiter im Takt – egal wie es hinter den Kulissen aussah. An Scheidung dachte man nicht. Höchstens an Mord.

In meiner Jugend wurde man wählerischer. Die 80er waren eine *Love Parade* mit wechselnder Besetzung. Jedenfalls für die meisten. »Willst du mit mir gehen?«, so lautete die Frage, wenn man das erste Mal nüchtern miteinander geknutscht hatte. Viele meiner Freundinnen mussten darüber dann erst mal eine Nacht lang wach liegen, was mir allerdings nie vergönnt war. Die Jungs, auf die ich flog, waren nie die, bei denen ich landen konnte. »Ich suche nichts Festes«, mit diesem Satz wurde ich regelmäßig abserviert. Meine verzweifelt verführerischen Versuche der Güteklasse »Nichts Festes? Dann dürften Dir meine Oberschenkel aber gefallen ...« liefen immer ins Leere. Im Halbfinale in irgendeinem holzvertäfelten elterlichen Partykeller eines Mitschülers schied ich verlässlich beim Restetanzen aus und durfte von einer muffigen Matratze aus zusehen, wie sich die anderen zu *Nazareths* »Love hurts« zwischen Vereinswimpeln (Kegelklub), Zinntellern (Prämiensparen) und Sektkübeln mit dem Konterfei von Vico Torriani küssten, als wären sie bei der Zahnreinigung. Den heiß ersehnten Knutschfleck musste ich mir immer selber beibringen – mit dem *Liliput* meiner Mutter, einem leistungsstarken Handstaubsauger von AEG. Aber man trennte sich in den 80ern auch schneller wieder. Gerne in der einzigen McDonald's-Filiale, die Aachen am Holzgraben zu bieten hatte. Es gab dort nämlich kein Porzellan, das einem an den Kopf fliegen konnte, und auch keine scharfen Messer und spitzen Gabeln, um aufeinander loszugehen; dafür aber immer einen dicken Menschen, hinter dem man sich verstecken konnte.

Auch die Scheidungsrate nahm zu: In den 70er-Jahren wurden in Westdeutschland rund 15 von 100 Ehen geschieden. Das Thema war noch mit großer Scham besetzt. Scheidung wurde mit Scheitern gleichgesetzt. Manche Ehepaare ließen sich sogar erst im hohen Alter von 80 Jahren und mehr scheiden; sie wollten unbedingt so lange damit warten, bis ihre Kinder tot waren. Zu Beginn der 90er-Jahre waren es mit 30 Scheidungen schon doppelt so viel (www.sozialpolitik-aktuell.de). Trennung lag im Trend und die Gründe auf der Hand: Männer und Frauen sind unterschiedlich. Sie sind wie Essig und Öl. Kommen Sie zusammen, hat man den Salat. Denn der Kardinalsfehler ist immer derselbe: Man verliebt sich in Potenziale, die man für »ausbaufähig« hält ... Nach dem Domestizieren also das Domptieren. Denn auf Veränderungen zu warten, ohne selber etwas dafür zu tun, ist ja wie an einer S-Bahnhaltestelle auf eine Fähre zu warten. Es ist ein bisschen wie bei Schuhen aus dem Sale: Beim Anprobieren denkst du noch »Mmm, vielleicht doch zu eng, zu klein, irgendwie nicht wirklich bequem, aber wenn die erst mal eingelaufen sind, dann ...« Aber Vorsicht: »Den vögeln wir uns schon noch zurecht«, dachte sich schon so manche Frau, nicht selten blieb diese Hoffnung aber bis über die Silberhochzeit hinaus unerfüllt. Experten meinen dazu, dass die Basis eines *Perfect Match* sehr wohl diese gewisse Andersartigkeit ist. Und sie sollte auch groß genug sein, um sich nicht miteinander zu langweilen, aber sie sollte auch klein genug sein, damit man nicht ständig aneinanderrasselt.

Schwierig, denn ändert sich diese Andersartigkeit nicht im Laufe der Jahre? Wir entwickeln uns doch! Mit 28 sind wir doch ein anderer Mensch, vielleicht ein verliebter, als mit 58, einem Alter, in dem man höchstwahrscheinlich nicht durchgängig glücklich darüber ist, dass der Partner einen vor 30 Jahren zu seinem Sozialprojekt gemacht hat. In welcher Langzeitehe kommt es phasenweise nicht schon mal zu einer Art »emotionalem Niedrigtemperaturgaren«? Jaja, so eine Liebe über den Alltag zu retten, ist harte Arbeit. Ehe auf Autopilot funktioniert nicht. In gescheiterten Ehen wird oft von zu viel Routine und zu großer Langeweile gesprochen. Es soll daher auch Paare geben, die, um frischen Wind in ihre Beziehung zu bringen, Lebensversicherungen aufeinander abschließen und gespannt abwarten, wer wohl gewinnt ... Ebenfalls sollen Ehen existieren, in denen eine/r den anderen bei Ebay Kleinanzeigen einstellt: »Mann abzugeben, Top-Zustand, zu nichts zu gebrauchen«, dann selber einen Euro bietet, um die Sache anzukurbeln und hofft, dass noch jemand drübergeht ... Auch von schleichender Entfremdung ist manchmal die Rede und ganz oft davon, dass eine/r der beiden plötzlich das Gefühl hat, dass im Hafen der Ehe ein Kriegsschiff vor Anker liegt ...

Onkel Willi hätte allen Grund zu dieser Annahme

gehabt. Er brauchte kein Google. Er hatte Hertha, seine amtlich zugelassene Ehefrau, die alles besser wusste. Sie konnte in Sätze etwas hineininterpretieren, noch bevor diese gesagt waren. Onkel Willi wurde streng geführt und engmaschig kontrolliert. Allein mit ihrer Stimme hätte Tante Hertha auch prima einen Frauenknast leiten können. Hätte. Aber sie hatte sich ja nun mal für das Führen einer Ehe entschieden. Und wenn ich hier von »führen« rede, dann meine ich das auch. »Führen« im konservativen Sinn, weil sie das auch genauso gemacht hat ...

Onkel Willi hatte zu Hause so viel zu melden wie eine Gender-Beauftragte bei den *Hells Angels*. Aber Rebellion? Nein, nach Hause kommen und immer auf denselben Menschen treffen, der einen abweist und abbügelt, hat doch auch etwas Vertrautes ... Er war wirklich die Gutmütigkeit in Person. Nur einmal erlebte ich, wie aus seinem legendären Geduldsfaden eine Zündschnur wurde. Er hing in einer Hotline, um sich über irgendwas zu beschweren. Nach einigen Minuten wurde das Telefonat lauter und irgendwann rief er ungehalten in den Hörer: »Junger Mann, es liegt jetzt an Ihnen: Entweder wir einigen uns im Guten, oder meine Frau ruft gleich zurück!« Scheiden lassen haben sie sich trotzdem nie. Nach 40 Jahren wollte Tante Hertha ihn vermutlich auch nicht mehr glücklich machen ... Und der friedfertige Onkel Willi hat bestimmt niemals so weit gedacht. Es ist jetzt ungefähr ein halbes Jahr her, als ich die Todesanzeige im Briefkasten fand. Ich war zutiefst berührt. Da stand:

»Nach einem überaus harten und qualvollem Leben
hat Herr Wilhelm Jumpers,
geboren am 13.11.1947
am 15. März endlich seine Ruhe gefunden.

Die Beerdigung seiner Frau Hertha findet am 22. März
auf dem Hauptfriedhof statt.«

Auch einer der Top 10 Trennungsgründe ist, wenn der
Tag, an dem beide gemeinsam in Trauer vereint sind, der
Hochzeitstag ist ... oder wenn man sich nach 20 Jahren
Ehe mit seinem Mann auch ohne Worte versteht – und
zwar ohne, dass es an einem selber liegt. Wer kennt sie
nicht, die Pärchen, die sich im Restaurant schweigend
gegenüber sitzen, bei denen sein Bäuerchen nach dem
Essen oft der einzige Gesprächsbeitrag am Abend ist.

Aber der Hauptgrund für eine Scheidung ist und
bleibt die Hochzeit bzw. die Meinung darüber, wie viele
bei so einer Ehe »mitmachen dürfen«. Denn *Dreiecks-*
beziehungen laufen nicht *rund* – außer zwischen
Tequila, Salz und Zitrone. »25 Jahre verheiratet – und
wir machen keinen Gebrauch mehr davon«, ist so ein
typisches Argument, das für Untreue ins Feld geführt
wird. Waren es früher vor allem die Männer, die fremd-
gingen, so herrscht heute beinahe Gleichgewicht. Seit
Anfang der 90er hat die Affären-Quote bei Frauen um
40 Prozent zugenommen. Meine Freundin Judith ist
Hebamme in Köln. Anfang des Jahres lag vor ihr im
Kreissaal eine Frau in den Wehen. Sie schwitzte und
stöhnte. Ihr Mann saß daneben und wimmerte: »Leev

Marie, et tut mir ja so leid, dat du dat alles hier so durchstehen muss!« Worauf sie hervorpresste: »Mach dir keinen Kopp, DU kanns ja nix dafür ...«

Lieber Leser, ich hoffe, ich habe Sie jetzt nicht verunsichert. Vermutlich besteht bei Ihnen aber doch gar kein Grund zur Skepsis – es sei denn, Sie sind gerade mit ihrer Frau von Konstanz nach Kiel gezogen und der Briefträger ist immer noch derselbe ... Aber vielleicht führen Sie ja auch eine »offene Beziehung«. Eine sehr moderne Option, in der Sie einem Partner treu sind – oder vielen. Das hat was. Auch ich führe ab und an eine offene Beziehung. Meist nach Weihnachten – mit meiner Hose. Ansonsten gehöre ich aber tatsächlich zu den Ehesaurier-Weibchen, die immer eher ein Tempotaschentuch anstatt eines Kondoms im Innenfach ihrer Handtasche bevorraten, weil die Chance auf eine fettige Fritte oder einen klebrigen Kirschplunder definitiv höher ist.

Aber als Paar den gleichen großen Wunsch hegen und von einem neuen Partner träumen? Das ist heute nicht selten. Neulich hörte ich durch die Hecke, wie der junge Mann von gegenüber seine Frau zurechtwies: »Nee, Hannah, also echt, so kannst du nun wirklich nicht mit Deinem Lover umgehen. Kein Wunder, dass der sich nicht mehr bei Dir meldet!« Es gibt mittlerweile um mich herum so viele Beziehungskonstellationen: Affären, One-Night-Stands, Rebound-Beziehungen, Polyamorie, Fast-Beziehung, Freundschaft Plus, Freundschaft Minus und ja, die Institution Ehe halt, die ich lebe und in der ich mir immer öfter vorkomme wie ein unprätentiöses, in die Jahre gekommenes Reihenhaus inmitten eines bunten Fertighaus-Centers.

Diese Vielfalt bleibt natürlich nicht ohne Folgen. Meiner Tochter habe ich daher schon eingetrichtert, mit Weitsicht zu reagieren, sollte sie jemals von einem Mann angeschmachtet werden: »Willst du die Mutter meiner Kinder werden?« Da sollte man doch erst mal zurückfragen: »Ja, wie viele hast du denn schon?« Also, ich fände das sinnvoll. Es bietet sich heute tatsächlich an, manche Beziehungen vom Ende her zu denken – beginnend mit dem nachehelichen Sorgerecht für den geplanten, aber noch nicht geborenen Nachwuchs. Denn so wie die Generation meiner Eltern etwa vier Kinder hatte, haben heute Kinder auch schon mal vier Eltern.

Unsere Multioptionsgesellschaft beschert uns die Freiheit, uns nicht mehr festlegen zu müssen. Nie waren wir ungebundener als heute. Eigentlich wunderbar – vorausgesetzt man behält den Überblick:

»Erzählen Sie mir in eigenen Worten, was sie bedrängt«, sagt der Psychotherapeut zu einem Patienten. Dieser antwortet: »Na ja. Alles fing an, als ich heiratete. Meine Frau hatte eine erwachsene Tochter, die somit meine Stieftochter wurde. Mein Vater kam auf Besuch, verliebte sich in meine Stieftochter und heiratete sie. So wurde aus meiner Stieftochter gleichzeitig meine Stiefmutter. Die Frau meines Vaters bekam einen Sohn. Dies ist mein Bruder, obwohl ich gleichzeitig sein Opa bin. Er ist ja der Sohn meiner Stieftochter. Meine Frau ist meine Oma, da sie die Mutter meiner Stiefmutter ist. Daraus folgt, dass ich der Enkel meiner eigenen Frau bin. Und das bedrückt mich halt ...« (Quelle: Debeste.de)

2021 lag die Scheidungsquote dann bei 39,9 Prozent. Ich war nie gut in Mathe, aber ich glaube, damit hat jeder, der mit über 30 noch Single ist, statistisch gesehen, die erste Scheidung geskippt. Manche lassen sich im Laufe ihres Lebens auch so oft scheiden, dass sie beim zuständigen Amtsgericht eigentlich Payback-Punkte sammeln könnten, bei Juwelieren nach kompostierbaren Eheringen fragen oder eine Kopie der nächsten Heiratsurkunde direkt im Folder »Geordneter Rückzug/ Scheidungspapiere« abheften sollten. Wobei: Gibt es solche Heiratsurkunden überhaupt noch oder werden die Namen der Partner heutzutage nicht nur noch tätowiert ...?

Den Partner zu retournieren ist für viele ungefähr von der Bedeutung, wie bei Amazon etwas zu reklamieren. In meiner Familie hatten sich 2019 drei Paare getrennt, worauf meine Tante, eine pragmatische Frau jenseits der 80, beim Familientreffen am ersten Advent von ihrem Ohrensessel in Richtung Küche rief: »Gibt es sonst noch jemanden, der Weihnachten nicht mehr mit seinem Partner zusammen ist oder vielleicht schon einen neuen hat? Ich fange nämlich *jetzt* mit den Weihnachtskarten an!«

Warum wird sich so viel getrennt und geschieden? Sind die richtigen für ein *Perfect Match* schon vergeben – womöglich an die falschen Partner? Klar, auch ich würde mich trennen, wenn ich das Gefühl hätte, an einen beziehungsunfähigen Dullie mit toxischen Tendenzen geraten zu sein. Mit jemanden, der kein Bier zapfen kann, kann man keine Kneipe eröffnen. Aus Mett machste kein Marzipan. Aber ist das wirklich immer der entscheidende Grund? Nein, die Neurose unserer Zeit ist der Optimierungsgedanke. Er macht uns intolerant und schafft es, das »Wir« irgendwann zu zersetzen. Der Anspruch »Er soll mir einfach nicht auf den Keks gehen«, ist ja noch legitim, aber wenn der Grund ist, dass man sich einfach nicht auf eine gemeinsame Spotify-Liste einigen kann oder dass der Partner auch optisch zum eigenen Lifestyle passen muss – was aber plötzlich nicht mehr der Fall ist, weil man die Kissen auf der Couch schön herbstlich umdekoriert hat –, was dann? In einer Zeit, in der von jedem verlangt wird, Position zu beziehen, kann auch die Frage, ob dich der Klimawechsel beschäftigt, kriegsentscheidend sein. Denn wenn du dann ehrlich sagst »Naja schon, aber nicht permanent«, dann musst du eine Reaktion wie »Nee du, lass mal, das mit uns matcht nicht wirklich« zumindest mitdenken. Auch wenn das mit der Erderwärmung nicht aufhört, wenn man sich NICHT gemeinsam durch die Laken wühlt. 2021 hieß es in einem Dating-Portal: »Wie alt bist du? Was machst du beruflich? Und welche Impfung hast du?« Auf die Antwort »Astra Zeneka« folgte dann: »Oh, sorry, mit Astra Zeneka habe ich schlechte Erfahrungen gemacht. Die Leute drehen sich im Schlaf so oft.«

Der Optimierungsgedanke treibt aber auch noch andere seltsame Blüten: Viele trennen sich auch, obwohl sie nicht unglücklich sind, sondern weil sie glauben, alleine glücklicher zu sein. »Schatz, ich muss auch mal an mich denken. Ich brauche ein Sabbatical von uns. Mein ICH braucht Platz ...« Sätze, die Paartherapeuten oft hören. Es werden lieber Sit-ups für die eigene Seele gemacht, als Gemeinschaft zu leben. Dabei ist der Mensch doch ein Herdentier, dessen Glück in der Nähe zu anderen liegt. Ich bin während Corona fast verrückt geworden. Beim ersten Lockdown bin ich abends mit einer Schüssel Nudelsalat um den Block gelaufen, weil mir das das Gefühl gab, ich wäre gleich bei Freunden eingeladen. Während des zweiten fing ich an, mit meinem Stoffschaf Paula zu reden – und nach zwei Tagen antwortete es sogar ...

Ein *Downgrade* der eigenen Ansprüche? Für die Beziehung Kompromisse machen und sich auf den *Gegner* einstellen? Pardon, auf den *Partner* ... »No way«, sagen da viele Jüngere. Unabhängigkeit und Unverbindlichkeit spielen heute eine wichtige Rolle. Flexibilität wird ja auch woanders großgeschrieben – im Job, bei der Wohnungssuche, also wieso nicht auch auf Beziehungsebene. »Warum heiraten, man kann doch leasen ...?«, las ich neulich. Also sind Partner jetzt Konsumartikel mit Verfallsdatum? Im Gegenzug dazu kommen mir Vereinbarungen, Festlegungen oder Versprechen schon fast wie selbst auferlegte Blockaden vor, oder?

Luises Freundin Julie ist es schon zu viel Bindung, wenn ein *Boy* sie vormittags fragt, was sie abends vorhat. Als ihr letzter Freund nach drei Monaten vorschlug, sich endlich ihren Eltern vorstellen zu dürfen, lehnte Julie empört ab: »Jetzt chill mal, ich habe selbst neun Monate gebraucht, bis ich sie das erste Mal sah.«

»Hey, ich liebe dich«, hatte vor nicht allzu langer Zeit ein Kommilitone zu meiner Luise gesagt und ergänzt, »ich date aber noch zwei andere Mädchen, aber ich liebe dich – echt, vertrau mir.« Häh? Hat man bei dem Bengel vielleicht vergessen, vorm Erstgebrauch die Schutzfolie ums Hirn zu entfernen? Ich erinnerte Luise daran, dass ihr Vertrauen kein PIN ist, bei dem man drei Versuche hat, dafür aber ihr Herz eine Sickergrube, in der Enttäuschungen für immer hin und her schwappen. Ich meine, gut, der Kerl war »süß« und freundlich wie der *Charming*-Bär, aber diese Einstellung ist doch nun wirklich »für'n Arsch«. Ich seh den schon in 20 Jahren: »Du, Schatz, wir sind jetzt schon so lange zusammen. Möchtest du meine Frau ...« – »Oh, ja, gerne!«, wird dann seine Freundin begeistert dazwischenflöten, bevor er dann fortfährt: »... kennenlernen?« Warum wollen sich so viele nicht mehr festlegen? Drum prüfe, wer sich bindet, ob er nicht noch was Besseres findet? Verbringt man sein Leben jetzt mit »prüfen«?

Nehle, meine Nichte, eine intelligente, attraktive, junge Frau – emanzipiert bis in die letzten Kapillaren – ist seit zehn Jahren »an Timmi dran«. Man hat zwölf Semester Architektur zusammen studiert, ist sechs Monate gemeinsam durch Asien gereist, hat eine Altbauwohnung in Köln gekauft, zwei Straßenhunde aus

Moldawien adoptiert, sich mit der Gründung von sechs hippen Start-ups verzettelt, einen Schrebergarten angelegt und gemeinsam ein grünes Wertpapierdepot mit 30-jähriger Laufzeit eröffnet. Aber sie ist sich immer noch nicht sicher ...

Die Begrifflichkeit »Generation beziehungsunfähig« schunkelt immer öfter durch die Talkshow-Szene. Was ist da los? Warum diese Unsicherheit? Ist es aus weiblicher Sicht vielleicht die Angst, mit dem Aufgeben des »Ichs« einen Schritt zurückzumachen und die Errungenschaften des Feminismus zu torpedieren? Nein, kann ich mir nicht vorstellen, denn die Erkenntnis, dass man vielleicht keinen Mann braucht, es aber Zeiten gibt, in denen es wunderschön ist, einen an seiner Seite zu wissen, ist mit dem Feminismus von heute absolut vereinbar. Das wurde mir letzte Karnevalsaison auf einer Damensitzung in Köln einmal mehr bewusst: Ich fragte ketzerisch ins Publikum: »Wenn wir Frauen doch heute auf eigenen Beinen stehen, unseren eigenen Beruf ausüben, Kinder alleine großziehen, finanziell unabhängig sind, Elster-Formulare ausfüllen, Regale aufhängen und Staubsauger reparieren können, warum brauchen wir überhaupt noch Männer?« Eine Dame mittleren Alters rief zurück: »Weil Vibratoren keine Hecke schneiden können.«

Der Feminismus ist bunter geworden. Er ist für alle da. Keine emanzipierte Frau von heute lässt sich von Männern vorschreiben, wie sie zu leben hat – sondern von Frauen. Von mir aus, denn mit dem toxischen Einheitsbrei der Dinkelkissenfraktion von damals hat der

Feminismus von heute nichts mehr zu tun. Er ist facettenreicher geworden. Wie wir. Nach *Calvin Klein* duften und *Carlsberg* aus der Dose trinken, schließt sich auch nicht mehr aus. Dolly Parton hat wie keine andere den Feminismus aus der Lila-Latzhosen-Ecke herausgeholt, als sie sagte: »Ich war die erste Frau, die ihren BH verbrannt hat; die Feuerwehr brauchte vier Tage, um ihn zu löschen.« Der formvollendetste, emanzipatorische Mittelfinger, der dem radikalen Feminismus je gezeigt wurde. Sie hat klar gemacht, dass Feminismus nichts mit Optik oder »Lautsein« zu tun hat, sondern mit einer emanzipierten Einstellung, zu der auch durchaus eine feste Beziehung mit einem Mann zählen darf.

Und warum möchten sich so viele Männer keiner Frau mehr zumuten? Der Kerl ist in der Krise, heißt es immer – in einer Identitätskrise. »Wann ist ein Mann ein Mann?«, fragt sich nicht mehr nur Herbert Grönemeyer. Mutig, wahrhaftig und tapfer einerseits und nahbar, warmherzig und demütig andererseits; Hebamme werden und Harley fahren, bis zur Halskrause tätowiert, aber Shampoo für sensible Kopfhaut benutzen, Handelsblatt lesen, aber jeden Donnerstag erst mal mit der *Bunte* aufs Klo verschwinden, sanft im Sandkasten und ein Hengst im Bett. Finanzplanung, Fleischverzicht, Flugscham, Karriere und Kindererziehung. Mann, oh Mann! Fast so widersprüchlich, dass ein Mann eigentlich eine Frau sein müsste. Ja, die Qualität der Männlichkeit wird gerade neu verhandelt. In meinem Umfeld gibt es keinen einzigen »richtigen« Mann mehr – glaube ich zumindest. Aber daraus eine

Überforderung ableiten, die in Bindungsunfähigkeit münden soll? Unsinn. Das Wesen »Mann« wird mit der friedlichen Koexistenz unterschiedlicher Charaktere schon zurechtkommen. Es ist für weit mehr Komplexität ausgelegt, als es so eine Mario-Barth-Show vermuten lässt ...

Aber das kann natürlich nicht über die besorgniserregende Tatsache hinwegtrösten, dass das *Perfect Match* immer seltener wird und die Zahl der Singles weiter steigt. In mehr als 40 Prozent aller Häuser und Wohnungen hierzulande lebt nur ein Mensch. Eine absurde Energieverschwendung in Zeiten, in denen es heißt: Duschen zu zweit spart Wasser und Zeit! Und mit »Nestwärme« lässt sich im Winter auch eine Zimmertemperatur von 19 Grad gut »handlen«. Aber schließt das eine das andere überhaupt noch aus? Nein, denn für Genuss ohne Bindung gibt es heute im Netz viele fröhlich frivole Fummelbuden, die »Anbalzung« 24/7 bieten. Sehnsucht nach Zuneigung, Liebe und Sex kann auf zahlreichen Dating-Seiten mit unterschiedlichsten Ansprüchen abgegriffen werden.

Gerade für meine Altersgruppe, in der Augenringe irgendwann häufiger sind als Verlobungsringe, ist Onlinedating eigentlich eine feine Sache. So muss man sich nicht mehr die Nächte aufgebrezelt in einer Bar um die Ohren hauen, in der die Bässe so laut wummern, dass man draußen vermutet, dass die Gäste drinnen gerade die Tür eintreten. Womöglich noch mit einem Poser an seiner Seite, der über eine atemberaubende Aufblas-Artistik verfügt – während man selber das

Schwimmabzeichen in Bronze niemals für erwähnenswert halten würde –, dessen Schaulaufen Sie nach zehn Minuten nur noch mit einem entkräfteten »ach nee«, oder »sag bloß« kommentieren, bevor Sie irgendwann aus reinem Selbsterhaltungstrieb anfangen, in regelmäßigen Abständen zu raunen »DU hörst dich so an, als könnte ICH noch einen Drink vertragen ...«, der Abend aber trotz alledem partout nicht »pegelbar« werden will. Nein, das *Scannen* erledigt man heute gemütlich in dicken Socken auf dem Sofa lümmelnd, während die Gurkenmaske einzieht. Mehr als jeder Dritte zwischen 50 und 64 ist auf Portalen wie *Silver-Singles*, *Ü50.de* oder *Zweiter Frühling* unterwegs. Das, wofür früher der lebenslustige Rheinländer den *Sauerlandstern* aufsuchte, wird heute in zielgruppenaffinen Foren erledigt. Da kann man sich abchecken, austauschen und anbandeln und man lernt ganz nebenbei noch etwas über die Mythen rund um die Reizblase und den Neustart nach der Verwitwung: Bildungsbürger trifft man bei *Elite*, die Partnerbörse für Akademiker, im Volksmund auch Markenoutlet genannt. Bei *Parship* heißt es alle 11 Minuten »Click & Collect« und zack sitzt wieder so ein Orlando Bloom mit dem Charme eines George Clooneys und dem Vermögen eines Bill Gates im Warenkorb. Und während er flüstert, »Ich suche dich, ich warte auf dich ...«, frage ich mich dann, wen wollen die mit dem Driss eigentlich »aufs Kreuz legen«? Aber was will man machen? Der Wunsch nach Zweisamkeit und Zärtlichkeit verschwindet ja nicht, nur weil sich die Lenze summieren. Und mit der Hoffnung auf Mr. oder Mrs. Right lässt sich viel Geld verdienen – in jedem Alter.

Womit ich mich außerdem schwertue, ist, dass man auf diesem Wege Menschen zunächst nach ihrem Aussehen beurteilt. Das habe ich noch nie getan, es sei denn, sie trugen Hoodies ihrer Universitäten. Dieser Körperkapitalismus, ganz extrem bei *Tinder*, ein Knutsch- und Knatterportal, wo man Kandidaten einteilt in die, mit denen man sein Bett teilen möchte, und die, die man von der Bettkante kicken würde, passt so gar nicht zu mir: Power Poser, die aussehen, als müssten sie gleich in die Arena, Typen, die auf der Schmierlappenskala von o bis 10 aus dem Stand heraus die 20 schaffen würden, Kerle, die das Image eines routinierten Flachlegers übers Display regelrecht ausdünsten oder ein grinsegalaktischer Graf Sunpoint mit Camp David-Polo, im besten Alter – also nach »Après-Ski-Exzessen in Saalbach-Hinterglemm« und vor Viagra ... Ich mag es einfach nicht, wenn solche Menschen mein Äußeres in Bezug auf ihr Beuteschema taxieren. Ich reduziere Männer ja auch nicht auf ihr Äußeres. Was bringt mir denn auch ein Sixpack, wenn da ein Kerl drangeschraubt ist, der doof ist wie 'ne Teichpumpe?

Es war noch nie so leicht, an ein Date zu kommen, aber noch nie so schwer, dabei den Traumpartner zu finden. Und das, wo fast alles erlaubt ist. Und trotzdem sind nur wenige glücklich:

Lisa, die Tochter meiner besten Freundin: intelligent, bildschön und – todunglücklich. Wenn sie sich verliebt, dann in den Falschen; wenn sie verlassen wird, dann vom Richtigen. Alle drei Wochen höre ich: »DER Typ jetzt, der ist ganz meine Welt!«, und denke, das ist nun schon deine dritte Welt in zwei Monaten. Willst du ein neues Sonnensystem aufbauen, oder was? Die Ärmste ist immer noch »auf der Durchreise«. Dabei hätte es laut Werbung des oben bereits erwähnten Anbahnungsportals schon 13 567 Mal klappen müssen: bei 149 237 Versuchen und den besagten 11 Minuten ... Mittlerweile endet ihre Suche nach etwas wirklich Liebenswertem immer – auf Pizza.de.

Dabei entstehen mittlerweile über 30 Prozent aller Beziehungen (Laufzeiten allerdings unbekannt) europaweit per Mausklick. Der erste Kontakt findet dabei immer hinter Glas statt: hinter dem vom Laptop. Und dann bist du auch schon mittendrin, im verminten Gelände – oder wie man das ergebnisorientierte Flirten nennen will. Ein Profilbild zu schön, um wahr zu sein? Hatte Lisa auch schon mal im Posteingang. Sie schrieb zurück: »Falls du nicht so aussiehst wie auf dem Foto, zahlst du beim ersten Treffen die Getränke, bis du so aussiehst ...« Es kam nicht dazu. Sie hingegen ist brutal ehrlich, wenn sie virtuell angestupst wird. Auf »Hey, beschreib doch mal, wie du aussiehst«, fragt SIE zurück: »Kennst du Scarlett Johansson?« Meist antwortet ER dann total elektrisiert mit: »Jaaaaa!« Dann Sie wieder: »So nicht.« Und danach geht's weiter mit – ja was wohl: *Ghosten!*

Nirgendwo wird so viel gelogen wie beim Online-dating. Wie herzerwärmend lesen sich dagegen Kontakt-anzeigen in klassischen Printmedien, meist von einer älteren, dafür aber ehrlichen Klientel verfasst: »Ach-tung Sonderposten, 55 Jahre alt, Bruttomaße 1,70 Meter, 65 Kilo, leichte Gebrauchsspuren, in liebevolle Hände abzugeben ...« Digital geht Ehrlichkeit anders:

Kim, mein Patenkind, datete seit Wochen einen ge-wissen Ben. Gestern hat Ben ihr mitgeteilt, dass viele seiner Infos über ihn falsch oder frisiert waren: Name, Alter, Job ... Er hieß nicht Ben, sondern Bert, war nicht 23, sondern 43 und war zwar für die Finan-zen eines der größten und profitabelsten Konzerne weltweit tätig, was sich aber bei genauerem Hin-sehen als Job an der Kasse von Burger King ent-puppte. Dass seine Zeilen handgeschrieben in Cou-rier 12 waren, konnte die Sache ebenso wenig retten, wie die Tatsache, dass Ben-Bert sie aufforderte, seine Richtigstellung jetzt aber bitteschön als Kompliment zu verstehen ... Nun ja, besser spät als nie. Und zum »ghosten« ist es ja immer noch früh genug. Montag geadded, Dienstag geschrieben, Mittwoch Sprach-nachricht, Donnerstag getroffen, Freitag in einer Be-ziehung, Samstag übers Klima diskutiert, Sonntag blockiert – total normal.

In einer gnadenlosen Welt, in der es bei *Tinder* darum geht, den Wisch nach links, also dahin, wo der Pfeffer wächst, zu vermeiden, sind Lug und Trug keine Seltenheit. Aber sind in Zeiten von *Fake News*, *Fake Feelings* und *Fake Fotos* nicht »Fake Humans« einfach nur eine logische Konsequenz? Möglich. Wenn es nur nicht immer dazu führen würde, dass dabei nie zusammenkommt, was zusammengehört! Denn kaum einem gelingt es noch, die zahlreichen *Codes* beim Onlinedating zu dechiffrieren. Es gibt immer häufiger Konstellationen, die bei Stiftung Warentest mit »mangelhaft« abschneiden würden.

Ich glaube, man sollte so etwas Wichtiges wie die Suche nach dem *Perfect Match*, wenn schon einem Algorithmus, dann nur einem anvertrauen, der es schafft, essenzielle Kriterien zu berücksichtigen, die nachhaltige Relevanz aufweisen. Er sollte zum Beispiel nur Menschen *connecten*, die die Spülmaschine exakt gleich einräumen oder die am vierten Advent einen gemeinsamen Besuch bei Ikea überstehen. So was hat Zukunft. Und noch ein Tipp, wenn Sie auf Kontinuität stehen: Daten Sie nur jemanden mit T-Online-Mailadresse oder jemanden, der immer noch über die Stadtwerke seinen Strom bezieht. Wer so viele Jahre trotz offensichtlich besserer Optionen beim gleichen Anbieter bleibt, wird auch auf Beziehungsebene nicht so schnell übers Gatter springen. Oder Sie machen es wie Jutta:

Jutta hatte, trotz meiner wertvollen Tipps, die Schnauze voll von Dating-Apps. Sie wollte neue Wege gehen und belegte im Herbst 2022 an der VHS einen Kurs aus der Reihe »Einbau von Teildifferenzialen beim eigenen PKW«. Sie war begeistert: Die

Auswahl an Männern war gigantisch, es gab sie auch alle tatsächlich, zudem konnten direkte Vergleiche in Echtzeit angestellt werden und die Vermutung, dass jeder der Teilnehmer ein eigenes Auto besaß, war auch verlockend ... Ob sie jetzt glücklich ist? Keine Ahnung.

Ich bin's jedenfalls nicht! Trotz fester Beziehung. Ständig habe ich das Gefühl, etwas zu verpassen: Im Prinzip ist es mir ja wuppe, was anderer Leute Plümos hebt und Sex ist auch nicht das Wichtigste in einer Beziehung – aber trivialisieren darf man ihn auch nicht, denn die »nackten Zahlen« sagen was anderes: Zwei- bis dreimal »tanzt« der Durchschnittsdeutsche pro Woche den »Tango horizontal«, besagen Umfragen. Zwei- bis dreimal! Der Wahnsinn! Ich glaube, im restlichen Deutschland »tanzt« man für mich mit. Was ist nur mit mir los?

Sex ist ein omnipräsentes Thema. Nacktheit, wo man hinsieht. Ohne Körperhaare ist es Erotik – mit ist es Kunst. *Sex sells*. Auf Plakaten und Plattencovern ... wie auf Beyoncés Album *Renaissance*, wobei heute dabei immer wieder betont wird, dass es hier um Selbstbestimmung geht, nicht darum, sich als Lustobjekt zu inszenieren. Ob so eine Botschaft auch bei allen Empfängern so ankommt? Egal. Fakt ist, Sex wird zum Heilsbringer in unserer Gesellschaft hochstilisiert. Glaubt man den Medien, soll er uns permanent überirdische Glücksgefühle verschaffen können. »Streng dich an für die Geilheit«, tönt es multimedial, um Leute wie mich aus der »verkehrsberuhigten Zone« zu locken. »Es liegt an dir, wie ekstatisch du Sex empfindest. Wer nichts tut, bei dem tut sich auch nichts ...« Das Angebot für mehr Lust wächst und wächst. Jede Woche eine neue Welt – wie bei Aldi Süd.

Befreiend oder bedrückend? Der *Performance*-Druck steigt zumindest. Die Zahl der Tipps, wie man da mithalten kann, aber glücklicherweise auch. Sex ist variantenreicher geworden, Erotik wurde zur Massenware – ein schier unendliches Terrain, um sich auszutoben, ist entstanden. Und Implementierungswillige werden auch nicht alleine gelassen. Anspruchsvolle Sexpraktiken, für die du den genetischen Jackpot eines Weltklasse-Kunstturners haben musst, werden medial genauso diskutiert, als würdest du dich im Bett gebärden wie ein heißer argentinischer Tangotänzer – nach dem Aufwachen aus der Vollnarkose. Man spricht darüber wie übers Wetter. Während man in Zeiten von Monica Seles beim Sex noch extra laut Damentennis laufen ließ, um die Nachbarn nicht zu irritieren, sind Horizontalfantasien heute ein öffentliches Bühnenstück, in dem jeder seine Rolle spielen darf. Zwischen Hingabe und Herrschaft, zwischen Augenhöhe und Unterwerfung. Wer heute behauptet: »Ich habe schon vieles im Bett ausprobiert – Pizza schmeckt mir am besten«, hat noch Luft nach oben:

Tantra-Kurse für achtsames Fummeln, Bonding-Wochenenden oder Sexpartys, auf denen in Achterknäueln gebumst wird, stehen für »Sex positiv«. Nach

#metoo und »Nein« wird jetzt das »Ja« kultiviert. Wie einfältig wirkt doch dagegen der Gruppensex der 70er-Jahre-Hippies. Die Partnerin meines damaligen Deutschlehrers, eine hübsche Flower-Power-Batik-Amazone mit Aszendent Hirtenbeutel war ein großer Fan davon. Er aber auch – wenn auch aus anderen Gründen: »Da kann ich immer sagen, ich war schon dran«, lautete sein Argument. Fetisch-Partys werden auch immer beliebter. Selbst in Corona-Zeiten schaffte man es im hedonistischen Berlin nicht, auf sie zu verzichten. Eine Party mit 600 Leuten wurde von der Polizei aufgelöst. 600! Das ist kein Nischenspektakel mehr ... Das Problem für die Polizisten dabei war, zu erkennen, wem man Handschellen angelegt hatte und wer schon in Handschellen gekommen war. Und wer seinen Fetisch nicht öffentlich, aber trotzdem beherzt ausleben will, der gönnt sich eine Domina. Aber alles machen die da auch nicht. Auf Knien hätte er seine Herrin angefleht: »Komm wir spielen, du bist das Finanzamt und ich habe meine Steuererklärung nicht pünktlich eingereicht«, erzählte mir ein guter Freund, Ende 50, Abteilungsleiter bei der Rentenversicherung Rheinland, den ich zu Recherchezwecken befragte, worauf die Domina gesagt haben soll: »Nä, Liebelein, so harte Sachen jibbett hier nich.«

Autoerotische Hightech-Toys schafften es auf der Beliebtheitsskala bis ganz nach oben, worauf sich dann auch die Stiftung Warentest genötigt fühlte, diese zu testen. Ich habe mich beim Lesen des Artikels als Erstes gefragt, ob in diesem speziellen Fall »befriedigend« wohl besser ist als »gut« ... Erst am Ende las ich, dass es den Testern nur um die Schadstoffbelastung ging. 61 Prozent aller deutschen Frauen benutzten 2020 Sexspielzeuge wie zum Beispiel Vibratoren, also Dildos mit Motor oder wie die Italiener sagen »Amore mit Motore«.

Im November 2021, mitten in der Pandemie, verzeichneten Online-Händler mit Sexspielzeug ein Plus von 60 Prozent. 60 Prozent!! *Orion* musste sich fühlen, als würden sie Wasser in die Wüste tragen. Aber auch der stationäre Handel kann seine Umsatzzuwächse sehen lassen. Was früher bei *Beate Uhse* im schmuddeligen Bahnhofsviertel lag, liegt heute in Glasvitrinen gut designter *Concept Stores* schön kuratiert – oder steht in Student*innen-WGs im Eingang auf der Flurkommode. Als ich Luise neulich in einer eben solchen abholte, wartete ich neben einer Viererstafette von Vibratoren, hübsch aufgereiht in süßen Sorbetfarben: Pink, Rosé, Mint und Bleu. Als hätte sich der Hersteller bei den Hutmachern europäischer Königshäuser inspirieren lassen. Mein zaghafter Versuch, ein solches Gerät in die Hand zu nehmen, wurde von Tabea jäh unterbrochen: »Nicht anfassen, die müssen laden!«, bellte sie und ergänzte dann augenzwinkernd, »Heute Abend ist *Me-Time*«.

Und dann ist da noch die »pornöse« Welt der sexuellen Superreize. Fast jeder Mann, den Frauen heute treffen, ist von Pornografie geprägt, heißt es. Manchen ist ihr Browserverlauf im Internetexplorer sogar noch peinlicher als mir der Verlauf in meinem Taschenrechner. Und das auch völlig zu Recht: Allein der Konsum von Pornofilmen über Streamingdienste verursacht jährlich so viel CO_2 wie ganz Österreich. Ob dabei in die Kamera gekeucht, gestöhnt oder gehechelt wird, ist dem Klima egal, aber dass der Konsum diese Dimensionen angenommen hat, sicherlich nicht. Ob Ihr Partner auch »so ein Klimasünder« ist, können Sie ganz einfach feststellen. Fragen Sie doch einfach beim nächsten Liebesspiel: »Woran denkst du?« Wenn ER dann antwortet: »Kennst du nicht«, dann ...

Was ebenfalls gerade heiß diskutiert wird, ist die Frage: Sind Pornos jetzt gut, weil man gemeinsam neue Vorlieben entdecken kann, oder wird in den Hechel-Clips die Messlatte für Performance und Körperformen so hoch gehängt, dass jeder normale Mensch da bequem aufrecht drunter herlaufen könnte? Nun ja, also wenn Sie an einen Kerl geraten, der Sie »danach« selbstherrlich fragt: »Und? War ich gut?« Und Sie müssten dann, um bei der Wahrheit zu bleiben, sagen: »Sei froh, dass du nicht davon leben musst«, dann könnte ein Frauenporno mit sinnlichem Sex und erotischen Szenen vielleicht weiterhelfen. Aber ansonsten warnen Experten mittlerweile: »Pornos setzen für den Sex unrealistische Standards. Perfektion ist eine riskante Illusion, es sei denn, Sie erarbeiten gerade eine Excel-Tabelle. Vor allem Jüngere können kaum noch zwischen Fiktion und Wirklichkeit unterscheiden. Wenn die Darstellerin zur Nebenbuhlerin wird, dann wird sich geschämt; junge Frauen gewinnen dann oft das Gefühl, nicht mithalten zu können.«

Er will, sie nicht; sie will, er kann nicht. So weit, so bekannt. Fakt ist, dass der *Generation Z* Sex deutlich weniger wichtig ist als uns noch zu Dr. Sommers Glanzzeiten. Die Luft ist raus. Von wegen, das gigantische sexuelle Repertoire lässt uns den Primaten Bonobo, der mit seinem sexlastigen Leben einen evolutionären Höhepunkt markiert, vom Thron kicken … Der heiße Scheiß hat uns eine sexuelle Verwüstung beschert! Warum sind wir so »lendenlahm«? Woher kommt der »Sexkater«? Von »Sexrezession« wird gesprochen. Die *Washington Post* meldete im März 2019, dass 23 Prozent aller Amerikaner ein sexloses Jahr hinter sich hätten. Es waren nicht die Alten, sondern die zwischen 18 und 30. Großbritannien übt sich ebenfalls im »Sexit« und bei uns haben schon 18-Jährige Potenzprobleme. Fast jeder Dritte von ihnen hatte gar keinen Sex – jedenfalls nicht mit anderen. Was macht das mit einer Partnerschaft? Sex ist doch die intimste Kommunikation, die es zwischen zwei Menschen geben kann!

Hat der Sex durch die verzerrten Realitäten in diesem ganzen pornösen Pomp an Leichtigkeit verloren? Macht uns das Überangebot der Sexindustrie, aber auch die omnipräsente Thematisierung in den Medien vielleicht »sex-müde«? Das, was der Feminismus begonnen hat und was von der Queer-Bewegung in der westlichen Welt weiter propagiert wird, nämlich die sexuelle Selbstbestimmung, ist unbestritten wichtig. Wir haben dadurch ein nie dagewesenes Ausmaß an individueller

Freiheit erreicht. Aber ist es nicht auch Fluch und Segen zugleich, wenn man ständig mit Optionen konfrontiert wird, wie man sein (Liebes-)Leben flottmachen soll? Könnte das nicht auch ein Grund für aufkommende Sexflauten sein? Brauchen wir nicht endlich eine sexuelle Revolution in eine andere Richtung? Weg vom Leistungsprinzip, hin zu mehr erotischer Gelassenheit und vor allem hin zu mehr zeitgemäßer Ehrlichkeit?

Zwei Freunde können sich am Roulettetisch nicht einigen, auf welche Zahl sie setzen sollen. Der erste fragt daraufhin: »Okay, wie oft hattest du letzten Monat Sex?« Der zweite antwortet mit Betongrinsen: »Elf Mal und du?« »Zehn Mal!« Sie einigen sich und setzen ihr gesamtes Geld auf die 21. Die Kugel rollt und landet in der 2. Kleinlaut seufzt einer der beiden: »Wären wir mal ehrlich gewesen, dann wären wir jetzt reich.«

Ich bin »überstimuliert«. Nur so kann ich es mir erklären, dass mein Sex eher wenig bombastisch ist und ich nicht jedes Mal Grenzen sprengen will ... Im Gegenteil, manchmal läuft sogar währenddessen im Hintergrund die Spülmaschine. Normal, nicht langweilig – und vertraut, so würde ich ihn beschreiben. Sowohl im Zeichen feministischen Furors als auch in Zeiten von Selbstoptimierung ist das viel zu wenig. Dass ich trotzdem immer noch mit demselben Mann zusammen bin, kann eigentlich nur als ewig gestrig und total »unemanzipiert« interpretiert werden ...

Sei's drum, denn geht es im *Perfect Match* wirklich vorrangig um Sex und *Fancy Dates*? Nein, wenn man langfristig im Tandem unterwegs sein möchte, geht es auch um eine Zweisamkeit jenseits von vier Stellungswechseln. Intimität statt seelenlosem Hochleistungssex. Egal ob homo, hetero, inter oder trans: Lange Beziehungen werden von Mechanismen getragen, die durch organisches Wachstum entstehen. Und mit organischem Wachstum ist hier explizit nicht der Zerfallprozess des anderen gemeint, den man in einer langen Beziehung nolens volens mitserviert bekommt. Es geht vielmehr um Wertschätzung, Nähe, Vertrautheit. Mit diesen *Skills* lassen sich sogar Kinder, Katzen, Elternabende und Verwandtschaftsbesuche wuppen.

Aber an allem hängt ein Preisschild. Auch an festen Beziehungen. Denn sich auf Dauer einen Partner auszusuchen, bedeutet auch, sich auf Dauer Probleme auszusuchen, denn Männer und Frauen verfügen nun mal über unterschiedliche Betriebssysteme. JA, auch ich habe seit Jahren einen Mann zu Hause und NEIN, das ist nicht immer schön: Dass er Blumen »einfach lieber so« schenkt und nicht am Valentinstag, so wie viele Männer, die noch nie »einfach lieber so« Blumen geschenkt haben, regt mich schon lange nicht mehr auf. Aber wenn freitags seine Klamotten, die zu dreckig für den Schrank und zu sauber für den Wäschepuff sind, überall rumfliegen und es aussieht, als hätte der Kleiderschrank geniest, das schon. Wenn schmutziges Geschirr immer noch oben auf der Spülmaschine abgestellt wird, anstatt es sofort einzuräumen, obwohl ich zig Mal erklärt habe, dass da kein Wasser hinkommt, komme ich ebenfalls in Wallungen. Seine Einkäufe, die bei mir oft ankommen wie eine Wurfsendung, produzieren Ausraster, die sich ebenfalls nicht »wegatmen« lassen. Nein, »die Frau fürs Leben« ist nicht »das Mädchen für alles«!

Und dann noch das Thema »gemeinsame Autofahrten«. So viel vorweg: Wenn er fährt, achte ich morgens beim Anziehen schon darauf, dass BH und Unterhose zusammenpassen. Wer weiß, von welchem hübschen Assistenzarzt man wieder hochgebockt wird. Trotzdem werden meine wertvollen Blink- und Bremsvorschläge, meine gut gemeinten Schaltempfehlungen und umsichtigen Abstandshinweise immer nur widerwillig zur Kenntnis genommen. Sie triggern in ihm einzig und allein den Wunsch, die vom Navi prognostizierte Ankunftszeit um 20 Minuten zu unterbieten. Und ich sitze dann daneben mit aufgeblähten Nasenflügeln und Schaum vor dem Mund. Ich meine, wenn da 80 steht, dann fährt man doch auch 80, oder? 80, das fährt mein Mann samstags bei Mr. Car Wash ...

Grundsätzlich lasse ich ihn aber seine Marotten ausleben. Ich möchte ja, dass es ihm gut geht. Also nicht besser als mir, aber gut. Ich möchte auch nicht intolerant erscheinen, nur weil er nicht so ist, wie ich ihn gerne hätte. Ich bin ja selber schuld; ich hätte ihn ja nicht nehmen müssen ... Aber wer würde dann jetzt meinen fortschreitenden beruflichen Bedeutungsverlust abfedern? Wer die extremen Amplituden meines Hormonhaushalts, die immer häufigeren Ausreißer meiner Gewichtskurve nach oben und die damit einhergehenden Stimmungsschwankungen nach unten? Und wer würde meine Hecke schneiden? Der *Satisfyer Pro 2 Vibrator* kann's ja nicht ...

Man kann die Windrichtung nicht ändern, man kann nur die Segel anders setzen. Also, ist so eine Art zufriedene Unzufriedenheit nicht ein akzeptabler Kompromiss für das »Wir«, was man dafür bekommt? Keine Ahnung. Ich bin hier nicht angetreten, um DIE ultimative Liebes-Formel zu liefern. Ich will die Liebe einfach nur besser verstehen. Eigentlich kann doch jeder für sich nur ausprobieren und abwarten, was sich entwickelt, oder? Fest steht lediglich, dass die hektische Suche nach dem nächsten »Tagesausklangsgefährten« einen diesbezüglich definitiv nicht weiterbringen wird. Sie würde in meinem Fall eh nicht funktionieren: Würde ich zum Beispiel bei *LoveScout24* sehr gewissenhaft Suchkriterien definieren, die ein Kandidat für eine vielversprechende Affäre mit mir erfüllen müsste – ich bin mir sicher, es würde mir höchstwahrscheinlich immer wieder mein eigener Mann vorgeschlagen werden. Und so kann doch kein Mensch fremdgehen ...

Selfcare –
Zauberformel zur Lebensvermeidung

Jeder wird älter. Da muss man sich jetzt nicht ergiebig reinsteigern, sondern einen Weg finden, damit souverän fertig zu werden. Ich komme damit gut klar - nur dass Dinge, die neulich erst passiert sind, 40 Jahre zurückliegen, irritiert mich zuweilen. Sommerurlaube zum Beispiel. Während sich meine Schwester noch genau an meinen Badeanzug erinnert, den ich am 13. August 1979 um 16.03 Uhr am Strand von Alicante trug oder daran, wie uns unsere Eltern in diesen Urlauben immer wieder eingebläut haben, dass in der Minibar vom Hotel die Privatinsolvenz für die komplette Familie lauert, sollten wir auch nur ein einziges Getränk entnehmen, frage ich mich immer öfter: »Was wollte ich jetzt eigentlich im Keller? Wie komme ich hierher? In welcher Zeitzone befinde ich mich? Wer bin ich überhaupt? ...« Kennen Sie das? Ja? Nein? Vielleicht?

Lassen Sie uns zunächst eine Standortbestimmung vornehmen, um Missverständnisse zu vermeiden: Wenn Ihr Hals eine sehr konkrete Vorstellung davon hat, wie man »richtig« schläft und Ihr Gehirn Ihnen sagt, wie man das Plümo »richtig« drapiert, nämlich so, dass nur noch »das Vorzeigbare« herausragt, wenn Wörter wie »leicht«, »bekömmlich« und »ausgewogen« exponentiell an Bedeutung gewinnen, dann sind Sie im Begriff, alt zu werden. Wenn Ihre Sinnesorgane nachlassen, Ihr Augenarzt Ihnen eröffnet: »Ihre Testergebnisse sind leider nicht so gut«, und Sie fragen: »Kann ich sie sehen?«, worauf er antwortet: »Vermutlich nicht …«, dann auch. Ebenfalls, wenn Sie sich, wie ich neulich, an einem dunklen Wintertag über Schulkinder in schwarzen Anoraks aufregen, die ohne Reflektoren am Straßenrand rumlungern, bis Sie erkennen, dass es Mülltonnen sind. Und apropos: Kann es überhaupt ein plakativeres *Outing* in Sachen Älterwerden geben, als das Wort Anorak zu benutzen? Aber auch, wenn Sie den Leuten, die Sie früher in der Disco getroffen haben, heute in der Apotheke begegnen, sind Sie auf dem besten Weg, alt zu werden. Okay, Sie müssen (noch) nicht so oft zur Apotheke? Dann nehmen wir den Supermarkt, die Tankstelle, die Kreuzung … egal. Wenn Sie, wie ich letzte Woche, einem Endzwanziger auf der anderen Straßenseite ein flüchtiges Lächeln schenken, und Sie förmlich zusehen können, wie er anfängt, gedanklich zu blättern: »Will die mich jetzt anflirten oder braucht die meine Hilfe?«, dann ist es so weit. Und es nützt auch nichts, sich berufsjugendlich zu stylen oder wie ein *Millennial* zu reden. Glauben Sie mir, ich hab's probiert. Auf der Geburtstagsparty meiner Tochter. Mein Outfit? High-Waist-Jeans, Top und weiße Sneaker – mit dem Anspruch *hotter than my daughter*. Meine Frisur? Ein vorlauter Dutt im *Undone*

Look. So »undone«, dass mich einer der Boys fragte, ob ich am Blitz geleckt hätte. Meine Sätze? Alle gespickt mit Wörtern wie *nice, krass* und *weird*. Auf der Ebene wollte ich einsteigen, mit dieser coolen Gang *connecten*, mich *ranwanzen*, ja, *einzecken* wollte ich mich in diese juvenile *Bubble*, in der Hoffnung, dafür gefeiert zu werden.

Mein Fazit nach einer Stunde? Als Jugendlicher kannst du so reden, aber als Erwachsener bist du damit kurz davor, »abgeholt« zu werden. Schon nach wenigen Minuten fühlte es sich *cringe* an, mehr noch, irgendwie peinlich *pretending.* Es war *spooky* für mich und *creepy* für meine Tochter. Ich fühlte mich nicht jünger; ich fühlte mich einfach nur *lost*, kam mir vor wie ein aufgeflogener V-Mann und befürchtete, *outgedatet* zu werden. Und zwar für immer. *Safe!* Bin ich etwa zu alt für mich?

Auch wenn Sie die schwungvolle Geriatrisierung gewisser Fernsehprogramme nicht mehr bemerken, womöglich sogar den *ZDF-Fernsehgarten* gut und Sky du Mont attraktiv finden, kann man von Älterwerden ausgehen. Und wenn Sie dann auch noch anfangen, *Edle Tropfen in Nuss* zu mögen ..., dann ist es für eine Altersvorsorge auch fast schon zu spät. Dann könnte der nächste Adventskalender einer von *Voltaren* oder *Thermacare* sein. Und das nächste Navi eins für Senioren, das nicht mehr nur die Strecke und das Ziel ansagt, sondern auch, was man da wollte. Sie müssen kein Fabrikat aus der Wunder-von-Bern-Ära sein, es reicht, wenn Sie *Lemon Tree* von der ersten bis zur letzten Zeile mitsingen können und all die anderen großartigen Songs aus den 80ern, die heute *gesampelt, gecovert* und *gefeatured* werden, weil sie einfach besser sind als manch aktueller »Plastik-Pop«. Okay, Leute, die *The Who* für eine Weltgesundheitsorganisation halten und nicht für die archaische Alternative zu den *Rolling Stones*, sind an dieser Stelle womöglich raus, aber Sie, liebe Leserin und lieber Leser, Sie werden sich doch noch an *Substitute* erinnern, oder? Wenn Sie zu dieser »Mega-Musik«, zu der sie früher getanzt haben, heute putzen, dann sind Sie, wie ich, vermutlich in einem Alter, das von jungen Leuten, wie meinem Neffen, diskret mit »Anfang ranzig« beschrieben wird. Ich finde diese Bezeichnung unerhört, werde ihn dafür aber trotzdem nicht *dissen*, denn er ist ein Nerd, ein intelligenter, computeraffiner junger Mann, der im zehnten Semester IT studiert. Und ich bin jemand, der einen großen Teil seiner Zeit am Computer mit dem Zurücksetzen von Passwörtern verbringt. Was mir aber nicht immer gelingt und meist für weitere systemische Probleme sorgt. Ich komme dann nicht umhin, ihn anzurufen und um seinen *Support* zu bitten – auch wenn ich mir dann jedes Mal erst mal anhören muss, dass das Problem nicht IM Rechner, sondern DAVOR sitzt …

Wenn das alles bei Ihnen zutrifft, stellt das grundsätzlich erst mal keinen Grund zur Sorge dar. Vorausgesetzt Sie befolgen das, was jedem angehenden Silberfuchs nahegelegt wird, der goldenen Zeiten entgegensehen möchte, nämlich seine wichtigsten Verbündeten, Body & Soul, immer schön bei Laune zu halten. Und Angebote dafür gibt's ja genug. Es werden auch täglich mehr. Genauso wie die Menschen, für die sie gedacht sind.

Dem Himmel sei Dank. Denn wie soll ich wissen, wie ich mich meinem Alter entsprechend verhalte? Ich war ja noch nie so alt. Das geht vielen so. Die Zahl der 60-Jährigen wird sich in den nächsten Jahren verdreifachen. Bald heißt es nicht mehr der blaue Planet, sondern der graue Planet. Und by the way, die interessiert es nicht die Bohne, ob man ihnen ein »altes Jungsein« oder ein »junges Altsein« andichtet. Was sie interessiert, sind genau zwei Worte: Hauptsache gesund!

Und dafür tun sie alles. Ich auch. Ich bin zum Pilger einer zeitgenössischen Gesundheitsreligion geworden. Zweimal pro Woche huldige ich meinem Körper in einem Hochamt im Fitnesstempel. Nun hat eine Woche ja 168 Stunden. Verbleiben also noch 166, die es im Sinne eines ganzheitlichen Ansatzes zu gestalten gilt. Das kostet viel Zeit und Energie, wenn man es fundiert angeht. Aber das sollte man, denn fürs Leben gibt es nun mal keine Generalprobe. Das Drama läuft bereits und ab Mitte 50 befindet man sich womöglich schon im dritten Akt.

Aber die Technik macht ja glücklicherweise vieles möglich: Alles ist erfassbar, protokollier- und kontrollierbar – also machbar. Dank Gesundheitsportalen und Apps bis hin zu Symptom-Checkern sind der messbaren Optimierung unserer Physis keine Grenzen gesetzt. Hinzu kommen wöchentliche Dossiers in Frauenzeitschriften mit Titeln wie *Mein gesundes ICH*, Podcasts und fast tägliche Talkshows im Fernsehen. Nicht erst seit Corona sind Gesundheitsexperten wie Karl Lauterbach zu Untermietern bei großen *Hosts* wie Markus Lanz geworden – vermutlich mittlerweile sogar mit eigenem Spind. Und nicht zu vergessen eine Palette von Ratgeberheften, die einmal bis zum Mond und wieder zurück reicht. Die Botschaft: Wir können unsere Gesundheit lückenlos im Griff haben. Wer krank ist, will es nicht anders.

So dachte ich und war viele Jahre sehr wachsam in Bezug auf meinen Körper. Oder anders formuliert: Wenn mich damals ein junger Mensch für ein Jahr bei sich aufgenommen hätte – er hätte es sich als soziales Jahr anrechnen lassen können:

Abends ein Stromausfall im Ort und ich dachte, ich sei erblindet. Nachts ein eingeschlafener Fuß und ich sah mich als Schlaganfallopfer. Kopfweh? Nein, doch nicht wegen zehn Stunden Bildschirmzeit ohne Essen und Trinken ... Es muss ein Tumor sein. Ein verklemmter Pups? Eine erhärtete Bauchdecke nach 100 Crunches? Ich tippte auf Darmkrebs oder Leberzirrhose. Ein kleiner, undefinierbarer Fleck am Unterarm und ich beschloss, im Angesicht der Endlichkeit meine Angelegenheiten zu regeln. Man will ja »besenrein« übergeben – um dann am Ende doch wieder mal festzustellen: »Ach ne, ist nur Schokolade!«

Ich weiß nicht, wie oft ich in meinem Leben schon in einem Wartezimmer gesessen habe. Zum Ende der Pandemie hin war es ganz extrem, denn ich hatte Nachholbedarf – auch wenn ich dabei jedes Mal billigend in Kauf nahm, womöglich einem Live-Experiment zur Schaffung einer neuen Supermutante beizuwohnen. Im September 2022 war Einiges aufgelaufen: von der Zahnreinigung über die Hautkrebsvorsorge bis hin zur großen

Hafenrundfahrt beim Proktologen. Kurzum: Ich war öfter bei Vorsorgeuntersuchungen als Oppa nachts raus muss. Aber da kommt ja wenigstens was bei raus ... Bei mir nicht. Nie. Und trotzdem: Eine hochgezogene Augenbraue oder ein tiefes Luftholen des Arztes reichte aus, um mich mit zittriger Stimme fragen zu lassen: »Wie lange habe ich noch?«, worauf er dann meist in väterlich gutturalem Unterton antwortete: »Jetzt beruhigen Sie sich doch erst mal«, was mir wiederum als todsicherer Auftakt für ein Gespräch erschien, das sich am Ende doch wieder nur um Endlösungen wie »Erd- oder Feuerbestattung« drehte. Das Gedankenkarussell nahm dann immer richtig Fahrt auf:

Sollte ich den Heimweg noch überleben dürfen, werde ich mich sofort in mein Schlafgemach zurückziehen, dann werde ich die Vorhänge schließen und jedes Familienmitglied bitten, einzeln einzutreten, um meine letzten Worte an es richten zu können. Dann werde ich sterben. Und dann ...? Komme ich in den Himmel oder in die Hölle? Warum verbuddelt man Tote. Die Hölle ist unten!! Der Himmel ist oben!! Es ist aber noch nie ein Toter hochgeschossen worden ... Ja, im leidenschaftlichen Hineinsteigern macht mir so schnell keiner was vor.

Es war ein schleichender Prozess, der diese völlig übertriebene *Selfcare* in mir auslöste, ein Trend, dem im Übrigen viele erliegen, obwohl es dafür keine Gewinnausschüttung gibt, keine *Flatrate*, keinen *Lieferando-*

Gutschein, nichts. Die einzige Kompensation ist, dass es einem besser geht und man so alt wird, dass man die nächsten drei Inflationsschübe noch erlebt, obwohl man sich mit seiner mickrigen Rente das Leben dann eigentlich gar nicht mehr leisten kann.

Mit einem allgemeinen neuen Gesundheitsbewusstsein hatte es vor Jahren harmlos angefangen. Man hatte erkannt, dass es nicht nur gut ist zu wissen, wie viel Speicherplatz das Handy hat, wie lange der Long Lasting Lippenstift hält oder die neue Always Ultra Schutz bietet, sondern auch, wie hoch der eigene Blutdruck ist, ob der Vitaminhaushalt ausgeglichen ist, wie viele Mikrobiome der eigene Darm beherbergt, ob man gegen Typhus, Thymian und Thermomix geimpft ist und ob man Senk-Ohren hat oder die Füße schlecht hören.

Als dann aber eine strahlende Gesundheit via Social Media als neues Statussymbol gehypt wurde, legten Kandidaten wie ich noch eine Schippe drauf und lebten nur noch – »vorbeugend«. Bücher, Broschüren und andere Begleitmedien wurden bei der Suche nach der richtigen Information in der richtigen Qualität, um zum richtigen Zeitpunkt das Richtige für den Körper zu tun, regelrecht infiltriert. Dass das wirtschaftliche Interesse der Pharmaindustrie, nach dem Motto »Wir bauen unser Medikamentenspektrum aus und entdecken im Zuge dessen auch die passende Krankheit dazu«, dabei eine nicht unerhebliche Rolle spielte, war mir damals nicht bewusst.

Zunächst zeigte sich die deutsche Ärzteschaft noch mit dem neuen Bewusstsein ihrer Patienten zufrieden, was beim ein oder anderen die Lust auf mehr medizinisches Fachwissen befeuerte. Auch bei mir. Und so trieb man sich bei Bedarf nächtelang in einschlägigen Internetforen rum, in der Hoffnung, bei Dr. Google Erleuchtung zu erfahren. Schätzungsweise 70 000 gesundheitsbezogene Suchanfragen wurden 2020 bei Google pro Minute erfasst. Ein paar davon kamen von mir ...

Vor Jahren suchte ich mal nach Tabletten, die einen vor den Gefahren der alljährigen FSME schützen können. Wir leben in einem Zecken-Risikogebiet und ich fürchte mich panisch vor einer solchen Erkrankung. Am liebsten wären mir daher auch solche Pillen gewesen, die es vom Durchmesser her mit einem LKW-Reifen aufnehmen könnten. Man will ja auf Nummer sicher gehen. Aus dem Grunde hätte ich sie auch gerne das ganze Jahr durch nehmen wollen, auch wenn ich dadurch unser Gesundheitssystem vermutlich finanziell derart belastet hätte, dass Herr Lauterbach irgendwann vorgeschlagen hätte, lieber alle Zecken in Rheinland-Pfalz zu impfen. Aber es gibt solche Tabletten leider nicht.

Meine Ärzte hatten es noch nie leicht mit mir, denn ich gehöre zu den Patienten, die – laut einer Bertelsmann Studie – 54 Prozent von 800 befragten Ärzten als problematisch empfinden. Warum? Weil wir uns als »gleichberechtigten« Patienten sehen und bei der Diagnose nicht selten auf ein Vetorecht Wert legen. Zum Beispiel dann, wenn man der Ansicht ist, nicht optimal bedacht worden zu sein. Da muss man doch einen Anspruch auf eine Folgedebatte haben. Schließlich hat man im Vorfeld doch viel Zeit und Energie in die Recherche und Analyse gesteckt, bevor man den Arzt konfrontiert – pardon »konsultiert« hat. Und zwar mit einem fundierten Halbwissen, das – in einer bestimmten Art vorgebracht – nicht den geringsten Widerspruch duldet.

Je mehr Ratgeber ich las, desto mehr wusste ich zwar, aber desto weniger sah ich auch klar. Ich befürchtete, mich durch die zahlreichen Besuche diverser Gesundheitsportale in den Wahnsinn »geappt« zu haben und suchte Hilfe bei E-Docs. Eine gute Idee, denn ab dann fühlte ich mich nicht mehr alleine. Ich lernte nämlich als Erstes: Niemand ist gesund. Wer das glaubt, hat seine Symptome einfach noch nicht gewissenhaft recherchiert. Wenn ich dort Kopfschmerzen eingab, landete ich ohne Umschweife auf der Seite mit den Hirntumoren. Bei »grippeähnlichen Symptomen« vermuteten die E-Docs eine Murry-Valley Enzephalitis mit allen bekannten Subtypen. Lediglich bei »Müdigkeit« hätten sich die E-Docs noch etwas mehr ins Zeug legen können. Ein Hinweis wie »Die Ursache für Ihre Müdigkeit könnte im Schlafmangel liegen«, ist zwar hilfreich, erfüllt aber bei Weitem nicht die Erwartungshaltung, die jemand mit einer Patientenlaufbahn wie ich sie habe, hat.

Vor zwei Jahren fühlte ich mich dann richtig krank. In der Regel gehe ich dann erst mal in die Stadt und kaufe etwas dagegen, wie zum Beispiel Schuhe. Aber dieses Mal fehlte mir selbst dazu die Kraft. Muskelschmerzen, Magendrücken, Schweißausbrüche, ich fühlte mich, als stünde ich kurz vor dem Implodieren. Ein klarer Fall für Dr. Google. Ich googelte meine Symptome. Es gab drei Möglichkeiten: Kackbratze, Kakerlake oder Kolbenbolzen. Ich stutzte. Könnte es tatsächlich stimmen, dass Online-Symptomprüfer auch mal daneben liegen, wie Gesundheitsexperten es seit Langem schon behaupten?

Ich suchte Rat bei meinem Cousin, einem Allgemeinmediziner, und der meinte doch tatsächlich, dass das einzige, unter dem ich wirklich leiden würde, in Fachkreisen »Cyberchondrie« genannt würde. Ein Großteil der Deutschen leide darunter, dozierte er. Nicht jedes Zipperlein, nicht jedes Wehwehchen sei eine Diagnose wert, ebenso wenig wie es bedeuten muss »Schicht im Schacht«. Unsere Gesundheitsdiktatur mit ihren omnipräsenten zweibeinigen Mahnmalen aus Experten, Fachleuten, Spezialisten, Kennern und Könnern verursache doch in erster Linie eins: einen ungesunden Gesundheitswahn, echauffierte er sich. Aber das Hinterfragen dieser Entwicklung sei in unserer Gesellschaft so tabu wie das Tanzen für strenggläubige Katholiken an Karfreitag. Fakt wäre, Krankheit gehöre zum Leben dazu. Ein ständiges Wohlbefinden ist nicht realistisch. Und spätestens seit Corona müssten wir eigentlich wissen, dass technologisches Know-how kein Allheilmittel ist, dass wir nicht alles kalkulieren und kontrollieren können, dass wir verwundbar sind. Keine App dieser Welt, kein Algorithmus hat uns die Pandemie vorausgesagt. Es waren die Simpsons, mit ihrem schrulligen Mix aus Pupswitzen und Lehren von Stephen Hawking – lustig, absurd und schlau – die in den 90er-Jahren das Coronavirus prophezeiten. Aber das nur am Rande.

Unsere Vollkasko-Mentalität bringt definitiv kein Plus an Lebensqualität; sie nimmt sie uns, wenn wir uns selbst gegenüber ständig so hellhörig sind wie ein Rauchmelder. Was macht es denn mit uns, wenn wir permanent das Gefühl haben, ein imaginäres Kontroll-lämpchen leuchtet auf und raunt: Auf geht's, ab zur Wartung ... Wie ein Auto kommt man sich doch dann vor, das ständig in der Werkstatt rumsteht. Das ist dann nach 20 Jahren zwar noch wie neu, ist aber doch auch nicht viel rumgekommen. Viel zu viele Menschen ver-passen ihr Leben, weil sie nur noch damit beschäftigt sind, möglichst gesund zu sterben. Aber auch wer ge-sund stirbt, ist definitiv tot.

Ich bin jetzt durch mit dieser Art zu leben, sehe die Dinge jetzt von einer anderen Seite und suche ein Start-up, das eine App entwickelt, die mir kurz vor meinem finalen Abgang auflisten kann, wie viele Container-ladungen Schokolade ich in meinem Leben in mich hi-neingeschüttet, wie viele Fässer Weißwein und wie viele Kisten Kölsch ich »verlötet« habe, wie viele Nächte ich freiwillig auf Schlaf verzichtet habe und wie viele Tage auf Fenchelgemüse, und dann errechnet, wie viele Jahre ich *mehr* gehabt hätte, wenn ich mein Dasein *weniger* genossen hätte.

Und damit sind wir an einem Punkt angekommen, den man mit einem Satz auf denselbigen bringen kann: Es kommt nicht darauf an, wie *alt* man wird, sondern *wie* man alt wird. Das haben mittlerweile viele begrif-fen. Mit der gestiegenen Lebenserwartung stieg auch die Erwartung ans Leben. Nie zuvor wurden die Deut-schen so alt wie heute und nie zuvor blieben sie dabei so lange jung. Die Restlaufzeit muss nämlich schon lange nicht mehr mit beigen Übergangsjacken in Schock-starre abgestottert werden. An diesem Punkt gesellt sich die Philosophie zur Physionomie, denn Körper & Geist sind wie Bonnie & Clyde. Sie sind Komplizen. Der eine kann nicht ohne den anderen – ein Leben lang: »Oben klar und unten dicht, mehr wünsch ich mir fürs Alter nicht«, hört man immer öfter ...

Denn wir werden nun mal nicht jünger. Aber des-wegen muss man ja nicht gleich älter werden, sagen auch viele. Also jetzt frage ich Sie einfach mal: Möchten Sie langsam vor Einöde eintrocknen, Ihre einzige Exis-tenzberechtigung im Dasein als moralische Instanz des Viertels sehen und auf dem Fenstersims lehnend Falsch-parkern auflauern? Quasi als berühmt-berüchtigte »Granny from the block«? Oder finden Sie die Vorstel-lung verlockend, sich täglich ab zwölf mit Eierlikör die Glocke zu fluten, um dem Rest des Tages nur noch mit Tunnelblick zu begegnen? Oder sich tagein, tagaus mit dem Nachmittagsprogramm von RTL2, schon mal (intel-lektuelle) Nahtoderfahrungen ins Wohnzimmer zu ho-len? Ich denke nicht, denn wahrscheinlich gehören Sie schon zu der Generation, für die im Altersheim Bingo durch Tetris ersetzt wird. Und für diese Generation gilt: Statt innerer Leere gibt's äußere Fülle. *Power-Ager* im *Better-Aging-Club* dürfen sich heute täglich mit unzähli-gen Hinweisen, Tipps und Anregungen zum Thema Äl-terwerden fluten lassen. Älterwerden ist heute nämlich zu einer nervenaufreibenden Angelegenheit geworden. Allein schon wegen diesem ständigen Druck, aus der zweiten Lebenshälfte die bessere machen zu sollen. Ein lupenreiner Seelenkapitalismus, wie man ihn vom Job her kannte – immer schön auf Effizienz gebürstet.

»Carpe Diem – pflücke den Tag – ABER FIX«, »Mach was draus«, fordern alle – egal was, aber mach, und zwar ständig, irgendwas, völlig egal, wichtig ist nur: machen, machen, machen … Manch einer fragt sich da schon: »Wie hatten wir damals eigentlich noch Zeit für einen Beruf?« Von meiner besten Freundin höre ich auch dauernd: »Ich habe jetzt genau das richtige Alter, ich muss nur noch rauskriegen, wofür!« Für Großtasten-Fernbedienungen, die man mit der Faust bedienen kann? Oder für Hallux-Schuhe? Nein, da gibt es andere Möglichkeiten, um eine »Alterskalypse« zu verhindern:

Der Veranstaltungskalender »Lesungen und Konzerte« wird einem gleich zusammen mit dem Seniorenpass von der Stadtverwaltung zugestellt. Geschäftstüchtige Reiseveranstalter versuchen ebenfalls angehende *Silverliner* zu begeistern. »Reiselust statt Altersfrust«, »Sylt statt Sarg« oder »Aida statt Abgang« suggerieren farbenfrohe Flyer. Auch Business-Coaches bringen sich in Position. Schließlich könnte man doch die durch Reife erlangten Fähigkeiten in die heutige Arbeitswelt einbringen. Man hilft gern beim Anschieben der Heilpraktiker-Karriere oder dem Start ins Modelbusiness, um dem Rest der Republik als *Premium Yold* (Young Old) Anti-Rutsch-Matten, Greifzangen oder ein Kästchen zu verticken, mit dem man Tabletten spalten kann. Eine Art Mini-Guillotine, nicht nur für »Spalttabletten«. Wenn man das so liest, ist es eigentlich völlig unverständlich, warum Menschen mit Promistatus wie zum

Beispiel unsere Bundeskanzlerin a. D. diesen nicht nutzen. Warum hat Angela Merkel nicht schon längst eine Wanderjacken-Kollektion für Aldi Süd herausgebracht?

Wer sich nicht weiterentwickelt, wird abgewickelt. Ich fühle mich umzingelt von einer »Glücklich-Älterwerden-Monokultur«, die excessiv überdüngt wird. Optimierungswahn jetzt also auch noch im Alter. Dabei kamen bei diesem Lebensmodell doch schon in früheren Jahren keine *Good Vibes* heraus.

Während viele Menschen mitten im Leben stehen, gucke ich, wo ich mich hinsetzen kann. Ich sag Euch was: Rollt den Teppich wieder ein. Ich komme nicht! Dieses Tamtam ums Älterwerden setzt mich mehr unter Druck als die Restlaufzeit an sich. Denn die gut gemeinten Angebote übersteigen bei Weitem meinen Bedarf. Wir sind so fremdbestimmt. Wohin soll das führen? Wer flotter lebt, ist schneller durch? Und 50 ist nicht das neue 40. Das ist Quatsch. 21 Uhr ist das neue Mitternacht. Vor zwei Jahren habe ich mir immer noch den Montag freigehalten, wenn ich samstags eingeladen war. Heute brauche ich den kompletten Sonntag, um mich von einer Party zu erholen, bei der ich gar nicht dabei war. Und bin ich doch mal bei einer dabei, dann verlasse ich sie gegen 23 Uhr. Ich bin halt keine 22 mehr – wie Luise, für die um diese Uhrzeit eine Art Frühschoppen beginnt ... Ach, am besten streichen wir die Nacht ganz.

Trotzdem, es ist kein Alter, in dem Happy und Birthday getrennte Wege gehen müssen, kein Lebensabschnitt, in dem man statt der Zuwendung vom Partner der Anwendung vom Physiotherapeuten entgegenfiebert, Hochprozentiges nur noch zum Einreiben benutzt, anstatt es zu trinken, und eigentlich gänzlich auf Alkohol und Drogen verzichten möchte, nur weil man denselben Effekt auch erreicht, wenn man einfach mal zu schnell aufsteht. Nein, meine Bilanzierung ist genau andersrum. Daher spreche ich auch nicht mehr von Geburtstag. Ich spreche von *Level up*. Denn von jetzt an wird alles leichter – und NICHT weil es bergab geht.

Das Geheimnis: Man kann beim Älterwerden viele Dinge tun – aber auch lustvoll lassen. Ein bisschen mehr »Siechtum«, statt ständig weiter pädagogisiert zu werden, kann sich sehr positiv auf einen Menschen auswirken. Aber während »maßloses Müssen« hoch im Kurs steht, steht »mäßiger Müßiggang« ganz oben auf der roten Liste der aussterbenden Zustände. Völlig zu Unrecht eigentlich. Denn mentaler Leerlauf macht kreativ, ständiger Input hingegen ist kontraproduktiv. Er wirkt sich nachweislich negativ auf unsere Konzentration aus. Unsere Aufmerksamkeitsspanne liegt gerade mal bei acht Sekunden. Die eines Goldfisches liegt bei neun, lese ich und beobachte wie mein Nachbar, selber IT-Berater, neulich 30 Minuten lang sein Handy suchte, während er es in der Hand hielt und als Taschenlampe benutzte. Wir gehen mit Konzentration mittlerweile so sparsam um, als wäre sie illegal. Woran liegt's?

Über Jahre ließ mich dieser Tsunami an News, der uns täglich übers Handy erreicht, durch Facebook-Feeds und Twitter-Tweeds scrollen – stundenlang –

immer weiter runter und runter ... und doch nie im Keller ankommen. Ich dribbelte mich durch meine Social-Media-Kanäle wie ein Julian Draxler durchs offensive Mittelfeld. Auch während meiner Schreibzeit reagierten meine Gehirnzellen auf die vielen News mit einer völlig übertriebenen Willkommenskultur. Das Smartphone hat mich fest im Griff. Gebrauch und Missbrauch gingen »Hand in Handy«. So wie Pro Sieben seine Werbeblöcke durch Spielfilme unterbricht, unterbrach ich meine Bildschirmzeit durch Arbeit. Das Ergebnis: Kirmes im Kopf. Ich murkste dann drei Stunden vor mich hin, bis mein Computer, die alte Kiste, mal wieder abstürzte und ich beide Sätze noch mal schreiben musste.

Und in meinem Fall ging es ja noch nicht einmal um wirklich Wichtiges. Aber jetzt stellen Sie sich mal vor, ein Sanitäter würde unter solchen Konzentrationsdefiziten leiden und whatsappt an seine Zentrale anstatt »Notfall! Kein Puls!«, »Notfall! Kein Pils!«, weil gerade eine Push-Werbung von Bitburger hochploppt ... Wissen Sie, wie das ist, wenn man an der Tanke auf dem Weg zur Kasse ist und permanent murmelt: »Die 2, die 2, die 2 die 2 ...« Drinnen dann drei Leute vor mir – dann endlich ich. Der Typ an der Kasse: »Nummer?« Ich: »Ähhhm ...« Dann rase ich wieder raus, hole mein Handy, mache ein Foto, rase wieder rein ... Jedes Mal! Im Fernsehen habe ich mal einen Mann gesehen, der konnte gleichzeitig auf drei Instrumenten spielen – und ich war froh, wenn ich beim Blinker setzen nicht vergaß abzubiegen.

Eine Entwicklung, deren Ursache Experten im *Overkill* an Information & Kommunikation sehen. Trotzdem schaffen es die meisten nicht, aus eigener Kraft auszusteigen, ihr Zeitkontingent auch mal anders zu nutzen und bestenfalls auch einfach mal eine Mütze Langeweile zuzulassen. *YouTube, Insta, TikTok,* sie alle haben es sich zum Ziel gemacht, dieses menschliche Grundbedürfnis zu *canceln.* Als ob es Menschen gäbe, die am Ende ihres Lebens schon mal gesagt hätten: »Ach je, hätt' ich doch nur mehr Zeit auf Instagram verbracht ...«

User oder Loser, irgendwann stellte sich mir diese Frage nicht mehr. Der ständige Zwang zu interagieren hatte mich ausgebrannt und fertig gemacht. Ich konnte, wollte und musste da nicht mehr mitmachen. Der Handy-Horror hatte zugunsten von mehr persönlicher Freiheit ein Ende gefunden. Schon lange gehe ich nicht mehr jedes Mal ran, wenn es klingelt – auch auf die Gefahr hin, dass ich so irgendwann den Anruf des Nobelpreiskomitees für Literatur verpasse.

Ich hatte mich an die Langeweile erinnert. Als Kind aus der prädigitalen Epoche habe ich, dank Ladenschluss um 14 Uhr, noch diese bleiernen Samstagnachmittage erlebt. Das war wie ein harter Lock-Down, in »Ödhausen an der Leere«. Und zwar jede Woche. Die Langeweile lauerte hinter jeder Ecke, um dich zu übermannen und eins mit dir zu werden. Und das Entertainment-Angebot mit seinen zwei Fernsehprogrammen war in seinen spannendsten Momenten vergleichbar mit einem heutigen Tag bei Nieselwetter im Bett mit Husten, Schnupfen, ohne WLAN und mit Stromausfall. Aber wäre es um einen herum nicht so dösig dämmerig gewesen, hätte man in der eigenen Birne auch nicht nach dem Lichtschalter gesucht.

Ja, ich feiere die Langeweile und alle, für die es zum Älterwerden dazugehört, sich selbst auch einfach mal in Ruhe zu lassen. Unser Inneres verhungert, wenn wir uns nur im Äußeren verankern. Seit dieser Erkenntnis ruhe ich für die moderne »Best-Ager-Industrie« auf geradezu insolvenzfördernde Weise in mir selbst. Ich pflege das Nichtstun mit einer Hingabe, gegen die sich der Super Bowl wie ein katholischer Stuhlkreis in Oberbayern anfühlt. »Mehr ist mehr« mag das Motto für alle sein, die Angst haben, beim Älterwerden nicht *hip* genug zu sein. Ich habe es als Störgeräusch identifiziert, das ich konsequent ausblende, auch wenn ich dadurch nicht ins angesagte Raster »Premium-Midlife-Mensch« passe. Ich will mich halt nicht verbiegen. Ich bin doch keine Büroklammer!

Ich bin ein Babyboomer. Meine Generation hat schon immer mit viel Elan revolutionäre Haltungen eingenommen. Wir haben es uns verdient, als wahrscheinlich letzte Generation die demografische Dividende abgreifen und genießen zu dürfen. Und jetzt soll ich diesen begrenzten Lebensabschnitt, dieses kleine Zeitfenster nach der Rushhour des Lebens und vor der Zeit, in der die Berechtigung für einen Behindertenparkplatz wahre Glücksgefühle auslöst, wieder mit Durchstarten verbringen? Es wird Zeit, dass aus Small-Talk »Straight-Talk« wird.

Downshifting, ein Phänomen aus der Arbeitswelt, ist jetzt auch im Privatleben angekommen. Wer braucht denn schon einen 27. Yogakurs, der eine kraftspendende Sicht auf die Dinge vermitteln soll. Oder teure »Mind-hack-Meditationen«, deren nachhaltige Wirkung noch gar nicht mal erwiesen ist? Wenn ich später mal als weltweit gefeierte Autorin in der Seniorenresidenz »Villa Vintage« von meinen »Mitinsassen« nicht gebührend hofiert werde und dann vorwurfsvoll frage: »Sagt mal, gibt's denn hier niemanden, der weiß, wer ich bin?«, dann kann die Antwort »Geh mal zu Schwester Ingeborg, die weiß, wer du bist« doch auch ganz unterhaltsam sein. Durch den Verzicht wird schon kein Mangelgefühl entstehen. Nicht bei mir. Ich brauche es wirklich nicht, dieses ganze Stimulationsgedöns.

Nein, ich bin fest entschlossen, diese Zeit zu genießen. Zwanglose Geselligkeit, entspannte Spaziergänge und vor allem leckeres Essen und guter Wein – so könnte es gehen. Und sollte mir dann mein Arzt sagen: »Aus gesundheitlichen Gründen und zur Steigerung ihrer täglichen Produktivität rate ich Ihnen, ab sofort auf Pizza, Pommes, Paprikachips, Plunderteilchen und Pudding sowie auf jegliche Form von Alkohol zu verzichten ...« Glauben Sie mir, dann könnte ich auch damit souverän umgehen: Es gibt ja, weiß Gott, noch genug andere Ärzte.

Das Problem ist aber, dass mein Umfeld aus weitaus

störanfälligeren Systemen besteht. Da werden Sprach-
und Malkurse absolviert. Da werden Entspannungs-
sessions und Vitalsprechstunden gebucht oder themen-
orientierte Begegnungsrunden besucht. Klar, die Zahl
der über 60-Jährigen wird sich in den kommenden Jahren verdreifachen. Das ist eine Gelddruckmaschine für
die boomende »Abenteuer-Alter-Industrie«. Das lässt
man sich ungern entgehen. Und schließlich bestimmt
ja auch die Nachfrage das Angebot. Und die ist ja da.
Wenn ich in meinem Bekanntenkreis ein Treffen vor-
schlage, dann bekomme ich immer öfter ein streng
definiertes Zeitfenster genannt: »Mittwoch zwischen
17 und 17.30 Uhr«, schnatterte Anja neulich gehetzt,
»weil vormittags bin ich beim Faszien-Yoga ›Age-Ak-
tiv‹, mittags beim Kochkurs ›Zur Hölle mit dem Senio-
renteller‹ und danach beginnt der Tanzkurs ›Herz-
schritt-Macher‹.« Anja rennt von A nach B wie eine an-
gefütterte Laborratte. Wobei der Tanzkurs wohl wirklich sein muss. Seit Jahren hängt sie mir in den Ohren:
»Der Jochen kann absolut nicht tanzen, bewegt sich wie
ein Terminator und führt mich, als würde er einen Einkaufswagen schieben!« Na dann ...

Moni hingegen hat sich jetzt beim Workshop »Digitalkompetenz im Alltag« angemeldet. Per Fax. Als das
nicht klappte, setzte sie sich mühevoll mit dem Online-
Anmeldeformular auseinander. Circa drei Meter musste
sie bei der Auswahl ihres Geburtsdatums scrollen – ich
hätte vermutlich bei 2,50 Meter schon vergessen, wo-
nach ich überhaupt suchte.

Nun will ich nicht abstreiten, dass künstliche Intelli-

genz besser ist als natürliche Dummheit. Kommunika-
tionstechnik darf man nicht generell verteufeln. Durch
sie ist Nähe keine Frage der Entfernung mehr, was sich
vor allem in der Pandemie zeigte, als die »Mein-Kind-
braucht-keinen-Laptop-Eltern« ganz schön blöd aus
der Holzmurmelbahn geguckt haben, als es ums Home-
schooling ging ...

Aber nachdem meine Welt all die Jahre im Vertrieb
großer deutscher Bekleidungsunternehmen von einem
Systemadministrator zusammengehalten wurde (den
ich zwar nie gesehen habe, ihn mir aber ziegenbärtig
vorstelle, in Veja-Sneakern, mit Statement-T-Shirt und
Messenger-Bag, so wie es sich halt für den gemeinen
Nerd gehört), habe ich jetzt keine Lust mehr, einem
solchen Wesen nun auch noch meine allerletzten Hirnressourcen zu opfern. Und nicht nur diese. Unvergessen, diese nervenaufreibenden, entwürdigenden Telefonate mit den IT-lern. Ich: »Okay, ich mach das jetzt
so, wie Sie mir gesagt haben und wenn's dann immer
noch nicht klappt, melde ich mich noch mal.« Antwort
IT: »Okay, ich bleib dran.«

Das Geheimnis einer sauber formatierten Excel-Tabelle war, dass ich nie in ihrer Nähe war. Und wenn
doch, also wenn mir der hilfsbereite Informatiker
komplexe Datensätze mit genialen Algorithmen
»küchenfertig« in eine Tabelle gekübelt hatte, war
ich immer noch überfordert. Dann blieb mir nur die
Frage: »Warum sind die Spalten nicht bunt?«, um
nicht aufzufliegen. Und wenn ich selber mal eine

Excel-Datei erstellen musste – so mit hinterlegten Formeln und so – dann konnte jeder, der damit arbeiten sollte, singen »1000 Mal berührt, 1000 Mal ist nix passiert« (Klaus Lage Band). Es funktionierte nie. Ich sag Ihnen was: Wer sagt, dass Egoshooter-Spiele aggressiv machen, hat noch nie mit Excel gearbeitet. Excel ist mittlerweile Geschichte, aber Word kann mich auch heute noch in den Wahnsinn treiben – nämlich dann, wenn ein Update vorgenommen wurde, weil ich selber ja nie mit upgedatet werde. Es verfügt immer über mindestens eine Trillion mehr Funktionen als ich. Das verunsichert mich. Und Microsoft Word spürt das und nutzt das schamlos aus. »Hallo, liebes Word, ich hatte auf Seite 9 Platz gelassen und möchte da jetzt eine hübsche Illustration einfügen.« Word daraufhin: »Echt jetzt? Hier, bitte sehr!« Und dann ist der ganze Text zerschossen oder 20 neue Seiten ploppen auf, das Bildchen befindet sich auf Seite 27, die Schriftart ist verändert, das Format komplett durch den Wind, die Kontinentalplatten verschieben sich und die Erde wird aus ihrer Umlaufbahn geschmissen. Da hilft es auch nix, wenn man auf Seitenansicht klickt ... Es sieht genauso aus wie von vorn.

Nein, Moni soll das mal ruhig machen. Ich brauche es nicht. Anklicken, liken und whatsappen kann ich. Social Media auch – auch wenn ich ehrlich gesagt die damalige Zeit, in der man sich noch persönlich beleidigte, irgendwie besser fand. Auch weiß ich, dass das Internet nicht leichter wird, wenn man was runterlädt. Und eine App herunterladen, die meine Bank aus Sicherheitsgründen dem Onlinezugang vorgeschaltet hat, das mache ich sowieso nur noch mit Luise zusammen. Ansonsten stünde mir der Angstschweiß nicht nur auf der Stirn. Meine Schreibtischplatte sähe aus, als hätte man ein Schleusentor geöffnet. Die Angst, etwas falsch zu machen, was es einem Hacker ermöglichen könnte, auf meinen Account zuzugreifen, ist einfach riesengroß.

Frieda ist das nämlich vor zwei Jahren passiert. Plötzlich meldete sich eine freundliche Dame telefonisch und teilte ihr mit, ihr gesamtes Vermögen sei auf ein Konto auf den Bahamas transferiert worden. Selbstverständlich inklusive der typischen Frage, mit der solche Anrufe heute meistens enden: »Würden Sie sich gleich bitte noch ein paar Minuten Zeit nehmen, um den Online-Betrüger für diese Aktion zu bewerten ...?«

Nein, nein, dafür habe ich meine Luise. Die kann das. Was früher ein guter Schulabschluss war, ist heute ein guter Internetanschluss. Sie regelt so was für mich in Nullkommanichts. Wenn man es so betrachtet, haben wir beiden mit den Jahren die Rollen getauscht. Früher sagte ich zu ihr: »Wenn dir Fremde Schokolade anbieten, geh auf keinen Fall mit.« Heute belehrt sie mich: »Wenn dir Unbekannte Links schicken, klick auf keinen Fall drauf.« Ja, das sind sie, die Generationenunter-

schiede. Ich bin noch mit der Wählscheibe aufgewach-
sen und habe mich diesbezüglich nicht nennenswert
weiterentwickelt. Und so war sie es auch, die damals,
2008, versuchte, mir Facebook näherzubringen. Ihre
Erklärung: »Es ist wie dein Poesiealbum – nur halt
elektrisch.« Dafür erklärte ich ihr umgekehrt, wo die
Waschmaschine angeht. Wobei sie dieses Wissen selten
genutzt hat. Wenn ich sie dann doch mal mit einem
Korb Schmutzwäsche davor erblickte – also so richtig
mit Waschpulver und so –, dachte ich lange Zeit, es
wäre eine TikTok-Challenge. Sie hielt *Led Zeppelin* für
ein illuminiertes Techno-Raumschiff und ich dachte,
als ich das erste Mal von *Capital Bra* hörte, an einen
Bestseller-BH von *Victoria's Secret* ...

Peinlich? Überhaupt nicht. Jeder hat seine Stärken,
aber jeder hat andere. Der Hut, den ich in den Ring
werfe, heißt Lebenserfahrung, völlig unterschätzt von
den Jüngeren:

Ein Hahn ist schon alt. Daher beschließt der Bauer,
einen jungen Hahn zu holen, der für Küken sorgen
soll. Der junge Hahn wird in das Gehege gesetzt.
Der alte Hahn geht auf ihn zu und sagt: »Ich weiß,
in einem Kampf habe ich keine Chance gegen dich.
Einigen wir uns doch darauf: Ich überlasse dir alle
Hennen, aber lass mir wenigstens meine Lieblings-
henne.« »Nein«, antwortet der junge Hahn hitz-
köpfig, »wenn, dann will ich auch alle Hennen haben.« Der alte Hahn bleibt ruhig und macht einen
Vorschlag: »Wir machen ein Wettrennen«, sagt er

ruhig. »Wenn ich gewinne, lässt du mir meine Lieb-
lingshenne. Wenn du gewinnst, kannst du alle haben,
aber da ich nicht mehr der Jüngste bin, lass mir bitte
einen Vorsprung.« Der junge Hahn ist einverstan-
den. Der alte Hahn rennt los, zwei Sekunden später
auch der junge Hahn. Als er den alten Hahn fast ein-
geholt hat, gibt es einen lauten Knall, der junge Hahn
fällt tot um, der Bauer lädt wütend seine Flinte nach
und flucht: »Scheiße, schon der dritte schwule Hahn
in dieser Woche.« *(www.fuchstreff.de)*

Wenn jedes »Modell Mensch« selektiv zum Wohl unserer Gesellschaft beitragen dürfte, anstatt, um höchste
Erwartungen zu erfüllen, immer und überall kräftezehrend alles geben zu müssen, dann könnte das in einer
Multioptionsgesellschaft doch auch zielführend sein,
oder? Denn selbst wenn ich mir jetzt in gut gemeinten
Abendkursen Digitalkompetenz draufschaufeln lasse,
um nicht ganz so *ranzig* rüberzukommen, habe ich de
facto doch trotzdem keine Chance. Den Kampf kann ich
nur verlieren, denn wenn ich ein neues digitales Tool
infiltriert habe, sind die *Digital Natives* schon längst zum
nächsten weitergezogen. Ständig gibt es neue *Gadgets*,
Tools, Programme, Medien und Plattformen. Mache ich
einen Schritt nach vorne, machen die zwei.

Nein, das Laufwerk meines Betriebssystems ist jetzt
auf »Weniger« programmiert. Auf allen Ebenen – konsequent. Ich meine, mal ein MBSR-Kurs, mal ein Wo-
chenendseminar zum Thema Resilienz, mal ein Vor-
trag, ein Kinobesuch, Konzert oder ein Tapas-Abend

mit Freunden ... alles völlig okay. Es gilt wie so oft im Leben: Die Menge macht das Gift. Eine permanente Ablenkung, ein lückenloses Beschäftigtsein wirkt auf mich wie eine Flucht. Wie ein Davonlaufen vor Ruhephasen, die sich zugegebenermaßen in unserer Always-on-Gesellschaft erst mal komisch anfühlen, vielleicht sogar zu innerer Unruhe führen können.

Umso mehr feiere ich es als große Leistung, in einer Welt, die sich ständig neu erfindet, einfach mal nur ich selbst sein zu wollen – mit meinen Standards und meinen Regeln. Aber dieses Gefühl, nicht gleich was zu verpassen, weil man nicht überall mitmischt, haben nicht mehr viele. Dabei würde ich es mir auch bei anderen wünschen, denn so zufrieden ich mit meiner gepflegten Gleichgültigkeit auch bin – wenn kein anderer da mitzieht, beschleicht einen irgendwann der finstere Gedanke: »Und da waren's nur noch ... ich.«

Was ist denn daran so verkehrt, nicht überall am Start sein zu wollen, permanent liefern zu müssen und keine Rekorde mehr anzupeilen, sondern sich Zeit zu gönnen, um auch mal über sein Leben zu reflektieren? Es macht nicht beschäftigter, aber glücklicher. So geht *Selfcare*. Und zwar nachhaltig. So schärft man seine Sinne, und Maßstäbe werden zurechtgerückt. Es fühlt sich einfach gut an. Diese Erkenntnis kann man als junger Mensch noch nicht haben, aber umso wertvoller erscheint sie mir jetzt. Ich habe doch nicht umsonst knapp 60 Jahre durchlebt, nur um jetzt auch noch *performen* zu müssen wie mit 16, 26 oder 36. Ich bin doch kein wandelnder Mehrgenerationenhaushalt ...

Danke

Bedanken möchte ich mich bei Charlotte Diedrich, meiner sympathischen und kompetenten Verlagslektorin, die sich tapfer mit jemandem wie mir (und das will was heißen) durch die Zeit des Lektorats gekämpft hat.

Ein herzliches Dankeschön gilt auch meinem Agenten Thomas Montasser, der 24/7 meine Mails beantwortete, mir bei jedem »Formtief« geduldig und beruhigend zur Seite stand und mich auf Content-Ebene mit zündenden Ideen grandios unterstützt hat.

Ohne meine großartige Tochter wäre dieses Buch gar nicht erst zustande gekommen. Dass sie mich ab und zu in ihr wunderbar aufregendes Leben mitnimmt, mir ihre ambitionierten Ansichten und alternativlosen Ansagen zuteilwerden lässt – und zwar wissentlich, dass das nicht immer *nice* wird, weil auch ich dann meine Boomer-Botschaften *droppe,* die so gar nicht mit den *Lifehacks* ihrer *woken* Wirklichkeit *matchen,* macht mich sehr demütig. *Safe ...*

Ein ganz besonderer Dank gilt auch meinem Mann, der die Nerven behielt, wenn ich durchdrehte. Der sich nicht abwerben ließ, obwohl ich mich oft wie die Axt im Wald verhielt, zum Beispiel wenn ein Kapitel fertig werden musste; in meinem Kopf sich aber nichts außer geistiger Windstille tat. Ich bewundere ihn für die mentale Glanzleistung, mit der er mich und meine Ausraster in dieser Zeit ausblenden konnte.

Zu guter Letzt möchte ich mich auch bei meinen Freunden und Bekannten bedanken, die nachsichtig waren, wenn es meinerseits mal wieder hieß: »Ich kann nicht mit. Ich muss heute schreiben ...« Und dafür, dass sie all die erfundenen Namen, die ich ihnen in diesem Buch gegeben habe, souverän durchgewunken haben.